Klaus Waldmann (Hrsg.)
Umweltbewußtsein und ökologische Bildung

Klaus Waldmann (Hrsg.)

Umweltbewußtsein und ökologische Bildung

Eine explorative Studie
zum Umweltbewußtsein Jugendlicher
und Beiträge zu Konzeption und Praxis
ökologischer Bildung

Leske + Budrich, Opladen 1992

Die Deutsche Bibliothek — CIP-Einheitsaufnahme

Umweltbewußtsein und ökologische Bildung : eine explorative Studie zum Umweltbewußtsein Jugendlicher und Beiträge zu Konzeption und Praxis ökologischer Bildung / Klaus Waldmann (Hrsg.). — Opladen : Leske und Budrich, 1992
ISBN 978-3-322-95880-8   ISBN 978-3-322-95879-2 (eBook)
DOI 10.1007/978-3-322-95879-2
NE: Waldmann, Klaus [Hrsg.]

Satz: Leske + Budrich, Opladen

Inhalt

Einleitung

Zugegeben, der Ablauf scheint zwar unglaublich, ist jedoch allseits gut bekannt und vielfach ‚erprobt'. Da prasseln tagtäglich über die Medien unzählige Meldungen über ökologische Gefahren auf die Menschen nieder. Kaum ein anderes Thema wird von den Medien so häufig aufgegriffen. In aufrüttelnden, skandalisierenden Berichten werden die apokalyptische Dimensionen einer Umweltkatastrophe beschworen. Auf der politischen Bühne herrscht kurzfristig hektische Betriebsamkeit, Besorgnis und Verantwortung werden demonstriert, symbolische Entscheidungen getroffen. Expertenmeinung steht gegen Expertenmeinung.

Nach kurzer Zeit legt sich die öffentliche Aufgeregtheit wieder, die Gemüter beruhigen sich, die mahnenden Ereignisse geraten in Vergessenheit. Es herrscht wieder die Dominanz des besinnungslosen 'weiter so', lediglich gestört durch die Beharrlichkeit umweltpolitisch Engagierter.

Was kann und soll ökologische Bildung vor diesem Hintergrund leisten? Hat sie nicht lediglich beruhigende, beschwichtigende Funktion und ist auch sie nicht nur Teil symbolischen Handelns? Ist sie überhaupt in der Lage, die Wahrnehmung der Menschen für ökologische Probleme zu schärfen? Kann sie dazu beitragen, die Kluft zwischen Wissen und Handeln zu verringern? Kann sie zu Lernprozessen in unterschiedlichen Handlungsfeldern, wie z.B. im Bereich beruflicher Ausbildung und Tätigkeit, ermutigen, die bisher aus ökologischem Handeln weitgehend ausgeklammert wurden? Kann sie exemplarisches praktisches Handeln in ökologischen Projekten ermöglichen?

Mit dieser Veröffentlichung berichten wir über ein zweijähriges Projekt ökologischer Bildung, das zwei Schwerpunkte hatte: Eine Studie über das Umweltbewußtsein Jugendlicher und die Entwicklung und Erprobung vielfältiger Angebote ökologischer Bildungsarbeit. Wir stellen die Ergebnisse der Studie zum Umweltbewußtsein Jugendlicher vor, diskutieren einige konzeptionelle Grundlagen ökologischer Bildung als politischer Jugendbildung und berichten über gelungene Projekte ökologischer Bildungsarbeit im Bereich außerschulischer Jugendbildung. Die Forschungsarbeit, die vielfältigen pädagogischen Aktivitäten und die konzeptionellen Reflexionen stehen im Kontext einer längerfristigen Beschäftigung mit Fragen der Ökologie und dem Engagement zur Entwicklung praktischer Ansätze ökologischer Bildungsarbeit im Rahmen einer Projektgruppe von Jugendbildungsreferentinnen und Jugendbildungsreferenten der Evangelischen Trägergruppe für gesellschaftspolitische Jugendbildung.

Bevor wir die einzelnen Beiträge dieser Veröffentlichung erläutern, sollen kurz die Grundzüge unserer Sichtweise von Ökologie beschrieben werden, an der sich unsere konzeptionellen und praktischen Überlegungen orientieren. In unserer Beschäftigung mit ökologischen Fragen hat sich ein umfassendes Verständnis von Ökologie herauskristallisiert, das biologische, humane, soziale und politische Aspekte in sich vereint. Das Feld der Ökologie ist für uns ein genuin interdisziplinäres Arbeitsfeld. Grundlegend für eine ökologische Betrachtungsweise ist ein systemisches und vernetztes Denken, das als eine ganzheitliche Betrachtung der wechselseitigen Abhängigkeiten und der Balance zwischen den einzelnen Elementen und Faktoren eines Systems charakterisiert werden kann.

Ursprünglich ist Ökologie als Teilbereich der Naturwissenschaften entstanden und wird dort neuerdings als „Wissenschaft von der Struktur und den Funktionen der Natur, von den Beziehungen der Organismen untereinander und mit ihrer Umwelt"[1] definiert. So verstanden bezieht sich Ökologie als Wissenschaft auf die Biosphäre und untersucht die Beziehungsnetze der einzelnen Elemente und Faktoren eines Ökosystems. In dieses Verständnis von Ökologie ist der Mensch als Lebewesen, als Teil von Natur zwar einbezogen, es werden jedoch kulturelle und soziale Bedingungen der Beziehung zwischen Mensch und Natur, Gesellschaft und Umwelt vernachlässigt. Ebenfalls werden die konkurrierenden Steuerungsprinzipien, nach denen die natürliche und die soziale Umwelt sich organisieren bzw. nach denen sie gestaltet werden, nicht hinreichend berücksichtigt. Eine ökologische Betrachtungsweise, die an diesem Defizit ansetzt, muß davon ausgehen, daß die menschliche Umwelt sozio-kulturell geformt ist und die Menschen die Natur in überwiegendem Maße nur noch als eine gestaltete Natur erleben. Außerdem hat sie zu bedenken, daß ein anthropogener Zugriff auf die Natur die menschliche Existenz letztendlich begründet, ohne daß eine solche Sichtweise die damit verbundenen ethischen Fragen vorschnell beantworten kann.

Einerseits greift also ein Verständnis von Ökologie zu kurz, das kulturelle und soziale Aspekte des menschlichen Naturverhältnisses vernachlässigt, doch andererseits kann auch nicht weiterhin von der traditionellen Trennung zwischen Natur und Gesellschaft, zwischen Natur- und Sozialwissenschaften ausgegangen werden. „Natur ist nicht mehr ohne Gesellschaft und Gesellschaft ist nicht mehr ohne Natur zu denken."[2] Eine angemessene Auseinandersetzung mit der sich in ökologischen Gefährdungen ausdrückenden Krise des menschlichen Naturverhältnisses, der Beziehung des Menschen zu seiner inneren Natur, zur sozialen und zur natürlichen Umwelt kann nur auf der Grundlage einer integrierenden, interdisziplinären Perspektive gelingen.

Das im Bereich der Naturwissenschaften entwickelte Konzept von Ökologie muß um soziale und humane Aspekte erweitert werden. Für dieses erweiterte Verständnis können die Traditionen einer Sozialökologie, die vor allem in der Erforschung städtischer Umwelten und ihrer jeweils spezifischen sozialisatorischen Effekte entwickelt worden ist sowie die neuere Debatte um die Erarbeitung des Konzeptes einer Humanökologie fruchtbar gemacht werden. Denn humanökologische Ansätze betonen stärker „die gesellschaftliche Einbettung des Menschen sowie seine politisch und ökonomisch motivierten Handlungs- und Verhaltensweisen."[3]

Ein so begründetes ökologisches Konzept fragt nach den Zusammenhängen zwischen gesellschaftlich-kulturellen Lebensbedingungen und ökologischen Krisenerfahrungen. In diesem Zusammenhang geht es in einem umfassenden Sinn um die Interdependenzen zwischen der Nutzung natürlicher Ressourcen für das Wirtschaften und für die Gestaltung des Lebens in einer hochindustrialisierten Gesellschaft sowie um die Belastung der natürlichen Umwelt durch die industriegesellschaftliche Produktionsweise und durch die Lebensgewohnheiten in einer Industriegesellschaft. Damit ist die Frage nach dem Verhältnis zwischen Ökologie und Ökonomie angesprochen und ins Blickfeld geraten auch die beruflichen Tätigkeiten, die Strukturen und Formen der Produktion, als einem zentralen Bereich, in dem sich die Wechselbeziehungen zwischen Mensch und Natur realisieren.

Neben einer stärkeren Fokussierung auf die Wechselbeziehungen zwischen Mensch und Natur haben humanökologische Überlegungen aus unserer Sicht gegenüber einem biologisch begründeten Konzept von Ökologie noch weitere Vorteile. Sie stellen sich die Aufgabe, Fragen der Ethik und des Handelns explizit auf analytischer Basis zu diskutieren. Reflexionen über das richtige Handeln sind z.B. auf der Grundlage einer Analyse der Wechselwirkungen ökonomischer und ökologischer Prozesse als ein in einem umfassenden Sinn rationaler Diskurs über fundamentale kulturelle, soziale und ökonomische Prinzipien zu führen. Die Diskussion um ethische Fragen kann so den häufig im ökologischen Diskurs in dieser Hinsicht vorherrschenden Status biologistisch-naturalistischer Analogieschlüsse überwinden.

Dieses integrierende, interdisziplinäre Verständnis von Ökologie, das natur-, human- und sozialwissenschaftliche Aspekte umfaßt, hat für uns orientierenden Charakter, ohne daß wir davon ausgehen, die zwischen den einzelnen Disziplinen bestehenden Grenzen könnten voluntaristisch überwunden werden. Nach unserer Überzeugung wäre jedoch schon ein wichtiger Schritt zur Bewältigung der globalen Herausforderung der ökologischen Krise getan, wenn die unterschiedlichen Disziplinen wechselseitig und ohne Überheblichkeit die vielfältigen Forschungsergebnisse der verschiedenen Bereiche zur Kenntnis nehmen würden.

Mit diesen Bemerkungen wollen wir jedoch diese Debatte weder aufgreifen noch weiterführen. Wir wollten lediglich die Dimensionen unseres umfassenden Verständnisses von Ökologie andeuten. Zentraler Inhalt dieser Publikation sind Untersuchungen und Reflexionen zu Bedingungen, Möglichkeiten und praktischen Ansätzen ökologischer Bildung. Im Kontext der Anmerkungen zu unserem Verständnis von Ökologie hat ökologische Bildung vorläufig formuliert die Funktion, einen Betrag zu leisten, angesichts einer bedrohlichen Situation Phantasien zu entwickeln, um Bedingungen und Formen des Überlebens zu schaffen, die mehr ermöglichen als ein rein physisches Überleben. Die Perspektive ist, wie in Anlehnung an ein Postulat der kritischen Theorie formuliert werden kann, ein gutes und richtiges Leben aller Menschen in einer vernünftigen Gesellschaft gewährleisten zu können.

Nach diesen programmatischen, für manche vielleicht zu großen und zu abstrakten Worten mögen die Überlegungen, die wir anstellen oder die praktischen Ansätze, über die wir berichten, für viele geradezu banal und alltäglich erscheinen. Wir haben jedoch versucht, unsere Projektarbeit, unsere praktischen Erfahrungen gründlich zu reflektieren und im ökologischen Diskurs zu verorten. Soll dieser Versuch redlich sein, ist es unumgänglich auch allgemeine und abstrakte Kriterien zu entwickeln und auf eine alltägliche Praxis zu beziehen. Dadurch wird die Praxis weder entwertet noch wird sie schlechter, es wird nur deutlicher sichtbar, welche Aufgaben zukünftig noch zu erledigen sind. Wir wollen auch keine Omnipotenzphantasien kultivieren, sondern zeigen, daß eine vielfältige Praxis der kleinen Schritte, die von vielen getan werden, ein Beitrag sein kann, um ein großes Ziel anzustreben. Ein ökologisches Engagement, das im unmittelbaren Lebensbereich, in der eigenen beruflichen Tätigkeit ansetzt, wird von uns als Ausdruck des Wunsches nach anderen Lebensbedingungen interpretiert, die keine Gefährdung der Natur mit sich bringen und ein Überleben der Menschen in einem globalen Maßstab ermöglichen.

Diese Veröffentlichung gliedert sich in drei Teile, in einen Bericht über eine Studie zum Umweltbewußtsein Jugendlicher, in die Diskussion konzeptioneller Aspekte ökologischer Bildung und in die exemplarische Darstellung praktischer Ansätze ökologischer Bildung.

In der Auswertung der Ergebnisse unserer Studie wird deutlich, daß Jugendliche in beeindruckender Weise für eine Beschäftigung mit ökologischen Fragen aufgeschlossen sind, sie lassen ein ausgeprägtes Umweltbewußtsein erkennen. Nach unseren Befunden sind sie am Thema ‚Umwelt' stark interessiert, sich der vielfältigen ökologischen Bedrohungen bewußt und machen sich Sorgen, über eine umweltbedingte Beeinträchtigung der eigenen Lebensbedingungen. Sie weisen die Verantwortlichkeit für die Umweltprobleme nicht einer einzigen Gruppe zu, sondern gehen von einer gemeinsamen Verantwortung aller aus. Sie sind aus ökologischen Gründen zu gewissen Einschränkungen in den eigenen Konsumgewohnheiten bereit und sind davon überzeugt, daß sie durch umweltbewußtes Handeln etwas zur Bewältigung der Umweltprobleme beitragen können. Eine gewisse Diskrepanz wird sichtbar, wenn nach dem persönlichen Engagement in einer Umweltgruppe gefragt wird. Ebenfalls werden Unsicherheiten bei der Bewertung struktureller Zusammenhänge erkennbar. Ein ausgeprägtes Wissen um die Gefahren der Umweltverschmutzung scheint zu einer Art gesellschaftlicher Konvention geworden zu sein, ohne sich bisher in einem dementsprechenden umweltbewußten Handeln oder Engagement auszuwirken.

An die Studie schließen sich Reflexionen zu konzeptionellen Aspekten ökologischer Bildung an. Die pädagogischen Anmerkungen zur konzeptionellen Grundlegung ökologischer Bildungsarbeit beziehen sich auf die gegenwärtige Debatte im Bereich der Erziehungswissenschaft um eine Aktualisierung des Bildungsbegriffs. Angesichts der ökologischen Krise besteht die Aufgabe der Pädagogik, so die These, einen Beitrag zur umfassenden Bewußtseinsbildung zu leisten, notwendiges Wissen zu vermitteln und die Entwicklung erforderlicher Handlungskompetenzen zu unterstützen. Der Bildungsbegriff eignet sich in besonderer Weise zur konzeptionellen Orientierung pädagogischer Ansätze im Bereich der Ökologie, weil er gegenüber technologischer Verfügbarkeit sperrig ist, weil er sich auf ein umfassendes Ganzes bezieht und weil Bildung als ein eigenaktiver Prozeß der Aneignung, Gestaltung und Transformation verstanden werden kann. Anknüpfend an die humanistisch-emanzipatorische Tradition der Diskussion über Bildung werden mögliche Dimensionen ökologischer Bildung aufgezeigt und spezifische Herausforderungen ökologischer Bildung diskutiert.

Vor dem Hintergrund eines Funktionswandels des politischen Systems in der ‚Risikogesellschaft', einer damit einhergehenden Entgrenzung von Politik und auf der Basis eines notwendigerweise erweiterten Politikverständnisses wird dann die Frage der politischen Relevanz ökologischer Bildung näher beleuchtet. Ein auf den ökologischen Bereich bezogenes, erweitertes Politikverständnis konkretisiert sich in einem breiten Spektrum umweltbewußten Handelns, das von einem naturschützerischen Engagement, über verändertes Alltagsverhalten bis zum Eintreten für strukturelle gesellschaftliche Veränderungen reichen kann. Politisches Verhalten bezieht sich demnach auf die aktive Sorge der Menschen um sich selbst, um andere und um ihre Mitwelt. Es umfaßt von der Entdeckung und Wahrnehmung von Gestaltungsmöglichkeiten bis hin zur Inszenierung von Utopien eine breite Palette an Möglichkeiten.

Angesichts der globalen Herausforderung der ökologischen Krise wird für eine Reintegration des Politischen in die Gesellschaft plädiert und abschließend werden mögliche Ansatzpunkte einer sich politisch verstehenden ökologischen Bildung skizziert.

In seinem Aufsatz über die Rolle der Naturwissenschaft in der ökologischen Bildung zeigt Michael Lohmeyer auf, wie über die Beschäftigung mit dem Thema ‚Ökologie' naturwissenschaftliches Wissen, naturwissenschaftliche Denkweisen und Untersuchungsmethoden Einzug in den Bereich der außerschulischen Jugendbildung gehalten haben. Dabei wurde nicht nur das Themenspektrum erweitert, sondern in der Beschäftigung mit dem ‚Gegenstand Natur' wurden auch die pädagogischen Konzepte modifiziert. In seiner Zwischenbilanz verdeutlicht Michael Lohmeyer, daß sich im Gebiet der ökologischen Bildung idealtypisch betrachtet zwei Formen des Zugangs zur Natur herausgebildet haben, ein sinnlicher, der die ästhetisch-emotionalen Dimensionen betont und ein messend-diagnostizierender, der Formen der naturwissenschaftlichen Analyse in die ökologische Bildungsarbeit eingeführt hat. Er plädiert dafür, neben einer unter bestimmten Bedingungen notwendigen naturwissenschaftlichen Herangehensweise, bei der die Natur vorwiegend als Datenträger betrachtet wird, den Eigenwert einer kontemplativ-anschauenden Betrachtung von Natur als essentielles Element ökologischer Bildung anzuerkennen. Diese könnte auch dazu beitragen, im Lernprozeß über ein staunendes Betroffensein zur intensiveren Beschäftigung mit ökologischen Fragen zu motivieren.

Einen bislang vernachlässigten Aspekt ökologischer Bildung greift Walter Ullrich in seinen Überlegungen zum Stellenwert des Umweltschutzes in der beruflichen Bildung auf. Ausgehend von der These, daß sich ein großer Teil der Austausch- und Wechselwirkungsprozesse zwischen Mensch und Natur im Rahmen beruflicher Tätigkeiten vollziehen, begründet er eine stärkere Integration ökologischer Aspekte in die berufliche Bildung. Er skizziert die in den verschiedenen Ausbildungsordnungen enthaltenen Vorgaben, schildert kurz verschiedene praktische Ansätze und kritisiert das darin zum Vorschein kommende naturwissenschaftlich-technisch verkürzte, durch eine betriebswirtschaftliche Sichtweise geprägte Verständnis von beruflicher Umweltbildung. Demgegenüber entwirft er in Grundzügen ein umfassendes Konzept, das sich mit den Zusammenhängen zwischen ökologischen und ökonomischen Fragen beschäftigt und Produktionsprozeß, Produktionsbedingungen und das jeweilige Produkt nach Kriterien der Umweltverträglichkeit betrachtet. Um ein solches erweitertes Konzept realisieren zu können, schlägt Walter Ullrich eine Kooperation zwischen Betrieb, Berufsschule und außerbetrieblichen Trägern ökologischer Bildungsarbeit vor.

Der dritte Teil dieses Bandes enthält die Darstellung und Reflexion einiger exemplarischer Ansätze ökologischer Bildungsarbeit, die während der Durchführung des Projektes entwickelt und erprobt worden sind.

Zunächst beschreiben Ulrich Hirschler, Günther Schneider und Bernhard Winter Möglichkeiten zur Vermittlung elementarer Grundlagen ökologischer Bildung. Diese beziehen sich auf eine Sensibilisierung der Wahrnehmung für natürliche Vorgänge und auf die Veranschaulichung komplexer ökologischer Zusammenhänge. Die Autoren zeigen verschiedene Wege auf, das verdorrte emotionale Sensorium, die verkümmerten Empfindungs- und Wahrnehmungsfähigkeiten der Menschen wiederzubeleben und andere Formen der Wahrnehmung von Wirklichkeit zu ermöglichen.

Auf die Wahrnehmung eines spezifischen Ausschnittes von Wirklichkeit bezieht sich das Projekt von Erich Weiß und Hubert Sowa. Sie nutzen das Medium Fotografie, um die unterschiedlichen Aspekte der Umweltbelastung durch den Automobilverkehr zu dokumentieren. In diesem Projekt wird erfahrbar, daß eine vordergründig saubere Umwelt nach ästhetischen Gesichtspunkten fürchterlich häßlich sein und eine Einschränkung von Lebensqualität mit sich bringen kann. Durch die Zusammenstellung einer Foto-Ausstellung gelingt es den Jugendlichen, die Ergebnisse ihres Projektes der Öffentlichkeit zugänglich zu machen und sich in den öffentlichen Diskurs einzumischen.

Über ein Projekt auf einer schwimmenden Bildungsstätte, einem zweckentsprechend umgebauten alten Segelschiff berichtet Conny Vasel. Das Schiff bietet eine hervorragende Gelegenheit, sich in spezifischer Weise den natürlichen Bedingungen eines Ökosystems zu nähern und gemeinsam mit den Jugendlichen die in mehrfacher Hinsicht ökologisch interessante Unterelberegion zu erkunden. Conny Vasel schildert einen Versuch, sich mit dem abstrakten und schwer faßbaren Thema der langfristigen Klimaveränderung zu beschäftigen und dabei die unmittelbaren Erfahrungen auf dem Schiff einzubeziehen. Es handelt sich um eine Form, lokale Aspekte und globale Dimensionen der ökologischen Krise in der ökologischen Bildung miteinander zu verbinden.

Im Mittelpunkt des Projektes, das Eva Schneider und Werner Reuter vorstellen, steht die Beschäftigung mit bedrohten Ökosystemen. Exemplarisch wird über ein Bergwald-Projekt berichtet. In diesem langfristig angelegten Projekt wird die Untersuchung von Struktur und Lebensbedingungen in einem Ökosystem mit praktischem Engagement verbunden. Eine kontinuierlich arbeitende Gruppe von Jugendlichen hat als Resultat einer ökologischen Studienreise in eine Alpenregion die Patenschaft für ein gefährdetes Stück Bergwald übernommen und versucht durch Pflanzaktionen zur Wiederaufforstung eines Berghanges beizutragen. Sinnliche Erfahrungen, die Aneignung biologischer Grundlagen und aktives Handeln sind in diesem naturschützerisch angelegten Vorhaben miteinander verknüpft.

Die Anwendung einer Produktlinienanalyse — eines Instrumentes, das für die ökologische Wirtschaftsforschung entwickelt wurde — in einem Projekt ökologischer Bildung setzt an der Verbindung von Aspekten beruflicher Tätigkeit mit ökologischen Überlegungen an. Günther Schneider und Walter Ullrich zeigen, wie ökologische und ökonomische Aspekte in der Phase der Entwicklung, der Herstellung, der Nutzung und der ‚Entsorgung' eines Produktes zusammenwirken. Eine nach pädagogischen Kriterien reduzierte Form der Produktlinienanalyse dient als grundlegende Einführung in eine vernetzte Betrachtungsweise. Sie bietet zudem die Gewähr, in der Beschäftigung mit dem Verhältnis zwischen Ökonomie und Ökologie über die Phase der Schuldzuweisungen und klassischen Entlarvungsstrategien hinauszugelangen, ohne den Blick für strukturelle Zusammenhänge zu vernachlässigen. Weiter kann gezeigt werden, daß technische Innovationen dazu führen können, die Umwelbelastungen durch die Produktion selbst zu reduzieren, doch damit ist noch längst nicht das Problem der Umweltbelastung durch die Produkte gelöst.

Die Gliederung dieser Publikation wurde in der Projektgruppe gemeinsam erarbeitet. Eine erste Fassung der einzelnen Beiträge wurde von den verschiedenen Autorinnen und Autoren ausgearbeitet und gemeinsam in der Projektgruppe diskutiert. Trotz dieser Bemühungen um eine weitgehende inhaltliche Abstimmung tragen letztendlich die jeweiligen Verfasserinnen und Verfasser für den Inhalt ihres Artikels die Verantwortung.

Die Beiträge zu diesem Band sind im Rahmen der Realisierung und Evaluation eines Projektes ökologischer Bildungsarbeit entstanden, das zwei Schwerpunkte hatte. Ein Schwerpunkt bildete eine Studie zum Umweltbewußtsein von Jugendlichen, der zweite bestand in der Durchführung und Auswertung von ca. 65 Veranstaltungen ökologischer Bildungsarbeit. Träger dieses Projektes war der Verein der Evangelischen Akademien in Deutschland e.V. mit Sitz in Bad Boll. Verantwortlich für die Realisierung und die Koordination des Projektes war die Projektgruppe „Ökologie als Gegenstand politischer Jugendbildung" der Evangelischen Trägergruppe für gesellschaftspolitische Jugendbildung, der neben anderen die Autorinnen und Autoren dieses Bandes angehören, in Zusammenarbeit mit dem wissenschaftlichen Mitarbeiter der Organisation, Klaus Waldmann.

Am Projekt beteiligten sich folgende Einrichtungen: Evangelische Akademie Bad Boll, Projektort: Reutlingen; die Evangelische Akademie Loccum, Projektorte: Stade und Wolfsburg; die Evangelische Industriejugendarbeit, Frankfurt; die Evangelische Jugendsozialarbeit München, Projektorte: Augsburg, Bamberg, München; das Sozialamt der Evangelischen Kirche von Westfalen, Villigst, Projektort: Steinfurt.

Wir möchten uns bei allen, die zum Gelingen dieses Projektes beigetragen haben, herzlich bedanken: bei den Jugendlichen, die sich für die Befragung zur Verfügung gestellt und interessiert an den Bildungsveranstaltungen teilgenommen haben; bei den pädagogischen Mitarbeiterinnen und Mitarbeitern, die mit Engagement die zur Durchführung des Projektes erforderliche Mehrarbeit auf sich nahmen; bei den Mitarbeiterinnen und Mitarbeitern in den Geschäftsstellen für die administrative Abwicklung des Projektes und nicht zuletzt beim Bundesministerium für Frauen und Jugend, das mit einer großzügigen finanziellen Förderung die Durchführung des Projektes erst ermöglichte.

Hamburg, im August 1991   *Klaus Waldmann*

Anmerkungen

1 Simonis, Udo, E.: Ökologie, Politik und Wissenschaft: Drei grundlegende Fragen. In: Ders. (Hrsg.): Basiswissen Umweltpolitik. Ursachen, Wirkungen und Bekämpfung von Umweltproblemen, S. 10
2 Forschungsgruppe soziale Ökologie: Soziale Ökologie. Gutachten zur Förderung der sozialökologischen Forschung in Hessen. Frankfurt 1987, S. 32
3 Glaeser, Bernhard: Entwurf einer Humanökologie. In: Ders. (Hrsg.): Humanökologie. Grundlagen präventiver Umweltpolitik. Opladen 1989, S. 33

15

II. Zum Umweltbewußtsein Jugendlicher

Klaus Waldmann

Interessiert — gefahrenbewußt — besorgt — handlungswillig
Eine explorative Studie zum Umweltbewußtsein Jugendlicher

Das Umweltbewußtsein ist in doppelter Weise einer der zentralen Bezugspunkte ökologischer Bildung. Konzepte und Praxis ökologischer Bildung setzen an vorfindbaren, wenn vielleicht auch nur in rudimentären Formen vorhandenen Denkmustern und Einstellungen zu Umweltfragen an, sehen darin also einen Ausgangspunkt für inhaltliche und methodische Vorüberlegungen. Gleichzeitig hat ökologische Bildung dann zum Ziel, neben der Sensibilisierung für ökologische Fragen, der Vermittlung notwendigen Wissens und aktivierender Handlungskompetenzen, zur Überprüfung, Vertiefung oder Erweiterung von Umweltbewußtsein beizutragen.

Für pädagogisches Handeln ist die Annahme einer Reflexivität und einer prinzipiell dynamischen Struktur von Bewußtsein grundlegend. Bewußtsein kann sich selbst zum Gegenstand ‚bewußter' Reflexion machen und gilt als ein sich wandelndes Phänomen. Ökologische Bildung bezieht sich auf die zukunftsweisende Struktur von Bewußtsein und geht davon aus, daß ein mögliches individuelles oder soziales Künftiges schon im Gegenwärtigen aufscheint. In unserer Arbeit mit Jugendlichen ist Umweltbewußtsein dann als eine jeweils neu zu vergegenwärtigende Momentaufnahme vorfindbarer Denkmuster und Handlungsdispositionen Ausgangspunkt pädagogischer Bemühungen und andererseits ist die Bildung von Umweltbewußtsein ein wesentliches Ziel ökologischer Bildung.

Diese Überlegungen führten dazu, für ein Projekt ökologischer Bildungsarbeit im Rahmen politischer Jugendbildung zwei Schwerpunkte zu wählen. Zum einen sollten Praxiskonzepte entwickelt, erprobt und reflektiert werden, zum andern sollte im Rahmen einer kleinen Studie versucht werden, präzisere Kenntnisse und begründetere Hypothesen über das Umweltbewußtsein der an Veranstaltungen ökologischer Bildung teilnehmenden Jugendlichen zu erhalten.

Intentionen der Studie

Die Durchführung einer Studie zum Umweltbewußtsein Jugendlicher läßt sich zunächst pädagogisch begründen. Die vielfältigen Dimensionen eines der verschiedenen Faktoren, die pädagogisches Handeln beeinflussen, sollen deutlicher aufgezeigt werden. Umweltbewußtsein als historisch-gesellschaftlich und individuell bedingte Gestalt persönlicher Verarbeitung der ökologischen Problematik ist jedoch nur einer von mehreren Faktoren, die pädagogisches Handeln bestimmen: Da sind die aus der Sache, dem Thema, dem Gegenstand resultierenden Überlegungen; die persönlichen Voraussetzungen, Interessen und Bedürfnisse der jeweiligen Adressaten; die mehr oder weniger elaborierten konzeptionellen Vorstellungen und Intentionen der Pädagoginnen und Pädagogen; die gesellschaftlichen Rahmenbedingungen; die institutionellen Rahmenbedingungen ökologischer Bildung und der Stellenwert eines Themas, einer Fragestellung in der Öffentlichkeit, vor allem in den Medien.

Wenn nun in einem ersten Zugriff unter Umweltbewußtsein die „individuelle Formgebung"[1] des Umwelt-Themas verstanden werden kann, dann wollen wir mit unserer Studie zum Umweltbewußtsein Jugendlicher zunächst vor allem einen Beitrag zur Aufklärung über persönliche Voraussetzungen ökologischer Bildung leisten und Einstellungen, Stereotypen, Deutungsmuster, Handlungsperspektiven und Lösungsvorschläge von Jugendlichen zum Themenbereich ‚Ökologie' analysieren. Es geht nicht darum, Vorwissen oder Vorkenntnisse von Jugendlichen bezogen auf ökologische Themen abzufragen, sondern es soll analysiert werden, wie Heranwachsende das Thema ‚Umwelt' wahrnehmen und verarbeiten und wie für sie dieser Themenbereich in alltäglichen Handlungsfeldern bedeutsam wird. *Erstes und wichtigstes* Ziel der Studie ist es, ein konturierteres und differenzierteres Bild der Adressaten ökologischer Bildung zu zeichnen, das Verständnis für deren Denk- und Handlungsweisen zu schärfen und somit auch die Grundlagen für Planung und Durchführung von Bildungsveranstaltungen zu verbessern.

An anderer Stelle dieser Veröffentlichung[2] wird die Mehrdimensionalität ökologischer Bildung herausgearbeitet und aufgezeigt, daß neben anderen Aspekten ihre zentralen Elemente die Sensibilisierung der Wahrnehmung für ökologische Zusammenhänge und die Reflexion und Modifikation grundlegender Einstellungsmuster der Beteiligten sind. So sollen notwendige, nachhaltige Veränderungen im Verhältnis Mensch-Natur und ein an ökologischen Kriterien orientiertes, langfristig stabiles Handeln befördert werden. Eine konzeptionell so ausgerichtete ökologische Bildungsarbeit steht dann auch vor dem Problem, darüber Auskunft geben zu müssen und zu wollen, ob und wenn ja in welchem Umfang sie die selbstgesetzten Absichten realisieren kann. Bezogen auf diese Frage kann eine Untersuchung des Umweltbewußtseins unserer Zielgruppen *zweitens* zur erforderlichen selbstkritischen Diskussion über Grenzen und Reichweite ökologischer Bildung empirisch begründete Hypothesen als Bezugspunkte beisteuern. Diese Studie kann jedoch noch nicht einmal ansatzweise als eine Form von Wirkungsanalyse oder als Evaluation ökologischer Bildungsarbeit betrachtet werden. Denn es ist theoretisch und praktisch unmöglich, bewußtseinsverändernde Effekte — deren spezifisches Charakteristikum ja ist, daß sie nur langfristig zu beobachten sind — im Rahmen einer in unserem Arbeitsbereich dominierenden Kurzzeitpädagogik feststellen oder eventuell langfristig registrierbare Veränderungen allein auf die Wirkung ökologischer Bildung zurückführen zu wollen. Auf der Ebene der Einschätzung der Wirkung ökologischer Bildungsarbeit kann diese Studie also lediglich einige systematisch begründete Hinweise als Anhaltspunkte zur kritischen Reflexion abgeschlossener oder zur Modifikation zukünftiger Praxis liefern.

Im öffentlichen Diskurs ist vielfach die Rede von einem spezifischen Umweltbewußtsein von Industriearbeitern. Oder es wird die These vertreten, daß ein entwickeltes Umweltbewußtsein vor allem bei Gruppen mit besserer schulischer Ausbildung vorzufinden ist. Umweltbewußtsein wird gar als „ein *Phänomen der neuen Mittelschicht* angesehen"[3]. Die in der Debatte um ein besonderes Umweltbewußtsein von Industriearbeitern dominierenden Einschätzungen werden von Beck in der These zusammengefaßt, daß das Vor-Urteil bestehe, „Arbeitserfahrung, Arbeitererfahrung und Arbeitsplatzinteresse blockieren die ökologische Sensibilisierung der Industriearbeiter"[4]. Diese in der Öffentlichkeit vorherrschende Bewertung des demnach „unglücklichen"[5] Umweltbewußtseins von Industriearbeitern wird demgegenüber in der Studie von Heine/Mautz in das Reich der Legende verwiesen. Sie vertreten die These, daß sich das Umweltbewußtsein von Industriearbeitern nicht wesentlich von dem anderer Bevölkerungsgruppen unterscheidet. Nach den Ergebnissen ihres Forschungsprojektes verfügen Industriearbeiter über ein „Jedermann-Bewußtsein"[6] zu ökologischen Fragen. Lediglich einen kritischen Technikoptimismus, der in weiterentwickelten Technologien einen wesentlichen Beitrag zur Überwindung ökologischer Gefährdungslagen sieht, lassen sie als einen „facharbeiterspezifischen Modus der Aneignung des Umweltproblems"[7] gelten.

Bei der Planung unseres Projektes haben wir die Zielgruppe der beabsichtigten unterschiedlichen Bildungsveranstaltungen vage als ‚ökologischen Fragen distanziert gegenüberstehende Gruppen' umschrieben. Gemeint waren mit dieser Formulierung vor allem Hauptschülerinnen und Hauptschüler, Auszubildende und junge Berufstätige. Mit der von uns gewählten, aus Erfahrungen in der ökologischen Bildungsarbeit gespeisten Charakterisierung der Einstellung dieser Gruppen gegenüber Umweltfragen befinden wir uns in der Nähe zu der von Beck resümierten Debatte und in Distanz zu den Thesen von Heine/Mautz. Ein Teil der Projekte beschäftigt sich zudem mit Themen im

Schnittpunkt von Ökologie und Ökonomie, thematisiert den Zusammenhang zwischen betrieblichen Erfahrungen und ökologischen Problemen, so daß unsere Untersuchung *drittens* auch als ein, allerdings aufgrund der beschränkten Rahmenbedingungen relativ bescheidener Diskussionsbeitrag zur These des besonderen Umweltbewußtseins von Industriearbeitern gelesen werden kann. Mit der Studie wollen wir unsere fragmentarische Wahrnehmung und Einschätzung überprüfen und gegebenenfalls korrigieren.

Umweltbewußtsein: ein komplexes Konstrukt

Umweltbewußtsein kann als persönliche Formgebung des Themas Ökologie verstanden werden. Differenzierter formuliert läßt sich im Anschluß an Mertens Umweltbewußtsein als „die Gesamtheit der auf natürliche und soziale Umwelt und deren Interdependenz bezogenen Wahrnehmungsfähigkeiten, Einstellungen, Wünsche, Befürchtungen, Werthaltungen und Verhaltensbereitschaften"[8] beschreiben. In das Alltagsverständnis von Umweltbewußtsein und in seine wissenschaftliche Rekonstruktion fließen unterschiedliche Interessen und Funktionszuweisungen ein.

In kulturkritischer Perspektive steht das Umweltbewußtsein nicht nur für die Form der Wahrnehmung und für die Art und Weise der Verarbeitung ökologisch-gesellschaftlicher Wirklichkeit, sondern gilt als ein Symbol für das Unbehagen an der Modernität. Inhalt und Reichweite des Umweltbewußtseins werden dann als eine spezifische Form des Umdenkens interpretiert und in die Debatte um einen allgemeinen Wertewandel eingeordnet.[9] Oder eine ausgeprägte Sensibilität für die problematischen Interdependenzen zwischen Mensch und Natur, für die katastrophalen Folgen bestimmter Formen des Wirtschaftens und des Lebens gilt als wesentlicher Bestandteil eines „neuen kulturellen Modells".[10]

Im politischen Bereich wird das Umweltbewußtsein als Indikator herangezogen, wenn prognostiziert werden soll, welchen Stellenwert Umweltpolitik in der Sicht der Bevölkerung hat und welche umweltpolitischen Maßnahmen Anklang finden. So belegen die Ergebnisse der Umfrageforschung seit vielen Jahren, daß Umweltschutzmaßnahmen in der Sicht der Bevölkerung zu den wichtigsten politischen Aufgaben gehören. Sie nehmen in der Rangliste der Dringlichkeit den zweiten Platz nach der Bekämpfung der Arbeitslosigkeit ein.[11] Neuere Forschungsergebnisse im Bereich der Jugendforschung[12] zeigen, daß sich bei Jugendlichen in der Rangliste der dringlich zu bewältigenden Probleme nach dem Prozeß der deutschen Vereinigung zwar einige Verschiebungen ergeben haben, doch nehmen umweltpolitische Maßnahmen neben der Bewältigung der Folgen der deutsch-deutschen Vereinigung und der Bekämpfung von Arbeitslosigkeit immer noch eine vorrangige Position ein.

Andererseits gilt das Umweltbewußtsein in politischer Perspektive nicht nur als Indikator für die Akzeptanz umweltpolitischer Entscheidungen, sondern auch als Gradmesser für möglichen Druck auf das politische System, erforderliche und weiterführende Maßnahmen der Umweltpolitik zu verwirklichen. Verschiedene Studien belegen, daß das Umweltbewußtsein relevanter Bevölkerungsgruppen politischen Entscheidungen oft weit voraus ist.

Weiterhin wird mit dem Umweltbewußtsein die Frage nach der Bereitschaft zu Veränderungen im Verhalten und in den Lebensgewohnheiten der Menschen verbunden. Besteht ein Interesse, Müll zu vermeiden oder Abfall getrennt zu sortieren? Sind große Teile der Bevölkerung in der Lage, mehr Geld für umweltfreundliche Produkte auszugeben? Sind die Menschen bereit, ihre Lebens- und Konsumgewohnheiten zu verändern? Aus dem erforschten und diagnostizierten Umweltbewußtsein werden dann Rückschlüsse gezogen, wie weit die im ökologischen Diskurs zur Vermeidung der ökologischen Katastrophe für notwendig erachteten Verhaltensänderungen bereits akzeptiert und in welchem Ausmaß sie umgesetzt worden sind.

In pädagogischer Sicht ist das Umweltbewußtsein — wie bereits ausgeführt — doppelter Bezugspunkt ökologischer Bildung.

Diese fragmentarischen Hinweise auf verschiedene Sichtweisen verdeutlichen, daß es keine allgemein akzeptierte und wissenschaftlich anerkannte Definition von Umweltbewußtsein gibt und somit Studien über das Umweltbewußtsein allgemein oder von spezifischen Gruppen nicht auf konventionalisierte Operationalisierungen zurückgreifen können. Beschreibungen und Erklärungen umweltbezogener Einstellungen, Urteile und Verhaltensweisen beziehen sich zudem auf unterschiedliche theoretische Konzepte aus verschiedenen Wissenschaftsdisziplinen.

Deshalb kann im Anschluß an Fietkau „Umweltbewußtsein als ein relativ kompliziertes Konstrukt angesehen werden"[13], das nicht als isolierter Gegenstand betrachtet werden kann, sondern als im Wertekanon einer Person oder einer Gruppe verankert und im Kontext anderer Wertüberzeugungen stehend, verstanden werden muß. In wissenschaftlicher Sicht enthält der Begriff des Bewußtseins eine Vielzahl von Dimensionen, die üblicherweise analytisch segmentiert werden. Es geht um Motive, um Denk- und Lernfähigkeit, um Wahrnehmung, um Reflexivität, um Intentionalität, um normative Orientierungen, Gedächtnisleistungen, Sprach- und Kommunikationsfähigkeit, um Selbstbewußtsein und um Elemente von Identität.

Im Umweltbewußtsein selbst, darauf machen Dierkes/Fietkau[14] aufmerksam, werden komplexe psychische Funktionen und auf unterschiedliche gesellschaftliche Sektoren bezogene inhaltliche Zielbereiche zusammengedacht. Es geht um persönliche Wertüberzeugungen, als relativ objektunspezifische Stellungnahmen, um Einstellungen, als relativ objektspezifische Stellungnahmen, um kulturelle Orientierungsmuster, um Wissen über komplexe ökologische Zusammenhänge, um subjektive Handlungsdispositionen und um den persönlichen, an ökologischen Kriterien orientierten Gestaltungswillen.

Auch Urban konzipiert Umweltbewußtsein als mehrdimensionales Einstellungskonstrukt. Er bezeichnet zunächst umweltrelevante Wertorientierungen, Einstellungen und Handlungsbereitschaft als Umweltbewußtsein „im eigentlichen Sinne"[15] und ergänzt diesen Kernbereich durch eine Dimension kognitiver Institutionalisierung von Umweltbewußtsein. Dazu zählt er Einschätzungen zu politischer und persönlicher Problemlösungsbereitschaft und die Einstellung zur problemlösenden Relevanz von Technik. Die Verhaltensdimension wird über den Umfang selbstberichteter umweltorientierter Aktivität erfragt. Komplettiert wird das Modell durch sozio-demographische und sozioökologische Faktoren.

Sowohl am Modell von Fietkau als auch am Modell von Urban fällt bei der systematischen Operationalisierung eine Vorherrschaft kognitiver Momente auf. Gerade bei der Frage nach der Genese von Umweltbewußtsein sollte jedoch berücksichtigt werden, daß Bewußtsein nicht nur aus vernünftiger Reflexion hervorgeht, sondern daß die Gewißheiten, die im Umweltbewußtsein zum Ausdruck kommen, aus verschiedenen Quellen resultieren können. In einem sehr instruktiven Aufsatz vertritt Stenger die These, daß Bewußtsein als eine ‚aktualisierbare Perspektive' verstanden werden muß, als „*eine besondere Art und Weise, Erfahrungen so zu organisieren*, daß sie als Gewißheiten erlebt werden."[16] Er nennt vier Quellen von Gewißheit: die sinnliche Wahrnehmung, emotionale Einsicht, Verstandeserkenntnis und soziale Bestätigung. Es gelingt Stenger damit, Emotionen und intuitive Welterfassung als Erkenntnisquellen in sein Konstrukt von Umweltbewußtsein einzubeziehen und eine kognitivistische Engführung zu vermeiden. Mit dem Konzept von Umweltbewußtsein als ‚aktualisierbare Perspektive' baut Stenger in sein Modell gleichzeitig eine integrierende Instanz ein, während in den beiden anderen Konzepten zwar der Prozeß analytischer Segmentierung differenziert vollzogen und begründet wird, sich danach jedoch die Frage stellt, wie und durch welche Faktoren und Relationen die einzelnen Elemente des Konstruktes sich zu einem erkennbaren Umweltbewußtsein figurieren oder ob es sich letztendlich bei so angeleiteten Studien doch nur um die Untersuchung einzelner Dimensionen von Umweltbewußtsein handeln kann. Bei allen positiven Aspekten des Modells von Stenger steht jedoch seine Anwendung und Überprüfung im Rahmen empirischer Forschung noch aus.

Weiter führt Stenger in seinem Beitrag eine hilfreiche Differenzierung in die Debatte über das Umweltbewußtsein ein. Er unterscheidet zwischen Umweltbewußtsein und Katastrophenwissen.[17] Das Katastrophenwissen weiß von den Schrecken dieser Welt, ökologische Gefährdungen sind allerdings lediglich weitere Mosaiksteine in einem umfassenden Schreckensszenario des über die Medien vermittelten alltäglichen Horrors. Die Existenz vielfältiger Bedrohungen, die von den Medien täglich frei Haus präsentiert werden, wird nicht geleugnet, doch sie scheinen nichts mit der eigenen Person zu tun zu haben. Katastrophenwissen bleibt nach Stenger deshalb „ohne Handlungsrelevanz"[18]. Demgegenüber sei Umweltbewußtsein dadurch gekennzeichnet, daß strukturelle Zusammenhänge hinter den verschiedenen ökologischen Gefährdungen erkannt und ökologische Probleme als Ausdruck einer strukturellen Krise gesehen werden sowie Umweltbewußtsein in Konsequenz handlungsrelevant werde.

Mit dieser Unterscheidung versucht Stenger das Phänomen zu erklären, daß in verschiedenen Studien umfangreiche Kenntnisse über Art und Ausmaß von Umweltgefährdungen festgestellt werden, erwartbare und eigentlich notwendige Verhaltensänderungen jedoch nicht in einem entsprechenden Umfang registriert werden können. Er belebt damit die grundsätzliche sozialwissenschaftliche Debatte um den Zusammenhang zwischen Einstellungen und Handeln mit einer interessanten These. Doch es besteht die Gefahr, mit dieser ‚einfachen' Erklärung andere Faktoren zu übersehen. Eine mögliche Deutung dieses Widerspruchs könnte ja auch sein, daß das subjektive Bewußtsein durch die auf die Menschen einströmenden ökologischen Katastrophenmeldungen blockiert ist und zu einer handlungsrelevanten Verarbeitung der Ereignisse nur noch begrenzt in der Lage ist.

Die Debatte über das Umweltbewußtsein Jugendlicher sollte sich jedoch auch von der Illusion freimachen, daß aus dem ‚richtigen' Bewußtsein quasi automatisch das ‚richtige' Verhalten entsteht. Denn bei der Frage nach dem Zusammenhang zwischen Bewußtsein und Verhalten ist zu beachten, daß Handlungsdispositionen im ökologischen Bereich „auf ein komplexes Gefüge ökologischer, ökonomischer, sozialer und technischer Bedingungen gerichtet"[19] sind und auch von persönlichen Kompetenzen sowie von individuellen und kollektiven Bewertungen der Erfolgsaussichten abhängig sind. Oder wie Dierkes / Fietkau unter Hinweis auf die Rahmenbedingungen umweltgerechten Verhaltens betonen, „Handeln wollen setzt Handeln können voraus."[20] Auch Urban macht darauf aufmerksam, daß „die sozialwissenschaftliche Forschung kaum konsistente Ergebnisse"[21] über den Zusammenhang zwischen Einstellungen und Handeln liefert.

Unter Beachtung dieser Überlegungen läßt sich mit Dreitzel formulieren, daß es anscheinend „keine automatische Umsetzung von Umweltbewußtsein in Umweltverhalten gibt."[22] Verantwortlich sind für ihn hierfür Mechanismen ‚psychischer Selbstbetäubung' und ‚selektiver Unaufmerksamkeit', die aus dem Zusammenspiel zwischen Angst und Zivilisation resultieren und die im Prozeß der Zivilisation und Modernisierung der Gesellschaft erworben wurden.

Zur Begründung dieser These greift Dreitzel auf die Untersuchungen von Elias über den Prozeß der Zivilisation[23] zurück. Im Zivilisationsprozeß werden nach den Erkenntnissen von Elias die Menschen mit steigenden Anforderungen zur Selbstdisziplinierung und Selbstkontrolle konfrontiert. Diese Entwicklung führe psychogenetisch zu einer allmählichen Ausbildung einer Selbstzwangapparatur. Die Verfeinerung der Mechanismen der Affektkontrolle haben nach der Einschätzung von Dreitzel, neben dem Aufbau der für die erfolgreiche Bewältigung des Zusammenlebens der Individuen in modernen Gesellschaften erforderlichen Fähigkeiten dann jedoch auch eine Verarmung des emotionalen Sensoriums zur Folge. Für Dreitzel bildet diese Entwicklung den Hintergrund für die Entwicklung von Verdrängungs- und Vermeidungsstrategien im Bewußtsein und im Verhalten der Menschen.

Folglich müssen bei der Frage nach dem Umweltbewußtsein und nach den Zusammenhängen und Diskrepanzen zwischen Bewußtsein und Handeln, die in den historisch gewachsenen psychischen Strukturen der Menschen verankerten Mechanismen in Verbindung mit den bei der Realisierung umweltbewußter Verhaltensweisen zu bewältigenden komplexen Handlungsketten beachtet werden.

Im Anschluß an diese knappen Hinweise auf einige zentrale Positionen in der wissenschaftlichen Debatte zur Annäherung an ein theoretisches Konzept zur Untersuchung von Umweltbewußtsein, kann nun das für diese Studie leitende Verständnis beschrieben werden. Umweltbewußtsein ist in unserer Sicht ein komplexes theoretisches Konstrukt, das im Rahmen unserer Studie vor allem heuristische, verstehensorientierte Relevanz hat. Es bezieht sich auf die vielfältigen Dimensionen der in einem umfassenden Sinn verstandenen Wechselwirkungen zwischen Mensch und Natur. Nach unserer Überzeugung speist sich das Umweltbewußtsein aus verschiedenen Quellen. Die sinnliche Wahrnehmung von ökologischen Bedrohungen, Formen intuitiver Welterfassung sind ebenso Evidenzgrundlagen von Umweltbewußtsein, wie eine rationale Analyse ökologischer Gefährdungslagen und die soziale Bestätigung bestimmter Deutungen im jeweiligen Lebensmilieu oder über die Medien. Das Umweltbewußtsein umfaßt generelle Wertorientierungen, themenspezifische Einstellungen, grundlegende Handlungsdispositionen und Hinweise auf Diskrepanzen zwischen Bewußtsein und Handeln. Sichtbare Gestalt gewinnt für uns Umweltbewußtsein außerdem in politischen Forderungen, in angesichts der ökologischen Krise präferierten Lösungsmodellen und in der Bereitschaft zum Engagement in Umweltgruppen oder zu anderen Formen kollektiven Handelns. In diesem Sinne reicht Umweltbewußtsein weit über allgemeine Kenntnisse der Umweltverschmutzung hinaus und ist durch die Einsicht in strukturelle Zusammenhänge der ökologischen Krise gekennzeichnet. Die verstehensorientierte Absicht der Studie besteht auf der Grundlage dieses

Konzeptes darin, einen differenzierten Einblick in Denk-, Artikulations-, Argumentations- und Interpretationsmuster einer spezifischen Gruppe von Jugendlichen zu geben.

Das Bewußtsein ist nach unserem Verständnis kein statischer Gegenstand, der definitiv sozialwissenschaftlich vermessen werden kann, sondern ist als ein dynamisches Phänomen zu betrachten, das in Abhängigkeit von individuellen und gesellschaftlichen Bedingungen einem permanenten Veränderungsprozeß unterliegt. In der Studie zum Umweltbewußtsein Jugendlicher geht es dann darum, neben den durch aktuelle Ereignisse stark mitbedingten Einstellungen Jugendlicher zu ökologischen Fragen grundlegendere Wertorientierungen herauszuarbeiten. Weiter ist daran zu erinnern, daß das Umweltbewußtsein kein isolierter Gegenstand ist, sondern in die allgemeinen Wertüberzeugungen, Einstellungsmuster und Handlungsfelder der Jugendlichen eingebunden und durch den öffentlichen Diskurs stark beeinflußt ist. Umweltbewußtsein ist in hohem Grad kontextabhängig. Es korrespondiert z.B. mit Einstellungen zur Technik und ist mit dem allgemeinen Wandel von Wertvorstellungen verknüpft. Seine besondere Gestalt erhält das Umweltbewußtsein im Zusammenspiel zwischen sinnlicher Wahrnehmung und individueller und sozialer Deutung.

Fragestellung und Untersuchungsdimensionen der Studie

Die Zielgruppe der ökologischen Bildungsarbeit im Rahmen dieses Projektes wurde aufgrund unserer Erfahrungen als ökologischen Fragestellung distanziert bis skeptisch gegenüberstehend beschrieben. Die praktischen Erfahrungen bezogen sich auf Bildungsveranstaltungen mit Hauptschülerinnen und Hauptschülern, mit arbeitslosen Jugendlichen, mit Auszubildenden und jungen Berufstätigen. Weiterhin stand dahinter die Erfahrung, daß besondere Anstrengungen notwendig und spezifische Konzepte erforderlich sind, um diese Gruppen für eine Teilnahme an Veranstaltungen ökologischer Bildung zu gewinnen.

Die von uns charakterisierte Distanz bzw. Skepsis dieser Jugendlichen gegenüber ökologischen Fragen wurde von uns generalisierend durch folgende Phänomene näher umschrieben: Anzutreffen war eine Haltung, die ökologische Probleme zwar nicht negiert, ihre Bedeutung jedoch relativiert. Zentral schien uns ein naturwissenschaftlich-technisches Verständnis von Umweltproblemen zu sein. Für die Jugendlichen galten ökologische Gefährdungen beim Einsatz der richtigen technischen Mittel als bewältigbar. Vorherrschend war ein Technikoptimismus, der die Weiterentwicklung der Technologie mit gesellschaftlichem Fortschritt gleichsetzte und bei einem richtigen Einsatz der Technik die Bewältigung der ökologischen Herausforderungen erwartete, ohne nach den strukturellen Ursachen ökologischer Gefahrenlagen, dem Raubbau an den natürlichen Lebensgrundlagen, den Folgen großtechnologischer industrieller Produktionslogik und Gefahrenproduktion sowie des verschwenderischen Massenkonsums zu fragen.

Die technisch-naturwissenschaftliche Haltung gegenüber ökologischen Problemen machte sich im Gebiet der Arbeitswelt in einer Engführung von Umweltaspekten auf den Bereich von Unfallgefahren, Fragen der Arbeitssicherheit, von Gesundheitsschutz, des Umgangs mit Gefahrstoffen und des Recycling bemerkbar. Fragen z.B. nach der Umweltbelastung einer bestimmten Produktionsweise oder der Umweltverträglichkeit der Produkte wurden von den Jugendlichen weitgehend ausgeklammert.

Eine distanzierte Haltung der Jugendlichen gegenüber ökologischen Fragen sahen wir darin begründet, daß die häufig in Verbindung mit der Auseinandersetzung mit Umweltthemen artikulierten Appelle, beispielsweise auf die Nutzung bestimmter Produkte zu verzichten, sparsamer mit Energie und anderen Dingen umzugehen, einen konsumorientierten Lebensstil abzulegen, Ängste auslösten und vorhandene Lernbereitschaft blockierten. Eine andere Deutung der Unlust Jugendlicher, sich mit dem Thema Umwelt zu befassen war, daß diese aufgrund einer gewissen Übersättigung, durch Lernangebote in der Schule oder durch die Berichterstattung in den Medien und die damit verbundenen Appelle an Einsicht und Verhalten, auf Angebote zu einer intensiveren Beschäftigung mit ökologischen Themen ablehnend oder zurückhaltend reagieren. Weiterhin rechneten wir mit bildungs-, alters- bzw. geschlechtsspezifisch differenzierten Reaktionen auf ökologische Fragen.

Aus einer Vielzahl uns näher interessierender Aspekte wurden für die Studie folgende Untersuchungsdimensionen ausgewählt, zu denen die Befragung genauere Auskünfte erbringen sollte:

Vor allem interessierten uns die *Grundhaltungen der Jugendlichen gegenüber ökologischen Fragen*. An den eigenen Deutungen der Befragten und ihren subjektiven Sichtweisen sollten typische Interpretationsmuster und Strukturen und Reichweite ihrer argumentativen Begründung untersucht werden.

Weiter wollten wir analysieren, ob und wenn ja mit welchen Begründungsmustern die Jugendlichen *Zusammenhänge zwischen aktuellen ökologischen Gefährdungslagen, ökonomischer Produktionslogik und wirtschaftlichem Wachstum* sehen.

Erkundet werden sollte, ob die Beschäftigung mit Umweltfragen oder die Konfrontation mit umweltpolitischen Forderungen bei den Jugendlichen beispielweise *Verzichtsängste* auslöst.

Von den Aussagen über allgemeine gesellschaftliche Zukunftsperspektiven und über die Realisierungschancen eigener beruflicher Pläne erhofften wir uns Aufschlüsse über das *Ausmaß an Zuversicht oder Verunsicherung über gesellschaftliche Entwicklungen und berufliche Zukunftschancen*.

28

Dann wollten wir genauer in Erfahrung bringen, von welchen *ökologischen Gefährdungen sich die Befragten betroffen* empfinden.

Schließlich wollten wir wissen, ob sich die Jugendlichen als *an einer Beschäftigung mit Umweltfragen interessiert* betrachten.

Es sollte herausgefunden werden, welche *Relevanz die Beschäftigung mit Umweltthemen* im Vergleich zu anderen Interessen hat und wie sie ihr eigenes Engagement bewerten.

Gefragt werden sollte, wie die Jugendlichen ihre *persönlichen Handlungsmöglichkeiten angesichts der globalen Umweltproblematik* beurteilen.

Weiter wollten wir einige Vermutungen über die *Motive der Jugendlichen zur Beschäftigung mit dem Thema Ökologie* überprüfen.

Außerdem sollte ermittelt werden, *wen die Jugendlichen für die gegenwärtige ökologische Krise als verantwortlich betrachten* und welche *Vorstellungen zur Lösung der ökologischen Probleme* sie haben.

Da die Studie einer von zwei Teilen eines Projektes ökologischer Bildungsarbeit ist, sollte außerdem erfragt werden, welche *Motive die Jugendlichen zur Teilnahme an einer Veranstaltung ökologischer Bildung* veranlaßt haben und welche Faktoren sie zur *Mitarbeit in einer Umweltgruppe* bewegen könnten.

Mit dieser Studie wird also keine umfassende Bestandsaufnahme des Umweltbewußtseins Jugendlicher angestrebt, sondern es werden einige ausgewählte zentrale Aspekte des Umweltbewußtseins, die aus der Perspektive ökologischer Bildung von besonderem Interesse sind, genauer analysiert. Vernachlässigt wird in diesem Zusammenhang die Frage nach der Genese von Umweltbewußtsein.

Methodischer Ansatz und Durchführung der Untersuchung

Die Debatte um Konzepte der Jugendforschung und um ihre methodische Grundlegung hat sich in den letzten Jahren über die früher die Kontroverse bestimmende einfache Gegenüberstellung quantitativer und qualitativer Forschung hinaus weiterentwickelt. Es scheint gegenwärtig Übereinstimmung darin zu bestehen, daß quantitative und qualitative Ansätze sich gegenseitig ergänzen können. Zudem hat sich der Bereich der qualitativen Jugendforschung in den letzten Jahren in unterschiedliche sozialwissenschaftlich-hermeneutische Ansätze ausdifferenziert.[24]

Wesentliche Überlegungen zum methodischen Konzept dieser Studie beziehen sich auf den sozialwissenschaftlich-hermeneutischen Strang der Jugendforschung, ohne aufgrund der knapp beschnittenen materiellen Rahmenbedingungen und der minimalen personellen Ausstattung der Forschungsarbeit auch nur ansatzweise den hohen Ansprüchen eines der verschiedenen sozialwissenschaftlich-hermeneutischen Ansätze in Gänze genügen zu können.

Das methodische Konzept unserer Studie ist vor allem durch die Tatsache der Integration der Forschung in ein Projekt außerschulischer Jugendbildung und daran anschließende pragmatische Überlegungen geprägt. Die zu befragenden Jugendlichen nehmen an Veranstaltungen ökologischer Bildung teil. Für die Durchführung der Befragung in der Anfangsphase der Veranstaltungen steht nur ein eng begrenzter Zeitraum zur Verfügung, denn die Teilnahmemotive der Jugendlichen und ihre Erwartungen an die jeweiligen Bildungsveranstaltungen sollten durch eine umfangreiche Befragung nicht zu sehr irritiert und das Konzept der Veranstaltung sollte nicht durch fremde Interessen überlagert werden. Aufgrund der begrenzten materiellen und finanziellen Ressourcen mußte die Studie dann so konzipiert werden, daß der erforderliche Aufwand für die Durchführung der Befragung und die Auswertung der Ergebnisse einen bewältigbaren Umfang nicht überschritt. Zudem wurden die Untersuchungsdimensionen der Studie so ausgewählt, daß sie auch Erkenntnisse zur Reflexion der jeweiligen Praxis beisteuern konnte.

Dennoch sind im Konzept der Studie einige zentrale Motive sozialwissenschaftlich-hermeneutischer Jugendforschung aufgenommen. Im Mittelpunkt der Studie steht das für diesen Forschungsbereich grundlegende Interesse an Selbstdeutungen, Interpretationsmustern, Artikulationsstrukturen und argumentativ begründeten Wertüberzeugungen der Jugendlichen. Mit der Studie sollen nicht vorrangig neue Datensätze produziert werden, sondern sie soll Einblick in Denk- und Handlungsweisen Jugendlicher angesichts weitreichender ökologischer Gefährdungen geben. Die Studie nimmt eine reflexive Perspektive auf das Umweltbewußtsein von Jugendlichen ein und will unterschiedliche Dimensionen und verschiedene Gestalten von Umweltbewußtsein aufzeigen. Mit einer reflexiven Perspektive und dem Verzicht auf ein normativ aufgeladenes und von außen an die Denkmuster und Handlungsdispositionen der Befragten als Meßlatte angelegtes Konzept von Umweltbewußtsein wird eine fruchtlose Debatte um das ‚richtige‘ oder das ‚falsche‘ Umweltbewußtsein vermieden und das Blickfeld für die vielschichtigen Formen der Verarbeitung ökologischer Gefährdungen erweitert.

Die Nähe der Studie zu Konzepten sozialwissenschaftlich-hermeneutischer Forschung läßt sich zusätzlich mit dem Ziel der Studie begründen, einen Beitrag dazu zu leisten, daß subjektive Sichtweisen, Erklärungs- und Handlungsmuster Jugendlicher in der Praxis ökologischer Bildung besser verstanden werden können. Für eine Bildungsprozesse ermöglichende, anregende und fördernde ökologische Bildung ist ein pädagogisches Verstehen konstitutiv, das sich sowohl auf die Ebene der mitmenschlichen Interaktion als auch auf die anregend-fördernde Dimension pädagogischer Praxis bezieht. Dazu ist es jedoch zunächst erforderlich, die subjektiven Interpretationen und Einschätzungen von Jugendlichen ernstzunehmen. In diesem Sinn soll die Studie Jugendbildungsreferentinnen und -referenten dazu animieren, ihre Vorannahmen über das Umweltbewußtsein von Jugendlichen zu überprüfen und einen ‚zweiten Blick' auf Denk- und Verhaltensweisen junger Leute zu riskieren. Durch die Verbindung praktischer Jugendbildungsarbeit mit einer ergänzenden Studie zum Umweltbewußtsein der Zielgruppen in diesem Projekt bestehen aus unserer Sicht günstige Voraussetzungen, um sich mit den vorhandenen Bildern und Einschätzungen intensiv zu beschäftigen und die Erkenntnisse dieser Reflexion wieder in die Praxis einzubringen.

Aufgrund der eng gesteckten Rahmenbedingungen für die Studie haben wir uns für die Entwicklung eines Erhebungsinstrumentes entschieden, das sich in einigen Punkten von den Methoden sozialwissenschaftlich-hermeneutischer Forschung unterscheidet. Wir verzichteten auf ein ansonsten übliches offenes und weitgehend unstrukturiertes Verfahren und strukturierten theoretisch die Untersuchungsdimensionen, in diesem Falle die Faktoren des Umweltbewußtseins Jugendlicher, die für uns besonders interessant erschienen, vor. Innerhalb dieser vorbestimmten Dimensionen sollten die Jugendlichen jedoch die Gelegenheit haben, sich ohne weitere, einengende Vorgaben zu äußern.

In die Erstellung des Instrumentes sind dann die reichhaltigen Erfahrungen der am Projekt beteiligten Jugendbildungsreferentinnen und -referenten in der ökologischen Bildungsarbeit eingeflossen. Aus vielfältigen Gesprächen mit unterschiedlichen Gruppen von Jugendlichen waren ‚typische' Argumentationsmuster bezogen auf das Thema ‚Ökologie' bekannt, die als Grundlage für die Formulierungen im Erhebungsbogen verwendet wurden.

Der Erhebungsbogen wurde schließlich in drei Abschnitte gegliedert. Im ersten Abschnitt enthält der Bogen 16 Statements zu verschiedenen Aspekten des ökologischen Diskurses. Diese auf die o.g. Untersuchungsdimensionen bezogenen Aussagen wurden so vereindeutigend formuliert, daß dadurch die Befragten zu persönlichen Stellungnahmen veranlaßt werden sollten. Diese Methode war in einigen Bildungsveranstaltungen erprobt worden und hatte sich als sehr gesprächsanregend erwiesen. Ein weiteres Problem bestand darin, die Statements in einer Sprache zu verfassen, daß die zu befragenden Jugendlichen sich weder über- noch unterfordert fühlten. Denn in der Anfangsphase der praktischen Bildungsarbeit des Projektes hatte sich sehr schnell herauskristallisiert, daß an den verschiedenen Projektorten sehr unterschiedliche Gruppen von Jugendlichen zur Beteiligung an den Bildungsveranstaltungen gewonnen werden konnten, so daß die Heterogenität der Gruppe der Befragten bereits in aller Deutlichkeit sichtbar war. Die Stellungnahmen der Befragten sollten schriftlich in den Erhebungsbogen eingetragen und begründet werden. Von dieser Methode erhofften wir den Effekt, daß die Jugendlichen auf diese Weise eher zentrale Inhalte ihrer eigenen Meinung und authentische Aussagen artikulieren und damit auch einen Einblick in tieferliegende Einstellungsmuster zulassen würden. Die Befragten wurden sozusagen durch die strukturierten Vorgaben der einzelnen Statements zu mehreren kurzen ‚Aufsätzen' aufgefordert. Diesem Vorgehen wurde gegenüber einem auf Tonträger aufzuzeichnendem Gespräch der Vorzug gegeben, da wir uns damit eine arbeitsintensive Transkription der Gespräche ersparen konnten.

Im zweiten Abschnitt des Erhebungsbogens wurden einige offene Fragen aufgenommen, mit denen vor allem Lösungsmöglichkeiten zur Ökologieproblematik erfragt wurden. Außerdem wurden hier die Fragen nach der Betroffenheit von ökologischen Problemen sowie zur Einschätzung der eigenen beruflichen und der gesellschaftlichen Zukunft sowie zur Bewertung des eigenen ökologischen Engagements eingeordnet. Im letzten Abschnitt wurden einige sozio-demographische Daten erfragt.

Da die Untersuchungsdimensionen nach einer systematischen Reflexion der praktischen Erfahrungen in der außerschulischen Jugendbildung genauer bestimmt worden waren und in die Formulierungen der einzelnen Statements und Fragen die Erfahrungen aus Gesprächssituationen mit Jugendlichen einflossen, verzichteten wir darauf, den Erhebungsbogen intensiver zu testen. Wir vertrauten auf unsere Kompetenzen als aufmerksame, einfühlsame und reflektierte Gesprächspartner der Jugendlichen und auf unsere Kenntnis der Sichtweisen der Jugendlichen. Einige Fragen wurden aus anderen Jugendstudien übernommen und gegebenenfalls modifiziert. Insgesamt schienen uns diese Voraussetzungen eine hinreichende Gewähr dafür zu bieten, ein verstehbares, aussagefähiges und verläßliches Instrument konstruiert zu haben.

Durchgeführt wurde die Befragung in der Anfangsphase der Zusammenarbeit mit Jugendlichen bei Vorbereitungstreffen zu einzelnen Veranstaltungen, in der Anfangssituation von kurzzeitpädagogischen Seminaren oder in der Startphase kontinuierlich angelegter Projekte ökologischer Bildungsarbeit. Dadurch sollten mögliche bewußtseinsbildende Einflüsse unserer ökologischen Bildungsarbeit auf die Resultate der Studie weitgehend ausgeschlossen werden. Die Auswahl der Befragten erfolgte im Kontext einiger ausgewählter, im Rahmen des Projektes durchgeführter Bildungsveranstaltungen. Das gesamte Spektrum der verschiedenen Zielgruppen der Veranstaltungen des Projektes sollte in das Sample einbezogen werden. Dabei sollte vor allem auf die regionale Herkunft, das Alter und die Bildung der Befragten geachtet werden. Die Durchführung der Befragung erstreckte sich über den Zeitraum von Mai bis September 1990.

In die Auswertung werden nun die Angaben von insgesamt 80 Jugendlichen einbezogen. Diese verteilen sich in folgender Weise auf die verschiedenen Projektorte (s.S. 33).

Schon diese wenigen Angaben belegen, daß diese Studie keine Repräsentativität im statistischen Sinn beanspruchen kann. Dazu ist die Stichprobe auch viel zu klein. Die Auswahl der Befragten orientierte sich an den Bedingungen der praktischen Arbeit an den verschiedenen Projektorten. Keine Totalerhe-

Tabelle 1: Regionale Verteilung nach Projektort

	Anzahl der Befragten	Durchschnittsalter	Geschlecht w / m
Augsburg:	15	19,9 Jahre	5 / 10
Bamberg:	9	17,6 Jahre	0 / 9
Frankfurt:	20	20,4 Jahre	10 / 10
München:	7	17,4 Jahre	5 / 2
Reutlingen:	8	14,5 Jahre	7 / 1
Stade / Wolfsburg:	8	19,6 Jahre	3 / 5
Steinfurt:	13	16,2 Jahre	12 / 1
Insgesamt:	80	17,9 Jahre	42 / 38

bung, in die alle Teilnehmerinnen und Teilnehmer der verschiedenen Bildungsveranstaltungen einbezogen werden konnte, wurde durchgeführt, sondern wesentliches Anliegen bei der Zusammenstellung der Stichprobe war, daß das gesamte Spektrum der Zielgruppen unserer ökologischen Bildungsarbeit in relevanter Größe in die Befragung einbezogen wurde. Dadurch sollte gewährleistet werden, auf einer einigermaßen gesicherten Grundlage zu Aussagen über das Umweltbewußtsein unserer Zielgruppen zu gelangen und eventuelle Folgerungen für die pädagogische Arbeit zu diskutieren. Zwar wurden an allen Projektorten eine hinreichende Anzahl von Erhebungsbögen bearbeitet, doch bedingt durch verschieden große Teilnehmergruppen und unterschiedliche Rücklaufquoten differiert die Zahl der Befragten zwischen den einzelnen Projektorten relativ stark, so daß einige Verzerrungen in der Repräsentation bestimmter Gruppen entstanden sind.

Der wissenschaftliche Anspruch der Studie besteht aufgrund dieser Rahmenbedingungen darin, die Dimensionen und die spezifische Ausprägung des Umweltbewußtseins der an den verschiedenen Bildungsveranstaltungen des Projektes teilnehmenden Jugendlichen systematisch auf verläßlicher Grundlage zu explizieren, typische und weitgehend von den Befragten geteilte Argumentationsmuster zu ökologischen Fragen herauszuarbeiten und insbesondere auch auf singuläre Denk- und Verhaltensmuster hinzuweisen. Diese Studie genügt demnach am ehesten deskriptiven und explorativen Ansprüchen. Begründete verallgemeinerungsfähige Aussagen sind mit eingeschränktem Geltungsanspruch nur dann möglich, wenn die Erkenntnisse der Studie in einer kontrastierenden Lesart in Bezug zu den Ergebnissen vorliegender repräsentativer Studien zu diesem Themenbereich gesetzt werden.

Die Leserin und der Leser dieser Studie sind deshalb aufgefordert, noch konsequenter als dies immer schon bei der Beschäftigung mit den Ergebnissen empirischer Studien angeraten ist, sich der spezifischen Struktur des Samples dieser Untersuchung bewußt zu sein und grenzbewußt mit den Resultaten der Studie umzugehen.

Ein grenzbewußter Umgang mit den Ergebnissen der Studie scheint uns noch aus anderen Gründen erforderlich. Zunächst muß berücksichtigt werden, daß die Resultate der Untersuchung durch starke Opportunitätseffekte beeinflußt sein können. Vor allem zwei Faktoren sind hierfür verantwortlich zu machen. Erstens nimmt das Umweltthema im öffentlichen Diskurs immer noch einen hohen Stellenwert ein. Aufgrund der damit verbundenen ausgeprägten normativen Erwartungen ist es kaum vorstellbar, daß sich jemand als bewußter, absichtlicher ‚Umweltverschmutzer‘ oder als Ignorant der ökologischen Probleme zu erkennen gibt. Sich besorgt über den Zustand der Umwelt und die ökologischen Gefahrenpotentiale zu äußern, scheint zu einer gesellschaftlich erwarteten Attitüde geworden zu sein, die in der Zwischenzeit im alltäglichen Denken weit verbreitet ist.

Zweitens haben sich die befragten Jugendlichen einzeln oder im Gruppenverband zur Teilnahme an einer Veranstaltung ökologischer Bildungsarbeit entschlossen. Die Befragung wurde nun in Verbindung mit den Organisatorinnen und Organisatoren der jeweiligen Veranstaltungen durchgeführt. Diese Zusammenhänge lassen erwarten, daß Mechanismen sozial erwünschten Verhaltens und ein irgendwie geartetes Interesse am Thema ‚Ökologie‘ die Antworten auf die Vorgaben des Erhebungsbogens beeinflussen.

Weiterhin hat die Auswertung gezeigt, daß vor allem die verschiedenen Statements für die Jugendlichen offensichtlich einen hohen Grad an semantischer Ambiguität aufweisen. Die Vorgaben scheinen für einige Jugendliche trotz aller Vorsicht doch zu komplex formuliert, so daß sie vielmals nur zu einem von mehreren in einer Behauptung angesprochenen Aspekten Stellung nehmen. Dieser Sachverhalt wurde bei der Auswertung der Daten berücksichtigt.

Außerdem ist auffällig, wie unterschiedlich ausführlich und umfangreich die Jugendlichen auf die Statements antworten. Dabei läßt sich ein Zusammenhang zwischen Alter und Bildung der Befragten und dem Umfang und der differenzierten Begründung der jeweiligen Argumentation nicht übersehen. Mit der von uns gewählten Erhebungsmethode werden offensichtlich Jugendliche bevorzugt, die mit schriftlichen Äußerungen mehr Erfahrungen haben und darin gewandter sind. Die geforderte Verschriftlichung der Aussagen stellt für einige der befragten Jugendlichen doch eine zu hohe Schwelle dar. Vielleicht wäre es besser gewesen, um ausführlichere und komplexere Argumentationsmuster auch von dieser Gruppe der Jugendlichen zu bekommen, offene Interviews auf Tonträger aufzuzeichnen und anschließend zu transkribieren. Aufgrund dieser Faktoren hat sich das von uns konstruierte Erhebungsinstrument nur bedingt bewährt.

In der Auswertung der schriftlichen Äußerungen wird zunächst versucht, am Material typische Muster der Argumentation, der Begründung und der Deutung herauszuarbeiten. Um zu Aussagen über die Häufigkeit bestimmter Denkmuster und Handlungsdispositionen zu gelangen, werden dann relativ abstrakte Kategorien zur Einordnung der Äußerungen der Befragten herangezogen, die sich von einer Verstärkung der jeweiligen Aussage, über eine inhaltliche Zustimmung, eine Modifikation der Behauptung durch Berücksichtigung neuer Zusammenhänge, eine Relativierung und Abschwächung der Kernaussage bis hin zur Ablehnung eines Statements bewegen. Dabei werden die quantitativen Aussagen bewußt auf niedrigem Niveau gehalten. Sie haben lediglich orientierenden Charakter, um die Verteilung der rekonstruierten, typischen Muster präziser einschätzen zu können.

Sozio-demographische Angaben zur Gruppe der Befragten

Die Ergebnisse dieser Studie basieren auf der Auswertung von insgesamt 80 Befragungen. Das Sample besteht aus 42 jungen Frauen und 38 jungen Männern im Alter zwischen 14 und 28 Jahren. Bei dieser breiten Altersspanne ist zu beachten, daß die verschiedenen Altersgruppen im Sample nicht gleichmäßig stark repräsentiert sind. So sind etwa drei Viertel der Befragten im Alter zwischen 16 und 21 Jahren. Dabei ist die Gruppe der 16jährigen mit insgesamt 13 Interviews am häufigsten vertreten, gefolgt von den Gruppen der 19 bzw. 20jährigen mit jeweils 12 Befragten. Das Durchschnittsalter der Jugendlichen beträgt 18,4 Jahre, das durchschnittliche Alter der beteiligten jungen Frauen 17,6 Jahre, das der Jungen 19,1 Jahre. Bei der Frage nach geschlechtsspezifischen Differenzen in den Resultaten dieser Studie müssen deshalb altersspezifische Effekte — immerhin eine Differenz von 1,5 Jahren — mit bedacht werden.

Etwa 46 %[25] der Befragten sind Schüler. Die altersspezifischen Effekte machen sich auch bei der Frage nach dem Bildungsgrad bemerkbar. Während der Anteil der Schüler bei den jungen Männern lediglich ca. 36 % beträgt, gehen immerhin noch ca. 55 % der beteiligten jungen Frauen zur Schule. Etwa 1/3 der Schülerinnen und Schüler besucht eine Haupt- oder Realschule (21,6 % HS, 5,4 % RS), ebenfalls 1/3 ein Gymnasium (32,4 %) und ein weiteres Drittel eine Berufsfachschule (35,1 %). Ca. 42 % der Jugendlichen absolvieren zum Zeitpunkt der Befragung eine Berufsausbildung, bei den jungen Männern beträgt der Anteil der Auszubildenden 50 %, bei den jungen Frauen ca. 35 %. Berufstätig sind bereits 7,5 % der befragten Jugendlichen. Die restlichen befragten Jugendlichen studieren (1), leisten ihren Zivildienst ab (2) oder sind arbeitslos (1).

Mitgliedschaft in formellen Gruppierungen

Eine relativ geringe Zahl der Befragten — lediglich 7,5 % — macht keine Angabe, wenn nach der Mitgliedschaft in einer Organisation, einer Gruppe oder einem Verein gefragt wird. Anders formuliert, über 90 % der von uns befragten jungen Frauen und Männer geben an, in einer formellen Organisation Mitglied zu sein. Genauere Angaben enthält folgende Tabelle:

Tabelle 2: Mitgliedschaft in formellen Gruppierungen (Angaben in Prozent)

	eigene Studie insgesamt	Mädchen	Jungen	Shell 1984[26] insgesamt	Emnid 1987[27] insgesamt
Turn- und Sportverein	68,7	66,6	71,1	34	30
kirchliche Jugendgruppe	33,7	30,9	36,8	6	6,3
Gewerkschaft	23,7	11,9	36,8	3	2
Kirche	23,7	19	28,9	—	—
Musikverein	16,2	26,2	5,3	—	4,5
Natur- oder Umwelt-schutzgr.	15	7,1	23,7	—	—
Freiwillige Feuerwehr	3,7	0	7,9	—	—
Partei	1,2	0	2,6	—	—
Bürgerinitiative	1,2	2,4	0	—	—

Wenn nun berücksichtigt wird, daß nach repräsentativen Studien der Organisationsgrad Jugendlicher in formellen Gruppierungen bei insgesamt 55 %[28] bzw. lediglich 44 %[29] liegt, dann liegt der Grad der Mitgliedschaft in formellen Organisationen bei unseren Zielgruppen, selbst wenn Faktoren wie unterschiedliche Fragestellungen, abweichende Samples, differente Erhebungsmethoden und verschiedene Interpretationen des Mitgliedsbegriffs in den Studien berücksichtigt werden, weit über dem Durchschnitt. Dies unterstreichen auch die den beiden schon zitierten Studien entnommenen Vergleichswerte zur Mitgliedschaft in Turn- und Sportvereinen, in kirchlichen oder konfessionellen Jugendgruppen und in der Gewerkschaft (Vgl. Tabelle 1).

Werden jedoch die Angaben zum Engagement in einer Natur- oder Umweltschutzgruppe getrennt betrachtet, so ist die Zahl der Mitglieder in diesen spezifischen Organisationen in unserer Stichprobe relativ gering. Als Vergleichsbasis können jedoch nur die Ergebnisse einer deutsch-deutschen Schülerbefragung[30] herangezogen werden, da nur in dieser, in einem vergleichbaren Zeitraum durchgeführten Studie explizit nach der Zugehörigkeit zu einer Umweltschutzgruppe gefragt wird. Während nach der deutsch-deutschen Schülerstudie etwa 24 % der befragten Jugendlichen aus den alten Bundesländern angeben zu einer Umweltschutzgruppe zu gehören, wobei deren Anteil bei den Mädchen 28 % und bei den Jungen 19 % beträgt[31], zählen sich nach unserer Studie lediglich insgesamt 15 % der Befragten zu den Natur- oder Umweltschützern. Dabei ist der Anteil der jungen Männer mit fast 24 % wesentlich höher als der der jungen Frauen mit ca. 7 %. Dieses Phänomen dürfte durch altersspezifische Effekte erklärbar sein.

Ein Teil der Differenz zwischen den beiden Studien dürfte durch die unterschiedliche Bedeutung der Begriffe Zugehörigkeit und Mitgliedschaft zu erklären sein, doch es ist erstaunlich, daß die Zugehörigkeit zu Organisationen, die engagiertes Handeln im inhaltlichen Kontext dieses Projektes ermöglichen, in unserem Sample unter den Werten einer bedingt vergleichbaren Studie bleibt, während die Gebundenheit an formelle Organisationen die Angaben in repräsentativen Studien weit übersteigt. Auf der Basis der vorliegenden Ergebnisse und der erwähnten Vergleichsdaten kann formuliert werden, daß die Zielgruppen unserer Arbeit überwiegend dem institutionell-integrierten Spektrum der Jugendlichen angehören, sie überdurchschnittlich gewerkschaftlich organisiert und in kirchlichen Jugendgruppen aktiv sind, sie jedoch nicht besonders häufig, sondern eher unterdurchschnittlich in Natur- oder Umweltschutzgruppen mitarbeiten.

Nach den Angaben der Befragten über ihrer regionale Herkunft läßt sich folgendes Bild zeichnen. Etwa 35 % der befragten Jugendlichen wohnen in einer Großstadt oder im Einzugsbereich einer Großstadt. Eine nahezu gleich große Zahl lebt in dörflich-ländlich strukturierten Regionen und ungefähr 30 % residieren in einer Klein- oder Mittelstadt. Die geschlechtsspezifische Auszählung der Daten zur regionalen Herkunft ergibt keine gravierenden Abweichungen, so daß bei einer geschlechtsspezifischen Interpretation der Resultate regionale Effekte weitgehend vernachlässigt werden können.

Interesse der Jugendlichen am Thema Umweltschutz

Um das Interesse der Befragten an einer Beschäftigung mit dem Thema Umweltschutz zu erkunden, sollten die Jugendlichen auf einer Skala von 1 (kein Interesse) bis 10 (großes Interesse) den Grad ihres Interesses selbst einschätzen. Dabei bewerteten über drei Viertel der jungen Frauen und Männer ihr Interesse als überdurchschnittlich. Lediglich 24 % der angekreuzten Werte liegen unter dem Median von 5,5. Das arithmetische Mittel liegt bei 7. Es ist zu beachten, daß der Modalwert, der Wert, der am häufigsten (19 mal) von den Jugendlichen angekreuzt wurde, die Position 8 erreicht. Nur unwesentlich weichen dabei die Werte der jungen Männer und die der jungen Frauen voneinander ab. Der Durchschnittswert für die männlichen Jugendlichen beträgt 6,8 Punkte, der für die weiblichen Jugendlichen 7,2. Differenzen von mehr als zwei Punkten werden sichtbar, wenn die Durchschnittswerte zwischen den verschiedenen Projektorten miteinander verglichen werden. Demnach ergibt sich folgende ‚Rangliste':

Tabelle 3: Interesse an Umweltfragen (Durchschnittswerte der Teilgruppen)

	⊘ Wert
München	8,3
Bamberg	8,1
Reutlingen	7,2
Stade / Wolfsburg	7,1
Steinfurt	6,8
Frankfurt	6,7
Augsburg	6,1

Diese Differenzen, aufgrund derer eigentlich zwei Gruppen gebildet werden können, nämlich München und Bamberg mit einem stark ausgeprägten Interesse an Umweltfragen auf der einen Seite und die restlichen Gruppierungen mit einem zwar geringeren, aber noch weit überdurchschnittlichen Interesse, sind weniger auf regionale Effekte als auf eine kombinierte Wirkung von Bildungsvoraussetzungen und persönlichem Engagement zurückzuführen. Bei der Bamberger Gruppe handelt es sich um eine Gruppe von Gymnasiasten, die Mitglieder der Münchner Gruppe bringen bildungsmäßig ähnliche Voraussetzungen mit. Zwei Jugendliche besuchen die Realschule, drei ein Gymnasium und zwei weitere haben das Gymnasium bereits abgeschlossen. Hinzu kommt, daß drei der insgesamt sieben befragten Jugendlichen aus der Münchner Gruppe sich in einer Natur- oder Umweltschutzgruppe engagieren.

Andererseits sollten diese Differenzen nicht überinterpretiert werden, denn die verschiedenen Gruppen sind teilweise sehr klein und umfassen zudem eine unterschiedliche Anzahl von Mitgliedern, so daß Zufallsergebnisse nicht auszuschließen sind und ein Vergleich zwischen den Gruppen aufgrund der unterschiedlichen Fallzahlen äußerst gewagt ist. Die Ergebnisse können lediglich dahingehend interpretiert werden, daß in der Tendenz ein Zusammenhang zwischen Bildung und Interesse an ökologischen Fragen besteht.

Doch bewegt sich das Interesse an Umweltfragen, wie andere Studien bestätigen, generell auf hohem Niveau. Nach einer Studie des Instituts für empirische Psychologie in Köln interessieren sich 72 % der Jugendlichen in den alten Bundesländern im Alter zwischen 16 und 24 Jahren sehr für das Thema Umweltschutz.[32] Dabei ist der Anteil der am Thema Umweltschutz interessierten bei den weiblichen Jugendlichen mit 80 % signifikant höher als bei den männlichen Jugendlichen mit 64 %. Zu ähnlichen Ergebnissen kommt eine Studie des Instituts für Entwicklungsplanung und Strukturforschung in Hannover für den Bereich Niedersachsen. Unter einer 20 Punkte umfassenden Liste ‚aktueller Sachen' nimmt das Interesse für den Umweltschutz mit 78 % den Spitzenplatz ein, noch vor der Frage nach dem Frieden in der Welt (65 %) und weit vor dem Interesse für die eigene Schulsituation (51 %).[33] In der bereits erwähnten deutsch-deutschen Schülerbefragung äußern über 70 % der befragten Jugendlichen aus den alten Bundesländern, daß sie sehr stark oder stark am Bereich Natur und Umwelt interessiert sind. Nur noch der Sport trifft nach dieser Studie auf ein vergleichbar großes Interesse.[34]

Im Kontext der Ergebnisse der verschiedenen, aufgrund der unterschiedlichen Samples und Fragestellungen in einem engeren Sinne zwar nicht miteinander vergleichbaren, aber in der Tendenz übereinstimmenden Befunde, ist es dann nicht mehr überraschend, wenn die von uns befragten Jugendlichen ein bemerkenswert großes Interesse an ökologischen Fragen äußern. Sicherlich ist dieses erfreuliche Ergebnis auch auf die breite Präsenz ökologischer Themen im öffentlichen Diskurs zurückzuführen. Die Einstellung scheint weit verbreitet zu sein, daß man sich für die mit der Gefährdung von Natur und Umwelt verbundenen Themen einfach interessieren muß.

Mit der Übernahme dieser neuen ‚gesellschaftlichen Konvention‘ ist jedoch noch nichts darüber ausgesagt, wie weit dieses Interesse reicht oder an welchen Gegenständen und Aspekten es sich festmacht. Für die ökologische Bildungsarbeit gilt jedoch festzuhalten, daß sie es mit Teilnehmerinnen und Teilnehmern zu tun hat, die sich nach ihrer Selbsteinschätzung in überwiegender Zahl für das Thema interessieren. Denn das große Interesse an ökologischen Fragen, das wir in unserer Studie feststellen, weicht nicht auffällig von den Befunden repräsentativ angelegter Studien ab. Dennoch wäre es in diesem Zusammenhang wichtig, darüber nachzudenken, ob ökologische Bildung Jugendliche, die an Umweltfragen nicht interessiert sind, überhaupt erreichen kann. Diese Frage kann an dieser Stelle jedoch nicht ausführlicher diskutiert werden.

Persönliche Betroffenheit von Umweltproblemen

Mit der Frage nach der persönlichen Betroffenheit von Umweltbelastungen werden verschiedene Dimensionen des Umweltbewußtseins angesprochen. Auf einer ersten Ebene geht es zunächst um die persönliche Bereitschaft zur Wahrnehmung ökologischer Gefahrenpotentiale. Grundsätzlich ist die Wahrnehmungsbereitschaft abhängig vom Grad der individuellen Sensibilisierung für Umweltfragen und von den im kulturellen System verwurzelten vorherrschenden Normen und Wertüberzeugungen. Die Bereitschaft zur Wahrnehmung ökologischer Gefährdungslagen gilt als stark kontextabhängig. In enger Wechselwirkung entscheiden diese Faktoren nach Beck darüber, „welche Zerstörung hingenommen wird und welche nicht"[35]. Die persönliche Betroffenheit ist dann auch eine Ausdruck davon, wie stark sich die Menschen in ihrer aktuellen Lebenssituation und bezogen auf ihr zukünftiges Leben durch die verschiedenen Umweltbelastungen beeinträchtigt empfinden. Dadurch entsteht so etwas wie das Profil einer subjektiven Abschätzung von Risiken. Diese Beeinträchtigungen müssen jedoch nicht mit unmittelbaren Gefährdungen in der eigenen Lebenswirklichkeit zusammenhängen. Denn bei einer genaueren Analyse von Struktur und Inhalt des Prozesses der Wahrnehmung von Umweltproblemen kann ein auf den ersten Blick seltsam anmutender Mechanismus beobachtet werden. Zwar ist die Einschätzung einer allgemeinen Umweltbedrohung in der Bevölkerung weit verbreitet, doch das Problembewußtsein scheint um so mehr abzunehmen, je unmittelbarer die Umweltgefährdung mit der eigenen Lebenssituation verknüpft ist. Als Beleg soll nur auf das auffällig geringe Gefahrenbewußtsein von Mitarbeitern in Kernkraftwerken hingewiesen werden. Dennoch gilt der Grad der persönlichen Betroffenheit auf einer dritten Ebene auch als einer von mehreren Faktoren, die bewirken, daß allgemeine Absichten in konkretes Handeln umgesetzt werden.

Um die persönliche Betroffenheit durch die Gefährdung der verschiedenen Umweltmedien zur ermitteln, wurde den Jugendlichen eine Liste mit neun Punkten vorgelegt, aus der sie die einzelnen Bereiche auswählen sollten. Aus den Antworten ergibt sich folgendes Bild:

Tabelle 4: Betroffenheit von Umweltbelastungen
(Mehrfachangaben möglich; Angaben in Prozent)

	insgesamt	Mädchen	Jungen	Differenz Mädchen / Jungen
Müll	77,5	85,7	68,4	17,3
Waldsterben	76,2	80,9	71,1	9,8
Wasserverschmutzung	71,2	76,2	67,9	8,3
Abgase	67,5	78,5	55,2	23,3
Luft	65,0	73,8	55,2	18,6
Aussterben von Tier- und Pflanzenarten	63,7	69,0	57,9	11,1
Klimaveränderung /Treibhauseffekt	60,0	64,3	55,2	9,1
Veränderungen der Landschaft	57,0	64,3	50,0	14,3
Lärm	46,2	57,1	34,2	22,9

An dieser aufgrund des Selektionsprozesses der Jugendlichen gebildeten Rangliste ist deutlich erkennbar, daß sich die Befragten in einem erstaunlich hohen Ausmaß von Umweltbelastungen betroffen fühlen. An der Spitze stehen die Gefährdungen, die aus den anwachsenden Müllbergen resultieren, gefolgt vom Waldsterben und der Wasserverschmutzung. Über 70 % der befragten Jugendlichen sehen sich durch Entwicklungen in diesen drei Sektoren betroffen.

Auch die Betroffenheit durch Abgasbelastungen, durch die Verschmutzung der Luft und das bedrohliche Aussterben von Tier- und Pflanzenarten erreicht noch enorm hohe Werte.

Daraus kann gefolgert werden, daß die Jugendlichen unserer Zielgruppen bedrohliche Umweltbelastungen wahrnehmen und sich dadurch in ihrer Lebenssituation beeinträchtigt fühlen. Allerdings ist bei der Interpretation dieses Befundes zu beachten, daß aus einer subjektiven Wahrnehmung von Umweltproblemen nicht auf die objektive Umweltbelastung geschlossen werden kann.

Eine geschlechtsspezifische Auswertung der Daten verdeutlicht, daß sich die jungen Frauen durch die Umweltprobleme teilweise in einem erheblichen Umfang stärker betroffen empfinden als die jungen Männer. Die Differenzen betragen zum Teil über zwanzig Prozent.

In diesem Kontext ist besonders signifikant, daß fast zwei Drittel der jungen Männer Lärm nicht als Umweltbelastung einordnen oder Lärmbelastungen nicht als störend empfinden. Bei der näheren Betrachtung dieses Phänomens muß berücksichtigt werden, daß Lärm auch in anderen Untersuchungen in der Hierarchie der als belastend empfundenen Faktoren einen niederen Rangplatz einnimmt, wenn er nicht gar an letzter Stelle eingeordnet wird.[36] Obwohl Lärm eine Umweltbelastung darstellt, von der die meisten Menschen am Arbeitsplatz, im Verkehr oder in der Wohnumgebung unmittelbar betroffen sind, wird seine Relevanz generell vergleichsweise niedrig bewertet.

Diesen Sachverhalt erklärt Fietkau mit der These, daß die überwiegende Zahl der Menschen Lärm als Belastungsfaktor deshalb vernachlässigt, weil sie im Grunde davon ausgehen, Lärmbelastungen könnten durch einfache und kurzfristig wirksame Maßnahmen ohne größere Nebenwirkungen reduziert oder gar ausgeschaltet werden. Grundlage dieser Argumentation ist die durch verschiedene psychologische Untersuchungen gesicherte Erkenntnis, daß von Problemen, die leicht zu kontrollieren scheinen und die als gegebenenfalls schnell bewältigbar gelten, nach dem subjektiven Empfinden der Menschen keine große Bedrohung ausgeht.[37]

Obwohl in unserer Studie auch die jungen Frauen die Lärmbelastung an letzter Stelle einordnen, verdient eine Differenz von knapp 23 % zu den Angaben der jungen Männer eine genauere Betrachtung. Die unterschiedliche Bewertung könnte dadurch erklärt werden, daß junge Frauen und junge Männer in Regionen mit unterschiedlicher Lärmbelastung wohnen. Dies ist offensichtlich nicht der Fall, da bei der Frage nach der regionalen Herkunft keine wesentlichen Unterschiede zwischen den Geschlechtern festgestellt werden konnten. Einer möglichen Interpretation dieses Sachverhalts kommt man näher, wenn weitere gravierende Differenzen in der Bewertungen verschiedener Umweltbelastungen durch junge Frauen und Männer in die Überlegungen einbezogen werden. Auffällig ist, daß eine ähnlich große Differenz auch bei der

Frage nach der Belastung durch Abgase und durch die Luftverschmutzung sichtbar wird. Wenn diese voneinander abweichenden Bewertungen mit dem unterschiedlichen Durchschnittsalter der befragten jungen Frauen und Männer und mit einem höheren Grad der Integration der jungen Männer in eine berufliche Ausbildung in Verbindung gebracht werden, dann können zusätzliche Aspekte zur Deutung der Befunde herangezogen werden. Aufgrund der fortgeschrittenen Integration der jungen Männer in berufliche Zusammenhänge — immerhin haben bereits 50 % der männlichen Befragten eine Berufsausbildung aufgenommen, während ihr Anteil bei den jungen Frauen lediglich 35 % beträgt — kann vermutet werden, daß die Konfrontation mit einer am Arbeitsplatz unvermeidlichen Lärmbelästigung eventuell zu einer erhöhten Lärmresistenz führt. Weiter kann davon ausgegangen werden, daß die jungen Männer unseres Samples sich biographisch in einer Lebensphase befinden, in der üblicherweise der Erwerb des Führerscheines erfolgt. Mit den Ergebnissen der Befragung und den an bestimmten biographischen Ereignissen ansetzenden Überlegungen kann die Annahme begründet werden, daß die Bewertung von Umweltbelastungen durch die jungen Männer stark durch die gesellschaftlich-kulturell gestützte Wertschätzung individueller Mobilität beeinflußt ist, die lebenslaufspezifisch in einer beginnenden Automobilisierung ihren ökologisch folgenreichen Ausdruck findet. Diese Ansätze zur Interpretation der Daten können verdeutlichen, daß mit einiger Sicherheit geschlechtsspezifische und altersspezifische Faktoren, die kulturell geprägt sind und sich an Mustern der Jugendbiographie orientieren, für die Einschätzung der persönlichen Betroffenheit von Umweltbelastungen relevant sind. Eine präzise Analyse der Relevanz der verschiedenen Faktoren für die Einschätzung der jeweiligen persönlichen Betroffenheit könnte eine interessante, weiterführende Fragestellung in weiteren Studien zum Umweltbewußtsein Jugendlicher sein. Als wesentliches Ergebnis kann unsere Studie zeigen, daß sich Jugendliche von den verschiedenen Umweltbelastungen sehr stark betroffen fühlen.

Gesellschaftliche und berufliche Zukunftsperspektiven

Die Frage nach der Einschätzung persönlicher oder gesellschaftlicher Zukunftsperspektiven ist in den letzten Jahren zur obligatorischen Standardfrage empirischer Jugendstudien avanciert. Ob nun allgemein nach der Beurteilung von Zukunftsperspektiven gefragt wird, ob die Wahrscheinlichkeit des Eintretens bestimmter Ereignisse in einem überschaubaren Zeitraum geschätzt werden soll, ob zukunftsbezogene Hoffnungen, Sorgen oder Ängste artikuliert werden sollen oder ob die Chancen zur Bewältigung persönlicher und gesellschaftlicher Herausforderungen in der Zukunft beurteilt werden sollen, immer sind die Jugendlichen aufgefordert, ihre Haltung gegenüber der Zukunft offen zu legen.

Das Resultat entsprechender Datensammlungen bildet dann die Basis für sozialwissenschaftlich begründete Diagnosen einer optimistisch oder pessimistisch gestimmten Jugend. Ein besondere Pointe in dieser Debatte über die Einstellungen Jugendlicher zur Zukunft bildet dabei das Phänomen, daß sich gegensätzliche Deutungen oftmals auf dieselben Daten beziehen. Die Zukunftsvorstellungen Jugendlicher sind zu einem bevorzugten Terrain der kontroversen Debatte erwachsener Sozialwissenschaftler geworden, die auf der Basis disparater sozialwissenschaftlicher Theorien dann über die Zukunftschancen der Gesellschaft insgesamt spekulieren. So wird beispielweise die Einschätzung einer skeptischen Haltung der Jugendlichen zur Zukunft von den einen als ein hoffnungsvolles Indiz für eine kritische Einstellung, für ein ansteigendes Protestpotential oder als Ausgangspunkt gesellschaftlicher Erneuerung gedeutet, während die anderen in dieser Denkweise den Kern für die Ausbreitung einer Verweigerungshaltung, die Basis einer Null-Bock-Mentalität oder eine ungenügende Identifikation mit dem gesellschaftlichen System sehen.

Vorschnelle, pauschalierende Deutungen sind in der Jugendforschung zwar besonders beliebt, jedoch deshalb nicht weniger fragwürdig und ganz speziell auch in diesem Kontext. Denn gerade die Befunde der Shell-Studie ‚Jugend '81‘[38] — mit der nach unserer Kenntnis die Frage nach persönlichen und gesellschaftlichen Zukunftsperspektiven Eingang in die empirische Jugendforschung gefunden hat — belegen eindeutig, daß insbesondere die Jugendlichen, die bezogen auf die Zukunftsperspektiven der Gesellschaft skeptisch eingestellt sind, politisch aktiver als ihre optimistisch gestimmten Altersgenossen sind. Eine eher pessimistische Einschätzung der gesellschaftlichen Zukunft führt demnach nicht automatisch zu Passivität und Fatalismus, sondern ist für einen großen Teil Jugendlicher der Ausgangspunkt politischen Engagements.[39]

Die Reflexion der Zukunftsvorstellungen Jugendlicher und deren empirische Analyse werden im wissenschaftlichen Diskurs üblicherweise mit der zentralen These einer essentiellen Beziehung zwischen Jugend und Zukunft begründet. In biographischer Perspektive wird die Jugendzeit als eine Phase der Bewältigung bestimmter altersbedingter Entwicklungsaufgaben betrachtet, in der grundlegende Voraussetzungen und leitende Orientierungsmuster für das zukünftige Leben erworben werden. In gesellschaftlicher Perspektive gilt Jugend als nachwachsende Generation und zukünftiger Träger kultureller Normen und Wertvorstellungen der Gesellschaft. Diese Sichtweise findet dann in dem Mythos von der mit der heranwachsenden Generation heraufziehenden ‚neuen Zeit‘ seine besonders symbolträchtige Gestalt.

Im Kontext einer Studie zum Umweltbewußtsein Jugendlicher als Teil eines Projektes ökologischer Bildungsarbeit ist das Interesse an den Zukunftsvorstellungen Jugendlicher zusätzlich durch einen Rekurs auf zwei weitere Begründungsmuster gerechtfertigt.

Wenn im Diskurs über Jugend zumindest implizit schon immer über die Zukunft der Gesellschaft mitverhandelt wird, so gilt das erst recht bei Beschäftigung mit ökologischen Gefährdungen. Die Sorge um die Überlebensfähigkeit der Gesellschaft, um die Gestaltung der zukünftigen Lebensbedingungen, um den Erhalt natürlicher Ressourcen, um eine überlebensnotwendige Veränderung des Verhältnisses der Menschen zu ihrer Mitwelt ist ein zentrales Element im ökologischen Diskurs. Gerade ökologische Gefährdungen sind häufig nicht unmittelbar erfahrbar, sondern vielfach erst als schleichende Belastungen mit Langzeiteffekten in der Zukunft wirksam. Individuelles und gesellschaftliches Handeln sieht sich angesichts der sich kumulierenden ökologischen Risikopotentiale gegenwärtig in besonders dringlicher Weise mit der Frage der Verantwortbarkeit ökonomischer, politischer und sozialer Entscheidungen sowie technologischer und wissenschaftlicher Entwicklungen im Hinblick auf die Erhaltung der Lebensmöglichkeiten zukünftiger Generationen konfrontiert. In dieser Reflexion überschneiden sich die gesellschaftlichen Diskurse über Ökologie und Jugend. Im Horizont der Überlegungen zur konzeptionellen Begründung ökologischer Bildung ist dann weiter zu bedenken, daß pädagogisches Handeln elementar auf Zukunft ausgerichtet ist. In diesem Kontext will ökologische Bildung dann nicht mehr und nicht weniger als im Bewußtsein sich potenzierender Risiken und Gefährdungen einen Beitrag dazu leisten, Zukunft gestaltbar und offen zu halten. Aus diesen Gründen erschließen sich aus unserer Sicht über die Fragen nach der Einschätzung der gesellschaftlichen und der beruflichen Zukunftsperspektiven wesentliche Aspekte des Umweltbewußtseins Jugendlicher.

Problematisierend ist jedoch anzumerken, daß mit der Frage nach den Zukunftsvorstellungen im Bewußtsein der Jugendlichen eine Vielfalt an Handlungsmöglichkeiten, Phantasien und Wünschen angesprochen wird, die in Wahrnehmung und im Denken der Jugendlichen eine unterschiedliche soziale und zeitliche Reichweite haben können. Nach unserer Überzeugung können demnach die Befunde der Studie nicht als relativ feste Einstellungen der Jugendlichen gedeutet werden, sondern sind auf allgemeiner Ebene eher als zukunftsbezogene Stimmungen zu charakterisieren. Im Zusammenhang mit der Debatte über gesellschaftliche Individualisierungsprozesse[40] oder über die Biographisierung der Lebensphase Jugend[41] ist weiter zu bedenken, daß Zukunft auch auf persönlicher Ebene immer mehr zu einem Feld planmäßiger Investitionen und Wahrnehmung vorhandener Gestaltungsoptionen wird. Bilder von vorbestimmten, schicksalshaften Ereignissen als zentralem Bestandteil von Zukunftsvorstellungen verschwimmen und immer deutlicher sehen sich die Individuen mit der Notwendigkeit konfrontiert, die Entwicklung und Realisierung persönlicher Lebensentwürfe in die eigenen Hände zu nehmen.

Im Bewußtsein dieser Erwägungen haben wir bei der Erkundung der gesellschaftlichen Zukunftsperspektiven eine in anderen Studien der Jugendforschung mehrfach erprobte Fragestellung in unseren Erhebungsbogen übernommen. Damit sollte auch eine gewisse Vergleichbarkeit unserer Befunde gewährleistet werden. Wir haben dann darauf verzichtet, die persönlichen Zukunftsperspektiven zu thematisieren und stattdessen eine Frage nach der Beurteilung der eigenen beruflichen Perspektiven gestellt. Damit sollten die Befragten ihre mit persönlich-biographischen Perspektiven verknüpften Überlegungen auf einen konkreteren Handlungsbereich beziehen. Mit dieser Engführung der Fragestellung sollte erreicht werden, daß die Jugendlichen ihre aktualisierten persönlichen Wünsche und Phantasien im Kontext gesellschaftlicher Realisierungsbedingungen betrachten.

Bezogen auf die Struktur unseres Samples fällt auf, daß die Jugendlichen diese Frage auf der Basis unterschiedlicher Erfahrungen beantwortet haben. Die Teilgruppen des Samples befinden sich biographisch in verschiedenen Situationen. Ein Teil der Jugendlichen beschäftigt sich zum Zeitpunkt der Befragung gerade mit Überlegungen zur Berufswahl, ein anderer hat bereits eine Berufsausbildung aufgenommen und ein kleinerer Teil qualifiziert sich nach Abschluß einer beruflichen Erstausbildung weiter.

Unter den Jugendlichen in unseren Zielgruppen sind nach den vorliegenden Befunden mehrheitlich junge Menschen mit einer skeptischen Einschätzung der gesellschaftlichen Zukunftsperspektiven anzutreffen. Etwa 49 % der Befragten (55 % der jungen Frauen / 42 % der jungen Männer) bewerten die gesellschaftliche Zukunftsperspektiven eher düster, während etwa 38 % (38 % der jungen Frauen / 37 % der jungen Männer) eine zuversichtliche Grundstimmung zeigen. Bemerkenswert an diesem Resultat ist, daß die Zahl derjenigen, die eine Beantwortung der Frage verweigern, relativ hoch ist. Etwa 14 % der Befragten wollen sich nicht für oder gegen eine der beiden vorgegebenen Kategorien entscheiden. Die Zahl derjenigen, die sich indifferent verhalten, unterscheidet sich nach geschlechtsspezifischer Betrachtung auffällig stark. Während ca. 21 % der jungen Männer sich nicht festlegen wollen, beträgt die entsprechende Quote bei den jungen Frauen lediglich 7 %.

Verglichen mit den Ergebnissen repräsentativer Studien ist bei den Jugendlichen in unserem Sample eine skeptische Haltung etwas stärker präsent. Nach der Shell-Studie ,Jugendliche und Erwachsene '85' lassen sich bei 46 % der befragten Jugendlichen zukunftspessimistische Haltungen registrieren, während sich 54 % optimistisch äußern[42]; in der deutsch-deutschen Schülerbefragung beträgt der Anteil derjenigen westdeutschen Jugendlichen, die die gesellschaftliche Zukunft düster einschätzen 42 %[43]. Doch aufgrund der Nicht-Repräsentativät unserer Studie und den differierenden Stichproben der beiden anderen Studien ist ein Vergleich der Daten nur sehr bedingt möglich.

Zur relativ hohen Zahl von Antwortverweigerungen können unterschiedliche Faktoren geführt haben. Zunächst könnte sein, daß die Frage nach Zukunftsperspektiven den Vorstellungshorizont der Jugendlichen überschreitet. Größere Plausibilität dürfte jedoch die Vermutung haben, daß die Jugendlichen eine ambivalente Einstellung gegenüber der Zukunft haben, sie sowohl optimistische als auch pessimistische Aspekte gesellschaftlicher Entwicklungsperspektiven sehen und sie die Mehrdeutigkeit ihrer Empfindungen nicht gezwungenermaßen vereindeutigen wollen. Für diese Deutung spricht auch, daß in Studien, die eine indifferente Antwortkategorie in das Erhebungsinstrument integrieren, diese generell von einer großen Zahl der Befragten bevorzugt wird.

Unter geschlechtsspezifischen Aspekten betrachtet liegen unsere Befunde im Trend repräsentativer Studien. Junge Frauen artikulieren auch dort etwas skeptischere Einschätzungen hinsichtlich der gesellschaftlichen Zukunft.[44]

Nach den Ergebnissen unserer Befragung schätzt die Mehrheit der jungen Frauen die gesellschaftliche Zukunft eher düster ein. Bei den jungen Männern bilden die Zukunftsskeptiker und die Zukunftsoptimisten nahezu gleich große Gruppen, während ein relativ großer Anteil zu einer indifferenten Haltung neigt.

Bei der Frage nach der Beurteilung der eigenen beruflichen Zukunftschancen ergibt sich ein anderes Bild. Die berufliche Zukunft, die enger mit der Realisierung persönlicher Wünsche verknüpft und im Horizont eigener Verantwortung angesiedelt ist, die jedoch auch als ein Bereich gilt, in dem ein Kompromiß zwischen subjektiven Wünschen und gesellschaftlichen Gegebenheiten erzielt werden muß, wird optimistischer bewertet als die gesellschaftlichen Zukunftsperspektiven. Lediglich ca. 29 % der Befragten machen sich eher Sorgen, während zwei Drittel der Jugendlichen für ihre berufliche Zukunft keine größeren Probleme auf sich zukommen sehen. Die jungen Männer neigen auch hier zu einer leicht optimistischeren Einschätzung ihrer beruflichen Zukunftsperspektiven als die jungen Frauen (ca. 69 % der Männer / 64 % der Frauen), während die jungen Frauen in größerer Zahl zu pessimistischeren Beurteilungen neigen (36 % der jungen Frauen und lediglich 21 % der jungen Männer; etwa 10 % der jungen Männer verweigern eine Antwort). Auch im Bewußtsein unterschiedlicher Fragestellungen läßt sich durch diesen Befund die im Hinblick auf andere, repräsentative Studien formulierte These bestätigen, daß eine „unterschiedliche Bewertung von persönlicher und gesellschaftlicher Zukunft ... offenbar ein allgemeingültiges Phänomen heutiger Jugendgestalten"[45] ist. Während die Befragten bezogen auf gesellschaftliche Zukunftsperspektiven eine eher pessimistische Grundstimmung artikulieren, wenn teilweise auch nur mit einer geringen Differenz gegenüber der Gruppe der optimistisch eingestellten, so überwiegt auf persönlicher Ebene oder in unserem Falle auf beruflicher Ebene die Zahl derjenigen mit einer optimistischen Haltungen deutlich. In beiden Bereichen tendieren die jungen Frauen jedoch zu graduell skeptischeren Einstellungen.

Grundeinstellungen zur ökologischen Gefährdung

Die persönliche Bereitschaft zur Wahrnehmung von Umweltbelastungen, zur Beurteilung der von ökologischen Gefahrenpotentialen ausgehenden Bedrohungen oder die Zulassung von Befürchtungen, Ängsten und Phantasien über möglicherweise aus Umweltgefährdungen resultierende Konsequenzen bilden aus unserer Sicht quasi den Kern des Umweltbewußtseins. Von entscheidender Bedeutung in diesem Zusammenhang ist, ob es ein Zutrauen in die eigene Wahrnehmung und die subjektive Urteilsfähigkeit gibt, wie verfügbare Informationen bewertet werden und in welchem kulturellen Kontext sich die Menschen mit dem Thema ‚Umwelt' befassen. Für Struktur und Inhalt des Umweltbewußtseins ist ebenfalls von enormer Relevanz, ob und in welcher Weise sich die subjektive Wahrnehmung von ökologischen Problemen gegenüber gängigen Normalisierungs- und Beschwichtigungsstrategien des „das gab es immer schon" und „das ist alles nicht so schlimm" behaupten kann. Mit der Vorgabe der Statements 1 und 16[46] wollten wir Assoziationen, Argumentationsmuster und Denkfiguren der Jugendlichen zu diesem umfassenden Themenkomplex kennenlernen.

Bis auf einen der befragten Jugendlichen stimmen alle der Aussage zu, daß die Natur durch zunehmende Umweltbelastungen gefährdet sei. Lediglich gegenüber der im zweiten Teil des vorgegebenen Statements enthaltenen Schlußfolgerung, daß dadurch das zukünftige Leben der Menschen auf der Erde bedroht sei, werden unterschiedliche Bewertungen artikuliert, obwohl sich auch hierzu die überwiegende Zahl der Jugendlichen zustimmend äußert.

Die Begründungsmuster, mit denen der erste Teil der These gebilligt wird, sind von unterschiedlicher Tiefe. Das reicht von einer bejahenden Übernahme der Behauptung bis zu argumentativen Absicherungen durch Hinweise auf vielfältige Beispiele und Signale der Gefährdung der Natur. Genannt werden unter anderem Luft-, Boden- und Gewässerverschmutzung, das Aussterben bestimmter Tier- und Pflanzenarten, die Zerstörung der Regenwälder, der Treibhauseffekt oder der Anstieg der Müllberge. Relativ kenntnisreich belegen die Befragten ihre Wahrnehmung der unterschiedlichen Anzeichen einer globalen Umweltgefährdung. Die vorliegenden Befunde belegen überzeugend die These, daß das Wissen über anwachsende Umweltgefährdungen zu einem festen Bestandteil im Alltagsdenken von Jugendlichen geworden ist.

Die grundsätzliche Zustimmung zur Lagebeschreibung im ersten Teil der Aussage ist häufig mit relativierenden Kommentaren zu den im zweiten Teil angesprochenen Konsequenzen verbunden. Diese Anmerkungen gründen sich z.B. auf Hoffnungen, daß noch rechtzeitig Möglichkeiten zur Bewältigung der Umweltkrise gefunden werden, daß umgehend entsprechende Maßnahmen ergriffen und persönliches Verhalten grundlegend verändert wird oder daß die Umweltgefährdung keine totalen Auswirkungen haben wird.

Ein 20jähriger Berufstätiger relativiert die Behauptung mit dem Hinweis, daß „*man besonders im Osten ... kaum Rücksicht auf die Natur*" nimmt, während es bei uns im Westen doch besser darum stehe. Oder ein 21jähriger Berufstätiger setzt den befürchteten globalen Auswirkungen der Umweltgefährdung die Zuversicht entgegen, daß es bestimmt „*Teile der Welt gibt, die unversehrt bleiben*". Ein großer Teil der Relativierungen gründet sich dann auch auf das Vertrauen, daß „*es in naher Zukunft Gesetze zur Erhaltung der Natur geben wird*", so ein 22jähriger Auszubildender.

Von einigen Jugendlichen wird jedoch die Schlußfolgerung der Behauptung noch zugespitzt. Sie vertreten die These, daß nicht erst zukünftig das menschliche Leben auf der Erde gefährdet sei, sondern daß bereits jetzt gravierende Gefährdungen eingetreten sind. Als Beleg dient der Hinweis auf die Zunahme umweltbedingter Allergien.

In diesem Kontext einer Verschärfung und Zuspitzung von Inhalt und Aussage des vorgegebenen Statements sind auch die Begründungsmuster einiger weniger Jugendlicher einzuordnen, die weitere Faktoren im Zusammenhang mit den anwachsenden ökologischen Gefahrenpotentialen betrachten, die Probleme der Überbevölkerung und der ungleichen Verteilung ökonomischer und materieller Ressourcen.

Nur ein Jugendlicher lehnt den Inhalt der vorgegebenen Aussage ab, ohne die Tatsache von Umweltgefährdungen prinzipiell in Frage zu stellen. Dieser 18jährige Auszubildende wendet sich deshalb am deutlichsten gegen die Behauptung einer globalen Gefährdung der Lebensbedingungen, da er davon überzeugt ist, daß Umweltprobleme generell technisch bewältigt werden können, denn „*durch die moderne Technik wird der Mensch eines Tages in der Lage sein, die Umweltbelastungen einzuschränken*". Er ist der einzige der Befragten, der an dieser Stelle Aspekte einer technokratisch-pragmatischen Haltung zu erkennen gibt.

Wie relativ weitgehend einige der befragten Jugendlichen für Umweltprobleme sensibilisiert sind, wird auch daran erkennbar, daß sie die anthropozentristische Beschränktheit des Statements kritisieren, in dem nur die Bedrohung des zukünftigen Lebens der Menschen thematisiert werde. Diese Sichtweise greife zu kurz, wie eine 16jährige Auszubildende argumentiert, „*weil durch die Umweltverschmutzung auch der Lebensraum für Pflanzen und Tiere*,, gefährdet sei.

Die Jugendlichen erkennen sehr deutlich die vielfältigen, aus der zunehmenden Umweltbelastung resultierenden Gefahren. Einige begründen ihre Zustimmung mit differenzierten Argumentationsmustern, andere formulieren nicht so wortreich, erwähnen aber Kerngedanken des ökologischen Diskurses zur Absicherung ihrer Einschätzung. Beschwichtigende, verharmlosende oder verniedlichende Überlegungen werden kaum genannt.

Werden diese Resultate nach geschlechts- bzw. bildungsspezifischen Aspekten betrachtet, so fällt auf, daß relativierende Argumentationsmuster etwas häufiger von männlichen Auszubildenden oder Berufstätigen verwendet werden.

Die These eines unter Jugendlichen weit verbreiteten Wissens um die ökologische Gefährdung und deren bedrohlichen Konsequenzen für die Zukunft läßt sich auch durch die Ergebnisse repräsentativer Jugendstudien absichern. So sehen nach der deutsch-deutschen Schülerstudie des DJI 65 % der Schüler in der alten Bundesrepublik schwarz, wenn sie nach der Möglichkeit der Bewältigung von Umweltproblemen in der Zukunft gefragt werden.[47] Oder 86 % der Jugendlichen machen sich nach Erkenntnissen in Zusammenhang mit dem niedersächsischen Jugendkompaß Sorgen, daß wir die Umweltzerstörung in der Zukunft nicht aufhalten können.[48]

Die Annahme eine weiten Verbreitung der Kenntnisse über die Umweltgefährdung wird durch weitere Befunde unserer Studie gestützt. Die Jugendlichen sollten sich zu der verharmlosenden Behauptung äußern, daß Naturkatastrophen in der Geschichte der Erde schon immer aufgetreten seien und deshalb Umweltprobleme eigentlich nichts beunruhigendes hätten. Diese immer noch zu hörende Strategie der Normalisierung von Umweltgefährdungen wird von den befragten Jugendlichen einhellig abgelehnt. Einige der Befragten wählen starke Formulierungen und klassifizieren diese Behauptung als „*Blödsinn*", „*Völliger Unsinn*" oder als „*Werbespruch der Industrie*". Ein großer Teil der Jugendlichen unterscheidet zwischen Naturkatastrophen, die als Naturereignis mit schrecklichen Auswirkungen für die Menschen verstanden werden können und Umweltbelastungen, die als durch menschliche Entscheidungen induziert betrachtet werden. Eine 16jährige Berufsfachschülerin argumentiert in diesem Sinne, wenn sie formuliert, „*Naturkatastrophen passieren von alleine, die Umweltverschmutzung haben wir uns selber zuzuschreiben.*"

Wenige Jugendliche nehmen den Gedanken auf, daß es Naturkatastrophen schon immer gab, weisen jedoch nachdrücklich darauf hin, daß schließlich menschliche Einwirkungen auf die Natur das Ausmaß ‚natürlicher' Katastrophen verschlimmert hätten. Naturkatastrophen gelten für diese Jugendlichen dann als Zeichen, daß natürliche Ökosysteme durch menschliche Eingriffe aus dem Gleichgewicht gebracht worden sind. So verstanden sind sie Boten einer zunehmenden Gefährdung der natürlichen Grundlagen allen Lebens.

Die beschwichtigende und verharmlosende These wird von den Befragten grundsätzlich zurückgewiesen, der spezifische Charakter von Umweltbelastungen als Resultat menschlicher Entscheidungen und menschlichen Handelns wird klar erkannt und der Aussage, daß Umweltprobleme hochgespielt werden, wird entschieden widersprochen. Einige Jugendliche messen einer Übertreibung gar pädagogische Qualitäten bei, denn sie sind der Überzeugung, daß Umweltprobleme in der Öffentlichkeit skandalisiert und hochgespielt werden müßten, da erst dadurch die notwendigen Prozesse der Bewußtseinsbildung angestoßen werden könnten.

Zum Verhältnis von Ökologie und Ökonomie

Als eine der zentralen Ursachen der ökologischen Krise gilt die ungebrochene gesellschaftliche Vorherrschaft einer utilitaristischen, instrumentell-technischen, ökonomischen Vernunft. Auf dieser Erkenntnis bauen dann kontroverse Schlußfolgerungen auf, die undifferenziert betrachtet, in zwei widersprüchlichen Thesen zusammengefaßt werden können. Auf der einen Seite wird behauptet, Ökologie und Ökonomie stünden in einem unauflösbaren Spannungsverhältnis zueinander und lediglich die gravierendsten ökologischen Folgen der Dominanz ökonomischer Zweckrationalität könnten eingedämmt werden. Auf der anderen Seite wird die Versöhnung zwischen Ökologie und Ökonomie als wegweisende Strategie zur Überwindung der ökologischen Krise propagiert, denn die ökonomischen Prinzipien der größten Effizienz und einer grundlegenden Sparsamkeit seien mit ökologischen Prinzipien kompatibel. Übereinstimmend wird jedoch davon ausgegangen, daß ökologische Problemlösungen auch ein Umdenken in ökonomischen Fragen erfordern.[49] Diese wenigen Hinweise sollen verdeutlichen, wie eng ökologische und ökonomische Aspekte bei der Bewältigung gegenwärtiger und zukünftiger gesellschaftlicher Herausforderungen miteinander verknüpft sind und wie sehr das Verhältnis von Ökonomie und Ökologie von gegensätzlichen Positionen geprägt und von konflikthaften Auseinandersetzungen gekennzeichnet ist.

Die Einstellungen von Jugendlichen gegenüber diesem brisanten gesellschaftlichen Handlungsbereich bilden deshalb nach unserer Überzeugung ein wesentliches Element ihres Umweltbewußtseins. Dabei ist zunächst von Interesse, ob und wenn ja wie eng und in welcher Weise Jugendliche ökologische und ökonomische Aspekte in ihren Denkweisen und Argumentationsmustern aufeinander beziehen. Die Bewußtheit der vorhandenen Interdependenzen zwischen Ökologie und Ökonomie und ihre differenzierte Beurteilung stellen für uns einen Gradmesser für Tiefe und Reichweite des Umweltbewußtseins dar. Gerade auch für die Jugendlichen, die durch Ausbildung oder Berufstätigkeit bereits in den ökonomischen Sektor integriert sind, bildet die Frage nach der Verbindung zwischen ihren beruflichen Erfahrungen und Orientierungen mit ihren ökologischen Vorstellungen einen zusätzlichen Prüfstein für die Gestalt ihres Umweltbewußtseins. Dieser Gedanke konkretisiert sich in dem Kriterium, ob ökologische Aspekte auf die persönlichen beruflichen Pläne und auf die eigene Berufstätigkeit angewandt werden. Über diesen unmittelbaren Erfahrungsbereich hinausgehend werden jedoch bei diesem Themenkreis grundlegende Wertüberzeugungen der Jugendlichen, ihre Haltung zum Fortschritts- und Wachstumsdenken, ihre Präferenzen für materiellen Wohlstand und für die Erhaltung der natürlichen Grundlagen des Lebens angesprochen.

An den Reaktionen auf Statement 6 und 10 fällt zunächst eine komplexere Argumentationsstruktur als bei den Stellungnahmen im Rahmen der Grundüberzeugungen zu ökologischen Fragen auf. Die Anmerkungen der Befragten sind in der überwiegenden Mehrheit gekennzeichnet durch zunächst zustimmende oder ablehnende Formulierungen, die jedoch durch einen erläuternden, einschränkenden Nachsatz ergänzt werden. An den jeweiligen Formulierungen der Jugendlichen ist ablesbar, daß sie sich bei der Beschäftigung mit den Statements 6 und 10 in einem Zwiespalt hinsichtlich ihrer persönlichen und der gesellschaftlichen Zielvorstellungen befinden. Sie stehen vor der Schwierigkeit, zwischen sich widersprechenden ökologischen und ökonomischen Interessen abzuwägen, ohne ihre Überlegungen zu einer eindeutigen Position verdichten zu können und sich vorschnell für eine Seite, bei völliger Vernachlässigung der anderen, zu entscheiden. In der überwiegenden Mehrzahl der Stellungnahmen läßt sich der Versuch erkennen, ökologische und ökonomische Gesichtspunkte zu berücksichtigen und aufeinander zu beziehen.

Die Reaktionen auf die Behauptung, daß wirtschaftliches Wachstum zwar zusätzliche Belastungen für die Umwelt nach sich ziehe, jedoch notwendig sei, um mehr Arbeitsplätze zu schaffen und den Wohlstand zu sichern, lassen sich zu etwa 40 % als eher ablehnend einordnen, doch kann auch ein bemerkenswert hoher Anteil von etwa 33 % der Antworten als eher zustimmend verstanden werden. In diesem Kontext bedeutet Zustimmung die Relevanz von wirtschaftlichem Wachstum für die Schaffung von Arbeitsplätzen und den Erhalt des Wohlstandes in den Vordergrund zu stellen, ohne die Frage des Umweltschutzes vollständig auszuklammern. Umweltschutzaspekte sollen bei ökonomischen Entscheidungen berücksichtigt werden, denn *„man kann auch durch Umweltschutz in der Wirtschaft die Konjunktur antreiben„* wie eine 18jährige Auszubildende argumentiert. Umweltschutzinvestitionen trügen ebenfalls zum Wirtschaftswachstum bei, so daß das Argument, zusätzliches Wachstum bedeute eine höhere Umweltbelastung, nicht zutreffe. Ein 18jähriger Gymnasiast erläutert in seiner Stellungnahme, daß Umweltschutz sich oft *„erst bei langfristiger Betrachtung"* wirtschaftlich auszahle. Von einem 22jährigen Berufstätigen wird die These vertreten, daß wirtschaftliches Wachstum *„auch unter umweltfreundlichen Bedingungen stattfinden"* könne. Außerdem wird die Einschätzung vertreten, weiteres wirtschaftliches Wachstum werde sich nicht vermeiden lassen, denn von einer ausreichenden Anzahl von Arbeitsplätzen hinge persönlich und gesellschaftlich viel ab.

In den Ablehnungen dieser Behauptung wird die Reihenfolge der Prioritäten einfach umgedreht. Diese Argumentationsmuster sind durch die Vorrangigkeit ökologischer Aspekte gekennzeichnet. Eine 21jährige Auszubildende gibt zu bedenken, daß *„die Sicherung des Wohlstandes nicht auf Kosten der Umwelt gehen"* dürfe. Denn, wie ein 21jähriger Berufstätiger formuliert, *„es gibt mit einer zerstörten Natur eigentlich keinen wirklichen Wohlstand"*. Von einer 21jährigen Auszubildenden wird gar die Auffassung vertreten, daß *„menschliche Arbeitsplätze nie Argument"* im Diskurs um ökologische Fragen sein können.

Diejenigen, die sich in ihren Äußerungen nicht für eine Priorität entscheiden können, das sind etwa 20 % der Befragten, plädieren dafür, das Ziel des Umweltschutzes und die Ziele der Sicherung der Arbeitsplätze und des Wohlstandes nicht gegeneinander auszuspielen. Es müßten nach Meinung eines 21jährigen Auszubildenden Arbeitsplätze geschaffen werden, *„die auch ökologischen Gesichtspunkten standhalten"*. Doch es wird auch räsonierend von einer 17jährigen Realschülerin die Frage gestellt, *„ob wir vielleicht nicht etwas von unserem Wohlstandsdenken abkommen"* sollten.

Bei geschlechtsspezifischer Auswertung der Antworten auf Statement Nr. 6 fällt auf, daß ein überproportionaler Anteil der jungen Männer diese Vorgabe ablehnt und somit ökologische Argumenten vorrangig bewertet, während die jungen Frauen stärker in der Gruppe derjenigen repräsentiert sind, die ökologische und ökonomische Zielvorstellungen nicht gegeneinander ausspielen wollen. Nach Bildung und beruflichem Status betrachtet ergeben sich kaum Differenzen. Lediglich bei der Gruppe der Berufstätigen ist bemerkenswert, daß ein relativ größerer Anteil, ökologischen Überlegungen den Vorrang einräumt. Allerdings ist die Fallzahl in dieser Gruppe sehr gering, so daß die Gefahr besteht, eine weitergehende Interpretation mündet in reiner Spekulation.

Während bei der Frage nach der Notwendigkeit wirtschaftlichen Wachstums trotz Umweltbelastung zur Sicherung von Arbeitsplätzen und Wohlstand das Verhältnis zwischen eher Zustimmenden und eher Ablehnenden lediglich 33 % : 40 % beträgt, ergibt die Auswertung der Antworten auf die Frage nach der Bereitschaft zum Verzicht auf wirtschaftliches Wachstum zugunsten des Umweltschutzes ein anderes Bild. Demnach geben etwa 55 % der befragten Jugendlichen in ihren Formulierungen zu verstehen, daß sie bereit sind, Einschränkungen im Lebensstandard hinzunehmen und nur etwa 23 % der Befragten teilen diese Meinung nicht. Nach den Reaktionen auf Statement 6 wäre ein anderes Verhältnis zu erwarten gewesen. In den Antworten auf Statement 10 werden offensichtlich ökologische Aspekte stärker in den Vordergrund gestellt.

Die signalisierte Bereitschaft zum Verzicht ist jedoch nicht voraussetzungslos. Wiederum wird die Argumentation angeführt, daß wirtschaftliches Wachstum nicht automatisch verstärkte Umweltbelastungen zur Folge haben müßten, denn auch Umweltschutzinvestitionen trügen zum Wachstum bei. Andererseits bedeute auch der Verzicht auf Wirtschaftswachstum nicht zwangsläufig mehr Umweltschutz. Weiterhin wird die grundsätzliche Zustimmung zu dieser Behauptung häufig mit der Einsicht verbunden, daß, wie eine 17jährige Realschülerin zu bedenken gibt, die Realisierung von Einschränkungen im Lebensstandard *„oft nicht leicht fällt"*. Demgegenüber weist ein 18jähriger Gymnasiast darauf hin, daß sich *„diese Einschränkungen auf anderem Gebiet auszahlen"* und nennt den Bereich der Gesundheit.

Wie die Formen der Zustimmung, so sind auch die Argumentationsmuster zur Ablehnung der Zumutung von Einschränkungen nicht ungebrochen. Auch in diese Begründungsmuster fließen Überlegungen zur Notwendigkeit des Umweltschutzes ein. Dies wird z.B. in der Formulierung eines 18jährigen Auszubildenden sichtbar, der die Auffassung vertritt, *„auch durch umweltfreundliche Produktionsmethoden läßt sich unser Lebensstandard mindestens halten"*. Oder die strikte Ablehnung wird von einem anderen 18jährigen Auszubildenden durch den Zusatz ergänzt, *„wir sollten aber mehr Geld an den Umweltschutz vergeben"*. Schließlich wird von einem 17jährigen Auszubildenden darauf hingewiesen, daß aus Gründen der internationalen Konkurrenz sich *„auf wirtschaftliches Wachstum garantiert nicht verzichten läßt"*.

Während drei Viertel der befragten jungen Frauen ihre Bereitschaft zur Einschränkung des Lebensstandards zugunsten des Umweltschutzes zu erkennen geben, sind lediglich etwa ein Drittel der jungen Männer dazu bereit. Eine gleich große Gruppe der jungen Männer lehnt einen Verzicht auf weiteres wirtschaftliches Wachstum aus Umweltschutzgründen ab. Auffällig ist auch der überproportionale Anteil der Auszubildenden unter den zum Verzicht bereiten Jugendlichen.

In ihren Denkweisen und Argumentationsmustern gehen die befragten Jugendlichen von einem Zusammenhang zwischen ökologischen und ökonomischen Fragen aus. Unter den Befragten gibt es keine Jugendlichen, die ohne Einschränkungen wirtschaftliches Wachstum befürworten. Es gibt darunter jedoch auch keine Jugendlichen, die über ein Engagement für den Umweltschutz ökonomische Erwägungen vollkommen vernachlässigen. Ökologische und ökonomische Zielvorstellungen stehen sich in den Denkweisen der Jugendlichen einander nicht wechselseitig ausschließend gegenüber.

Vor allem das Arbeitsplatzargument scheint bei den Erwägungen der Jugendlichen eine gewichtige Rolle zu spielen, denn in den Reaktionen auf Statement 6, in dem die Arbeitsplatzfrage explizit angesprochen wird, ist eine stärkere Gewichtung ökonomischer Aspekte nachweisbar. Demgegenüber scheint das auf den allgemeinen Lebensstandard bezogene Argument eine graduell geringere Relevanz im Vergleich zu ökologischen Aspekten zu haben.

Doch wird in den Stellungnahmen der Befragten kein prinzipieller Widerspruch zwischen Umweltschutzinteressen oder Arbeitsplatzinteressen hergestellt. Damit entsprechen unsere Befunde den von Dierkes / Fietkau referierten Erkenntnissen, nach denen die Mehrzahl der Bundesbürger keinen Gegensatz „in den Bemühungen um Umweltschutz und Arbeitsplatzsicherheit"[50] sieht. Ergänzend können die Ergebnisse der Studie von Heine / Mautz zum Umweltbewußtsein von Industriearbeitern herangezogen werden. Danach strebt die überwiegende Mehrheit der Industriearbeiter eine Vereinbarkeit von Arbeitsplätzen und Umweltinteressen an.[51]

Dieser Einschätzung einer Vermittlung zwischen ökologischen und ökonomischen Aspekten entspricht auch der Befund, daß die von uns Befragten wirtschaftliches Wachstum nicht grundsätzlich ablehnen. Einige empfinden es vielmehr als eine notwendige Voraussetzung, um die Umweltprobleme bewältigen zu können. Außerdem zeigt die genauere Analyse der auf das Wirtschaftswachstum bezogenen Argumente, daß die Jugendlichen ein differenziertes Verständnis von wirtschaftlichem Wachstum haben und Umweltschutzinvestitionen als Beitrag zum Wirtschaftswachstum sehen. Die Frage einer ungebrochenen Befürwortung wirtschaftlichen Wachstums stellt sich kaum noch. Offensichtlich ist auch der größte Teil der von uns befragten Jugendlichen vom Zweifel an den Segnungen und Versprechungen wirtschaftlichen Wachstums und technologischen Fortschritts erfaßt worden, wie das Heine / Mautz für die von ihnen befragte Gruppe der Industriearbeiter konstatieren.[52]

Nach den vorliegenden Befunden präferieren die befragten Jugendlichen eine Verbindung ökologischer und ökonomischer Aspekte und geben sich somit als Vertreter des Konzeptes einer Versöhnung von Ökonomie und Ökologie zu erkennen. Es scheint, sie suchen nach dem goldenen Mittelweg, der es ermöglicht, die technologische Entwicklung nach den Kriterien des Umweltschutzes voranzutreiben, wirtschaftliches Wachstum und die Sicherung des Lebensstandardes nach ökologischen Gesichtspunkten zu gestalten und hoffen dadurch, die natürlichen Grundlagen unseres Leben zu erhalten.

Relevanz ökologischer Fragen im Alltagsdenken Jugendlicher

Nach den Ergebnissen unserer Untersuchung, die durch Befunde repräsentativ angelegter Studien gestützt werden, nimmt der Wunsch zur Beschäftigung mit ökologischen Fragen in der Rangliste der Interessen der Jugendlichen einen Spitzenplatz ein. Es ist nun sicherlich unbestritten, daß im Alltagsdenken Jugendlicher auch andere Themen, Fragestellungen oder Vorhaben von Bedeutung sind. Biographisch wichtige Ereignisse und altersspezifisch begründete Bedürfnisse wie Probleme der Ablösung vom Elternhaus, Freundschaften, Fragen der schulischen und beruflichen Ausbildung, Freizeitinteressen, usw. prägen den Alltag von Jugendlichen. Deshalb interessiert uns im Rahmen einer Studie zum Umweltbewußtsein Jugendlicher die Frage, in welcher Relation das Interesse an Umweltfragen z.B. zu privaten und beruflichen Zukunftsplänen steht oder in welchem Verhältnis die Beschäftigung mit ökologischen Themen zu konkurrierenden Interessen steht. Der nach dem Ergebnis unserer Studie hohe Grad der Mitgliedschaft in formellen Organisationen läßt dann auch vermuten, daß mit dem Interesse an Ökologie nicht das gesamte Spektrum der Bedürfnisse von Jugendlichen abdeckt sein kann.

Weiter ist aus Äußerungen der Jugendlichen im Rahmen von Bildungsveranstaltungen zu schließen, daß ihre Bereitschaft, sich mit dem Thema ‚Ökologie‘ intensiver zu befassen, einen gewissen Sättigungsgrad erreicht hat. Häufig sind Jugendliche nur noch durch in ihren Augen besonders attraktiv gestaltete Veranstaltungen zur Teilnahme an Angeboten ökologischer Bildung zu gewinnen. Die Attraktivität einer Ausschreibung kann sich dabei am Ort der Veranstaltung, am besonderen methodischen Zugang zur Thematik oder an einem von den Medien zum jeweiligen Zeitpunkt besonders propagierten Thema festmachen.

Die beiden Statements 3 und 12 aus unserem Erhebungsbogen hatten in diesem Kontext die Funktion, die Jugendlichen zu Aussagen über den Stellenwert ökologischer Fragen in Beziehung zu anderen Themen aus ihrem Alltag und im Hinblick auf ihre Bereitschaft, sich intensiver mit der ökologischen Frage zu beschäftigen, zu stimulieren. Darüber hinaus sollte auch ermittelt werden, ob bei den von uns angesprochenen Gruppen von Jugendlichen eine skeptische oder distanzierte Haltung gegenüber dem Thema ‚Umwelt‘ vorhanden ist oder sich herausgebildet hat.

Die Äußerungen der Befragten zu diesen beiden Statements dürften in besonders starkem Ausmaß durch Opportunitätseffekte beeinflußt sein. Denn die Jugendlichen haben sich aufgrund welcher Faktoren auch immer durch eigenen Entschluß zu einer Veranstaltung ökologischer Bildung angemeldet. In den Formulierungen der Statements wird zudem das Thema ‚Umweltschutz‘ in Konkurrenz zu privaten oder beruflichen Zukunftsplänen gestellt und in Relation zu möglicherweise anderen persönlichen Prioritäten. Der damit verbundene Aufforderungscharakter zur Hierarchisierung persönlicher Präferenzen setzt die Befragten unter Druck, sich gegen das Umweltthema zu verhalten, was ihnen jedoch durch die Rahmenbedingungen der Befragung nur schwer möglich sein dürfte. Deshalb sollten die Befunde zu diesem Bereich besonders kritisch zur Kenntnis genommen werden.

Nur ein geringer Anteil der befragten Jugendlichen (etwa 1/8) stimmt der Aussage zu, daß für sie persönliche und private Zukunftspläne in Relation zum Thema ‚Umweltschutz‘ im Vordergrund stehen. Die Zustimmung zur vorgegebenen Aussage wird jedoch nicht mit einer Priorität für eine berufliche Karriere begründet. Nur ein 20jähriger Auszubildender meint beispielsweise er müsse berufliche Fragen in den Vordergrund stellen, ehe er *„an die Umwelt denken kann"*. Eher führt eine resignative Haltung verbunden mit einer gewissen Gleichgültigkeit dazu, diesem Statement zuzustimmen. So formuliert ein 22jähriger Auszubildender, das Thema Umwelt stehe für ihn deshalb nicht im Vordergrund, *„da ich nichts oder nur wenig daran ändern kann."* Oder es wird pauschalierend behauptet, die Menschen seien doch alle irgendwie Egoisten und deshalb könne ein Engagement im Bereich des Umweltschutzes nichts austragen.

Der größte Teil der befragten Jugendlichen (knapp 40 %) lehnt die in den Statements enthaltene Relativierung der Relevanz des Themas 'Umweltschutz' für sich generell oder sogar auf der Grundlage zugespitzter Begründungsmuster ab. Das Interesse an Fragen des Umweltschutzes gilt für einige Jugendliche als ein Element eines umfassenden Engagements für bessere Lebensbedingungen. Persönliches Handeln müsse vor den nachwachsenden Generationen verantwortbar sein. Eine 15jährige Gymnasiastin vertritt die Auffassung, daß es kurzsichtig sei, sich vorrangig auf die Realisierung privater und beruflicher Pläne zu konzentrieren, *„da unsere Zukunft und der Umweltschutz eng zusammen gehören."* Insgesamt gesehen gilt ein primäres Interesse für und eine ausschließliche Konzentration auf private und berufliche Zukunftspläne in der Sicht der Jugendlichen als egoistisch, kurzsichtig und rücksichtslos und wird aufgrund der grundsätzlichen Bedeutung des Umweltthemas mißbilligt. In der drastischen Sprache der Jugendlichen haben Menschen, die so denken, einen kleinen Gehirnschaden.

Ein beachtlicher Teil der Befragten (ca. 25 %) hebt die Konkurrenz zwischen persönlichen beruflichen Plänen und dem Interesse an Umweltfragen dadurch auf, daß die Intentionen des Umweltschutzes mit privaten und beruflichen Zielen verbunden werden. Private und berufliche Interessen werden als wichtig, jedoch nicht als entscheidend betrachtet. Beispielsweise wird von einem 24jährigen Auszubildenden geäußert, daß die berufliche Zukunft nicht so wichtig sein sollte, *„um diese auf Kosten der Umwelt zu fördern"* oder eine 14jährige Hauptschülerin meint, daß bei allen beruflichen Plänen der *„Umweltschutz nicht vergessen"* werden sollte.

Andere Formulierungen weisen in eine ähnliche Richtung, wobei aber eine deutlichere Priorität für private und berufliche Pläne zum Ausdruck kommt. Der Tendenz der vorgegebenen Aussage wird zugestimmt und gleichzeitig darauf verwiesen, daß Fragen des Umweltschutzes zwar nicht im Vordergrund stünden, jedoch deshalb nicht als unwichtig betrachtet würden. Eine Schülerin aus der Abschlußklasse einer Hauptschule formuliert beispielsweise: *„In meiner Situation ist mir der Beruf wichtiger, aber ich werde trotzdem dabei den Umweltschutz nicht vernachlässigen."*

Die jungen Frauen stimmen der Ausgangsthese etwas häufiger zu und geben relativierend zu erkennen, daß sie noch andere Interessen haben, als sich nur mit ökologischen Fragen zu beschäftigen. Junge Männer lehnen demgegenüber in signifikant größerer Anzahl die These vehement ab. Unter den Auszubildenden ist die Zahl derjenigen, die die These relativierend akzeptiert, proportional größer, während bei den Gymnasiasten der Anteil der entschieden Ablehnenden stärker ist.

Unter den Stellungnahmen zu Statement 12 findet sich entgegen unseren Erwartungen kaum eine Äußerung, die so interpretiert werden könnte, daß die Jugendlichen aus Überdruß — eigentlich ist genügend über das Thema geredet worden — nicht zu einer Beschäftigung mit dem Thema ‚Umwelt' motiviert sind. Nur 4 der befragten Jugendlichen stimmen der Aussage zu, daß es noch andere Dinge im Leben gibt, die für sie wichtiger sind. Ein 20jähriger Berufstätiger erwähnt in diesem Zusammenhang *„Partnerin, Eltern, Beruf, Wohnung."* Also nur ein verschwindend geringer Teil der Befragten verweist in der Reaktion auf das vorgegebene Statement auf andere Bedürfnisse und Interessen aus dem eigenen Alltag. Vielleicht ist aber auch die vorgegebene Formulierung unglücklich gewählt, um mehr über den Stellenwert des Themas ‚Umwelt' im Vergleich zu anderen Alltagsinteressen der Jugendlichen zu erfahren. Denn die Tatsache, daß die Jugendlichen an einer ökologischen Bildungsveranstaltung teilnehmen, spricht eigentlich schon dagegen, daß sie der Überzeugung sein könnten, ‚über das Thema Umweltschutz ist eigentlich genügend geredet worden'. Trotz dieser einschränkenden Anmerkung ist es dennoch aufschlußreich, die Begründungsmuster der Befragten in ihren schriftlichen Reaktionen genauer anzusehen.

Von ca 55 % der befragten Jugendlichen wird die These, daß über das Thema ‚Umweltschutz' genügend geredet worden sei und es wichtigere Dinge im Leben gäbe, klar abgelehnt. Die Ablehnung der Aussage wird vor allem damit begründet, daß *„über dieses Thema nie genug geredet werden kann",* so ein 19jähriger Auszubildender. Von einigen werden ökologische Fragen als das wichtigste Thema überhaupt bewertet, denn wie eine 19jährige Gymnasiastin sich ausdrückt, *„eine intakte Umwelt ist unsere Lebensgrundlage".*

Einige Bemerkungen scheinen auf den ersten Blick der These, daß genügend über das Thema ‚Umwelt' geredet worden wäre, zuzustimmen. Doch bei genauerem Hinsehen wird deutlich, daß diese Form der Zustimmung nicht aus Überdruß oder Übersättigung resultiert, sondern als Kritik an der Folgenlosigkeit öffentlicher Erörterungen und programmatischer Erklärungen zu Umweltfragen verstanden werden muß. In der Äußerung eines 21jährigen Berufstätigen kommt diese Haltung prägnant zum Ausdruck: *„Geredet worden ist wirklich genug. Taten müssen folgen."* Zu dieser Form der zustimmenden Haltung bei etwa 20 % der Befragten führt demnach nicht ein Widerwille der Jugendlichen, sich mit ökologischen Themen zu beschäftigen, sondern die Überzeugung, daß trotz vieler öffentlicher Debatten und wortreicher Erklärungen immer noch nicht genügend für den Umweltschutz getan wird.

Offensichtlich führt die Vorgabe in Statement 12 in der Mehrzahl zu eindeutigen Stellungnahmen, so daß an dieser Stelle relativierende oder modifizierende Kommentare seltener vorkommen. Wird die vorgegebene Behauptung relativiert, so geschieht das in der Weise, daß darauf hingewiesen wird, es gäbe noch andere Dinge, die wichtig sind, doch darüber dürfe die Umwelt nicht vergessen werden. Man solle das Thema ‚Umwelt' *„nicht auf die leichte Schulter nehmen"*, wie ein 18jähriger Auszubildender anmerkt. Oder in den Worten einer 16jährigen Berufsfachschülerin: *„Manchmal geht mir das Thema auch an den Nerv ... aber es ist wohl wichtig."* Von einigen Jugendlichen wird zudem hervorgehoben, daß bei einer Beschäftigung mit dem Thema Umweltschutz andere persönliche Interessen nicht zu kurz zu kommen brauchen.

Unter den befragten Jugendlichen ist niemand, der ungebrochen eine Berufs- und Karriereorientierung für sich in den Vordergrund stellt. Es ist zu vermuten, daß dieser Befund nicht nur durch die nach Anlage, Konzept und Realisierungsbedingungen der Studie wohl nicht zu vermeidenden und von den Befragten in irgendeiner Weise eventuell erfüllten Konformitätserwartungen hervorgebracht worden ist. Denn Studien über veränderte Arbeits- und Lebensorientierungen von Jugendlichen zeigen, daß ein gewichtiger Teil der jungen Frauen und Männer persönliche und berufliche Ziele in ihrer Lebensplanung verknüpfen und auch ökologische Aspekte in ihre Ausbildungswünsche, beruflichen Tätigkeiten und Lebensweise integrieren will.[53]

Die Integration von Fragen des Umweltschutzes in berufliche und persönliche Zukunftspläne spielt im Denken der meisten von uns befragten Jugendlichen unübersehbar eine wichtige Rolle. Hier wäre auf persönlicher Ebene ein wichtiger Ansatzpunkt, um ökologische Aspekte verstärkt in berufliche Ausbildungsgänge aufzunehmen. Auf der Seite der Jugendlichen besteht nach unseren Befunden hierzu eine große Bereitschaft, die in der Praxis beruflicher Bildung nicht länger unterschätzt werden sollte.

Uns hat etwas überrascht, daß die Jugendlichen dem Thema ‚Umwelt' nach ihrer Selbsteinschätzung in ihrem Interessenprofil eine so herausragende Rolle einräumen. Obwohl dieser Befund unserer Studie sich auch in Ranglisten der Interessen Jugendlicher als Ergebnis repräsentativer Jugendstudien widerspiegelt[54], scheint es uns dennoch erforderlich, genauer zu untersuchen, ob und wie sich diese Präferenz für das Thema ‚Umwelt' im Alltagshandeln der Jugendlichen umsetzt. Die Beobachtung von alltäglichen Verhaltensweisen Jugendlicher, auch in ökologischen Bildungsveranstaltungen, lassen in dieser Hinsicht begründete Zweifel aufkommen.

Bereitschaft zum Verzicht?

Ein entschiedenes Plädoyer für die Veränderung der Lebens- und Konsumgewohnheiten der Menschen ist ein wesentlicher Bestandteil der Lösungsvorschläge zur Bewältigung der ökologischen Krise. Da es nicht möglich sei, die bestehenden und noch drohenden Umweltprobleme allein durch technologische Innovationen zu bewältigen, gilt die Aufforderung zum Verzicht als ein probates und erfolgsversprechendes Mittel, um einer Problemlösung näher zu kommen. Ein sparsamerer Umgang mit natürlichen Ressourcen, Einsparungen beim Energieverbrauch, umweltbewußtes Konsumverhalten, getrennte Müllsammlung und die Einschränkung des Individualverkehrs werden u.a. als notwendige und im Prinzip realisierbare Maßnahmen betrachtet. Folglich wird ein grundlegendes Umdenken, eine nachhaltige Veränderung individuellen Verhaltens oder die Entwicklung asketischerer Lebensformen als ein wichtiger persönlicher Beitrag zur Lösung ökologischer Probleme angesehen. Ins Zentrum der Reflexion rücken somit auch die individuellen Lebensansprüche. Aufforderungen zur Verhaltensänderungen treffen die Person insgesamt, denn nach Dierkes / Fietkau sind die individuellen Konsumstile in den allgemeinen Lebensstil integriert.[55] In der Theorie sollen nun die mit dem notwendigen persönlichen Verzicht auf Produkte der Warengesellschaft und der Verschwendungswirtschaft verbundenen individuellen Einschränkungen durch einen Zugewinn an Lebensqualität, durch die Chance eines reichhaltigeren und bewußteren Lebens mehr als ausgeglichen werden.

Nun ist jedoch zu beobachten, daß diese auf der Grundlage der Einsicht in ökologische Zusammenhänge plausiblen, mit einem hohen Gewißheitsanspruch vorgetragenen Appelle nicht nur auf freudige Begeisterung stoßen, sondern bei konsumgewohnten Menschen auch Ängste, Widerstände und Blockaden auslösen. Nach unseren Erfahrungen vermuteten wir, daß diese Reaktionen gerade auch bei Jugendlichen angetroffen werden können, die unter den Bedingungen der Konsumgesellschaft aufgewachsen sind und sich biographisch in einer Lebensphase befinden, in der sich der angestrebte Erwachsenenstatus zumindest partiell über eine Partizipation an den ,Errungenschaften' der Konsumgesellschaft erreichen läßt. Die vor allem an Kleidung, Accessoires, Hobbys, Freizeitgewohnheiten beobachtbaren feinen Differenzierungen in den Jugendszenen veranschaulichen zudem überzeugend, wie über individuelles Konsumverhalten Statuszugehörigkeit und Abgrenzung definiert wird. Das persönliche Konsumverhalten ist in dieser Sicht ein wichtiger Bestandteil der experimentierenden Suche Jugendlicher nach einem eigenen Lebensstil und wird in diesem Prozeß tief in den individuellen Lebensgewohnheiten verankert.

Weiterhin ist im Kontext der Frage nach einer Bereitschaft zum Verzicht ein aus dem Verhältnis der Generationen resultierender Faktor zu beachten. Bei der heranwachsenden Generation könnten Verzichtsappelle den Eindruck erwecken, sie sollte nun auf die Nutzung und den Gebrauch bestimmter Dinge verzichten oder sich gewissen Verhaltensweisen entsagen, die zwar nach heutigen Erkenntnissen ökologisch problematisch sind, jedoch zum Alltag von Jugendgenerationen in der jüngeren Vergangenheit untrennbar dazugehörten oder gar zum konstitutiven Merkmal von Jugendkulturen avancierten. In diesem Kontext ist beispielsweise an den Kult um bestimmte Automarken oder um das Motorrad in spezifischen Subkulturen Jugendlicher zu erinnern. Wenn diese Gruppen auch nach der Zahl ihrer Mitglieder gesellschaftlich nicht so bedeutend waren, wie das nach der Resonanz in den Medien zu vermuten wäre, so haben ihre Verhaltensweisen und Denkmuster doch wesentliche Bausteine für die Entstehung von Jugendmythen geliefert, die auch auf die Verhaltensmuster von sogenannten konformen Jugendlichen ausstrahlten.

Mit dem Plädoyer für eine Änderung von Lebensstil und Konsumgewohnheiten ist nun auch eine Kritik an zentralen Denkmustern und Verhaltensweisen von Teilen dieser Jugendkulturen verbunden, die auch heute noch für die heranwachsende Generation eine orientierende Funktion haben. Deshalb kann angenommen werden, daß Aufforderungen zur Einschränkung bei Jugendlichen auch den Eindruck erwecken können, diejenigen, die früher alles gehabt und genossen haben, wollen ihnen nun die Nutzung dieser symbolträchtigen Objekte vorenthalten oder den Gebrauch zumindest eng begrenzen. Auf der Basis dieser Empfindung können, damit ist zu rechnen, Lernblockaden entstehen oder bestehende sich verstärken.

Diese Überlegungen haben uns veranlaßt, über das Statement 14 die Verbindung zwischen ökologischem Diskurs, den darin artikulierten Appellen an das persönliche Verhalten und dem persönlichen Interesse an einer Veränderung des eigenen Lebensstils anzusprechen. Die Absicht ist, auf der Basis einer Selbsteinschätzung zumindest die persönliche Bereitschaft zum Verzicht auf liebgewordene Gewohnheiten, auf gesellschaftlich und durch die Konsumkultur suggerierte Standards auszuloten.

Lediglich drei der befragten Jugendlichen schränken in ihrer Reaktion auf das vorgegebene Statement ihre Bereitschaft zum Verzicht weitgehend ein. Diese Haltung wird von einem 18jährigen Auszubildenden mit der Forderung nach einem widerspruchsfreien und vorbildlichen Verhalten der ‚Umweltschützer' begründet. Die sollten das doch erst mal vormachen. Eine 15jährige Hauptschülerin rechtfertigt ihre Stellungnahme mit der Bemerkung, sie würde für die Dinge schließlich bezahlen, dann verzichte sie doch nicht darauf.

Etwa die Hälfte der Befragten erklärt sich zu generellen Einschränkungen in ihren Lebens- und Konsumgewohnheiten bereit. Verzicht müsse sein, weil wir „*ja schließlich noch länger leben*" wollen, wie eine 19jährige Auszubildende formuliert. Fast schon kulturkritisch erläutert eine 16jährige Berufsfachschülerin ihre Denkweise mit der auf die im Statement erwähnten ‚angenehmen' Seiten gemünzten Anmerkung: „*Diese Seiten sind nur angenehm, weil man sich an sie gewöhnt hat.*" Übereinstimmend ist die Bereitschaft zum Verzicht von der Erkenntnis geleitet, daß zur Lösung der Umweltprobleme Veränderungen im Lebensstil angestrebt werden müssen. Ein 18jähriger Gymnasiast vertritt die Überzeugung, daß die Veränderung unserer Lebens- und Konsumgewohnheiten „*keinen Rückfall in die Steinzeit*" zur Folge habe. In differenzierter Weise erläutern einige wenige Jugendliche ihre Sympathien für ein grundlegendes Umdenken mit dem Argumentationsmuster, daß die Beibehaltung eines Lebensstils, der keine Rücksicht auf die Belange des Umwelt nimmt, stringent die existentiellen Grundlagen menschlichen Lebens auf der Erde gefährde. Sie zeigen auf, daß die vordergründig angenehmen Seiten des gegenwärtigen Lebens dann schnell dazu führen können, daß die Bedingungen menschlichen Lebens in rapider Geschwindigkeit äußerst unangenehm werden.

Ungefähr 25 % der Jugendlichen relativieren ihre signalisierte Bereitschaft zum Verzicht, indem sie erklären, nur zu partiellen Einschränkungen gewillt zu sein. Eine 17jährige Berufsfachschülerin will „*nur unwichtige Dinge nicht mehr kaufen.*" Oder ein 19jähriger Auszubildender ist der Auffassung, „*man kann ja alles nach und nach machen.*" Kennzeichnend für diese relativierenden Anmerkungen ist ein Plädoyer für eine partielle Modifikation eigenen Verhaltens nach ökologischen Kriterien, ohne über den eigenen Lebensstil grundsätzlich nachzudenken. So vertritt ein 20jähriger Auszubildender die These, man müsse „*nur etwas intelligenter mit den angenehmen Seiten umgehen*".

Weitere 15 % der Befragten gehen davon aus, daß Einschränkungen eigentlich unausweichlich sind, doch sie schwächen ihre Aussage mit dem Hinweis ab, daß diese Einsicht aufgrund von Gewohnheitseffekten und den bestehenden gesellschaftlich-kulturellen Rahmenbedingungen nur unter großen Schwierigkeiten umgesetzt werden kann. Erst nach mühsamen Prozessen des Umlernens dürften die notwendigen Voraussetzungen für die Modifikation des Verhaltens erreicht sein.

Frauen erklären sich überproportional häufiger eindeutig zum Verzicht bereit, während Männer in ihren Stellungnahmen öfter das Mittel der Relativierung anwenden. Auffällig ist auch, daß Auszubildende in einem signifikant höheren Grad in der Gruppe mit den relativierenden Kommentaren vertreten sind.

Insgesamt betrachtet kann davon ausgegangen werden, daß die durch den ökologischen Diskurs beförderte „Entmythologisierung des Massenkonsums"[56] nach unseren Befunden auch die überwiegende Mehrzahl der von uns befragten Jugendlichen erreicht hat. Der weitaus größte Teil der jungen Frauen und Männer kann sich vorstellen, die eigenen Lebens- und Konsumgewohnheiten zu verändern und graduell unterschiedlich auf Produkte der Warengesellschaft zu verzichten. Hinter diesem dominierenden Willen zur Umorientierung des Verhaltens werden von den Jugendlichen jedoch auch individuelle und gesellschaftliche Schwierigkeiten bei der Realisierung der begrüßenswerten Absichten gesehen. Nach ihrer Meinung erschweren die Integration in eine Konsumkultur und individuelle Gewohnheitseffekte die erstrebenswerten Veränderungen. Verzicht muß zwar sein, doch er soll auch nicht zu sehr weh tun.

Bei den von uns befragten Jugendlichen dürfte die Motivation, sich mit ökologischen Fragen intensiv zu beschäftigen nicht durch Verzichtsängste, die durch ökologisch begründete Appelle zur Verhaltensänderung ausgelöst werden könnten, blockiert sein, wie wir zumindest für einen Teil der von uns angesprochenen Jugendlichen in unseren Vorüberlegungen vermutet haben. Aber nachdem wir in unseren Befunden ein überaus großes Interesse der Jugendlichen an ökologischen Fragen und eine hohe Besorgnis über die Umweltbelastung festgestellt haben, hätte ein solches Ergebnis auch mehr als überrascht.

Wer ist für die ökologischen Probleme verantwortlich?

Mit der Frage nach der Verantwortung für ökologische Probleme sollen die Jugendlichen zu Überlegungen über die ursächlichen Zusammenhänge ökologischer Gefährdungen angeregt werden. Damit wird thematisiert, welchen Personen, Gruppen, Organisationen oder Institutionen im Bewußtsein der Befragten sozusagen die Schuld an den vorhandenen Umweltbelastungen zugewiesen wird. Primär zielt diese Nachfrage darauf, herauszufinden, wessen Handeln oder Nicht-Handeln in den Augen der jungen Frauen und Männer für die katastrophale ökologische Situation als verantwortlich gilt.

Die jeweiligen Kommentare reichen über eine bei dieser Fragestellung wohl unvermeidliche Schuldzuweisung jedoch weit hinaus, denn mit der Zurechnung von Verantwortung ist immer gleichzeitig auch eine Handlungserwartung verknüpft. Der- oder diejenigen, die sich selbst für etwas verantwortlich fühlen oder von anderen für etwas verantwortlich gemacht werden, sind aufgefordert für die Folgen seines oder ihres Handelns einzustehen, sich zumindest zu rechtfertigen und zur Verhinderung negativer Folgen oder zur Lösung der durch Tun oder Nichtstun verursachten Probleme aktiv zu werden.

Im Kontext dieser Studie ist es von Interesse, ob einzelne Gruppen oder Organisationen von den befragten Jugendlichen als hauptverantwortlich für die Umweltbelastungen betrachtet werden, ob eine persönliche Mitverantwortung zugebilligt wird oder ob die Befragten eher von einer gemeinsamen Verantwortung aller genannten Gruppen ausgehen.

Nach Meinung der von uns befragten Jugendlichen gibt es für die Verschmutzung der Umwelt keinen Alleinverantwortlichen. Die Jugendlichen sind mehrheitlich nicht bereit, einzelne der in der Vorgabe genannten Gruppierungen für die Umweltprobleme allein verantwortlich zu machen. Für fast 55 % der Befragten tragen alle — Politiker, Industrie, wir selbst — gemeinsam die Verantwortung für den Zustand unserer Umwelt und für die Art und Weise des Umgangs mit der Natur. Bezogen auf die ökologische Problematik scheint der von einer 16jährigen Auszubildenden zitierte, ansonsten aus ideologiekritischer Sicht verpönte Spruch: „Wir sitzen alle in einem Boot" äußerst zutreffend.

Etwa 40 % der Befragten legen sich bei dieser Frage zwar auf einen Hauptverantwortlichen fest, doch bei allen Antworten wird ausnahmslos auf die Mitverantwortung der anderen Gruppierungen hingewiesen. Bei einer gestuften Zuordnung der Verantwortlichkeit beziehen sich die jungen Frauen und Männer bei ihrer Einschätzung auf die gesellschaftliche Verteilung ökonomischer und politischer Macht. Jeweils etwa 20 % der Befragten betrachten die Industrie oder die Politik als hauptverantwortlich und ein verschwindend geringer Anteil von insgesamt 3 Befragten ist der Meinung, daß in erster Linie ‚wir selbst' für die Umweltprobleme verantwortlich sind.

Wenn Politiker als hauptverantwortlich gelten, wird das vor allem damit begründet, daß diese eigentlich die Aufgabe hätten, richtungsweisende Maßnahmen und entsprechende gesetzliche Regelungen zur Verhinderung von Umweltbelastungen zu beschließen. Der Industrie als Hauptverantwortlichem wird vorgeworfen, zu wenig in Maßnahmen des Umweltschutzes zu investieren und zudem durch Werbung die Verbraucher zu verstärktem Konsum zu animieren. Übrigens lassen sich in den Äußerungen zu Statement 16 keine geschlechtsspezifisch signifikanten Unterschiede feststellen.

Die Befragten vermeiden in ihren Kommentaren auf die Frage nach der Verantwortlichkeit generell einfache Schuldzuweisungen und monokausale Erklärungsmuster. Für die Jugendlichen gibt es offensichtlich angesichts der Komplexität und der Verflochtenheit der ökologischen Problematik keine Zentraladresse der Verantwortung. Hervorzuheben ist auch, daß die Jugendlichen mit ihrem mehrheitlich unterstützten Plädoyer für eine gemeinsam zu tragende Verantwortung ihre individuelle Mitverantwortung anerkennen. Damit vermeiden sie, die Verantwortlichkeit auf andere Gruppen abzuschieben und sich selbst herauszuhalten.

Motive zur Beschäftigung mit ökologischen Fragen

Die Motive der Jugendlichen zur Beschäftigung mit dem Thema ‚Umwelt' sollten durch die Vorgaben von insgesamt drei Statements (5, 13, 15) etwas genauer eruiert werden. Dabei wurden in den verschiedenen Vorgaben drei unterschiedliche Motivationskomplexe angesprochen. Die erste bezieht sich auf den Bereich persönlich-familialer Zukunftsplanung und unterstellt eine imaginäre Verantwortung für die nächste Generation, die zweite umfaßt das Feld einer eher auf die Natur- und Tierliebe gründende Motivation und in der dritten Vorgabe wird auf ein aus einer Kritik an der industriellen Produktionsweise und den Lebensgewohnheiten einer Konsumgesellschaft resultierendes Interesse für ökologische Fragen abgestellt.

Etwa 70 % der von uns befragten Jugendlichen erklären, daß ihre Vorliebe, ihre Freizeit in der Natur zu verbringen und ihre Liebe zu Tieren Ausgangspunkt ihres Interesses für ökologische Fragen ist. Etwa 10 % der Jugendlichen lassen diese Überlegung zumindest teilweise als Begründung ihres Interesses gelten. Demnach beziehen sich 80 % der Befragten auf ihre Natur- und Tierliebe bei der Erklärung ihrer Neugierde für das Thema ‚Umwelt'. Dabei nehmen die jungen Frauen auffallend häufiger dieses Begründungsmuster in Anspruch als die jungen Männer, von denen mehr als 10 % diese Argumentation für sich explizit ablehnen.

Ungefähr 45 % der Jugendlichen begründen ihr Interesse an Fragen des Umweltschutzes mit persönlich-familialen Zukunftsplänen. Weitere 35 % der Befragten konstatieren, daß dieses Argument sie dazu anregen könnte, sich zukünftig stärker für die Belange des Umweltschutzes einzusetzen. Auch bei diesem Begründungsmuster gilt, daß ihm die jungen Frauen wesentlich häufiger zustimmen als die jungen Männer.

Die Einsicht in unsere problematische Art und Weise des Wirtschaftens und der Lebensgestaltung wird von knapp 40 % der Jugendlichen zur Begründung ihres Interesses genannt. Offensichtlich war das Verstehensproblem gerade bei diesem Statement (Nr. 15) besonders hoch, da fast 20 % der Befragten die Antwort verweigern. An einigen Formulierungen — die nicht in die Auswertung einbezogen wurden — wird auch erkennbar, daß der Kern der Aussage von den Jugendlichen nicht vollständig erfaßt werden konnte. Die vorgegebene Behauptung war für einen größeren Teil der Befragten ersichtlich zu komplex.

Obwohl bei der Kommentierung von Statement 15 sicherlich auch eigene Erfahrungen in der Arbeitswelt angesprochen sind, handelt es sich doch offenkundig bei dieser Fragestellung um eine 'Abiturientenfrage', denn der Anteil derjenigen, die eine Antwort verweigern, ist unter den Auszubildenden und Hauptschülern besonders hoch. Die jungen Frauen und diejenigen, die noch nicht in die Arbeitswelt integriert sind, stimmen der vorgegebenen Meinungsäußerung übrigens überproportional häufig zu.

Die Motivation der befragten Jugendlichen speist sich nach dem Resultat unserer Studie demnach vor allem aus eine nicht näher definierten Natur- und Tierliebe und aus einer Verantwortung für die nachwachsende Generation, die

64

im persönlich-familialen Bereich verankert und auf mögliche, im persönlichen Lebensentwurf eingeplante Kinder bezogen ist. Das gesellschaftskritisch und ökonomiekritisch ansetzende Begründungsmuster findet demgegenüber keinen so großen Anklang. Eine tiefere Schichten der Motivationsstrukturen Jugendlicher erfassende Analyse ist auf der Basis der gesammelten Daten und aufgrund der für diese Studie gewählten Erhebungsmethode leider nicht möglich.

Vorschläge zur Lösung des Ökologieproblems

Im Alltagsdenken ist die Zuordnung der Verantwortung für ein Problem mit der eindeutigen Erwartung an die betreffende Person, Gruppe, Organisation oder Institution, einen essentiellen Beitrag zur Bewältigung der vorhandenen Schwierigkeiten zu leisten, eng verknüpft. Die Zuschreibung von Verantwortlichkeit hat grundlegende Konsequenzen für die Form und den Inhalt der bevorzugten Lösungsoptionen und hinsichtlich der Adressaten persönlicher Forderungen.

Um Inhalt und Struktur der von den Jugendlichen als notwendig erachteten Maßnahmen zum Schutz der Umwelt kennenzulernen, wurde ohne einschränkende Vorgaben mit einer offenen Frage nach ihren Ideen zur Lösung der ökologischen Probleme gefragt. Als strukturierendes Raster wurde in der Fragestellung lediglich der persönliche, der wirtschaftliche und der politische Bereich angegeben.

Eine differenzierte Kenntnis einer Vielzahl unterschiedlicher Lösungsvorschläge kann dann nach unserer Ansicht auch Auskunft darüber geben, in welchem Ausmaß die Befragten mit zentralen Positionen des ökologischen Diskurses vertraut sind. Umweltprobleme gelten in der sozialwissenschaftlichen Debatte zudem als ein Kristallisationspunkt politischer Unzufriedenheit, denn die Bewältigung der Umweltprobleme gilt, wie vielfach bestätigt, als gravierendste gesellschaftliche Herausforderung. Deshalb kann nach unserer Einschätzung an der Häufigkeit mit der Forderungen zur Realisierung bestimmter Lösungsoptionen an die jeweiligen Adressaten gerichtet werden, u.a. auch das Maß des Vertrauens in die Problemlösungsfähigkeit verschiedener gesellschaftlicher Gruppierungen abgelesen werden.

Bezogen auf die drei in der Frage angesprochenen Bereiche wird das Gebiet der Politik am häufigsten genannt. Insgesamt 53 Jugendliche zählen Lösungsvorschläge aus dem politischen Sektor auf, 50 Befragte erwähnen Forderungen an die Wirtschaft und in 49 Fragebögen werden Appelle an die eigene Person gerichtet. Auffällig ist dabei, daß junge Männer überproportional etwas häufiger die Wirtschaft betreffende Vorschläge anführen, während sich hinsichtlich der anderen Adressaten keine geschlechtsspezifischen Differenzen registrieren lassen. Ebenso sind Auszubildende etwas stärker in der Gruppe repräsentiert, die in ihren Lösungsoptionen die Wirtschaft anspricht.

Ein beachtlich hoher Anteil der Befragten, mehr als 20 %, beantwortet die Frage nicht. In dieser Gruppe sind die jungen Frauen deutlich stärker vertreten als die jungen Männer. Erwähnenswert ist auch, daß Hauptschülerinnen und Auszubildende diese Frage auffällig häufiger unbeantwortet lassen.

Werden die genannten Lösungsvorschläge nun nicht nach der Konzentration auf die Felder persönlich, wirtschaftlich, politisch betrachtet, sondern nach der Anzahl der auf den jeweiligen Bereich zielenden unterschiedlichen Ideen und danach eine Rangliste ihrer Häufigkeit gebildet, dann verschiebt sich das Bild. An der Spitze steht dann der persönliche Bereich mit insgesamt 26 verschiedenen Ideen und insgesamt 85 Nennungen, vor dem politischen Sektor, für den 21 unterschiedliche Lösungsoptionen mit im ganzen 84 Nennungen zusammengetragen werden und dem Gebiet der Wirtschaft, für das 19 alternative Vorschläge mit insgesamt 52 Nennungen gesammelt worden sind.

Die genannten Möglichkeiten zur Lösung der Umweltprobleme reichen von allgemein formulierten Appellen bis hin zu konkreten Einzelmaßnahmen. Schon allein die Anzahl der genannten Varianten ist beeindruckend und läßt auf eine weit verbreitete Kenntnis der im ökologischen Diskurs vertretenen Positionen unter den befragten Jugendlichen schließen. Die Differenzierung der verschiedenen Lösungsvorschläge konnte nun nicht mehr geschlechtsspezifisch ausgewertet werden, da die jeweiligen Fallzahlen zu klein und somit nicht mehr aussagekräftig sind.

Eine erste inhaltliche Durchsicht der aufgelisteten Vorschläge ergibt, daß die von uns befragten Jugendlichen Ideen und Forderungen erwähnen, die bereits Bestandteil der verschiedenen umweltpolitischen Forderungskataloge sind. Zu einer ähnlichen Einschätzung gelangen auch Holtappels u.a. in ihrer kleine Studie zum Umweltbewußtsein von Schülern der Sekundarstufe I[57], die allerdings einem anderem methodischen Konzept folgt. Zur Beurteilung umweltpolitischer Maßnahmen erhielten die Befragten dort Einschätzskalen zu drei Themenbereichen des Umweltschutzes vorgelegt: Luft- und Wasserverschmutzung sowie Bodenbelastung. Auf der Basis der Auswertung ihrer Daten formulieren sie resümierend, daß deutliche werde, ,,daß solche Maßnahmen und Lösungen bevorzugt werden, die ohnehin bereits Eingang in die breitere öffentliche Diskussion gefunden haben."[58]

Mit diesen Anmerkungen und dem Hinweis auf die Studie von Holtappels u.a. sollen die von uns befragten jungen Frauen und Männer nicht der Phantasielosigkeit bezichtigt werden. Vielmehr kann der Bezug auf die Studie von Holtappels u.a. zeigen, daß die Jugendlichen unseres Samples sich mit ihren Ideen im Rahmen dessen bewegen, was erwartet werden kann. Bezogen auf unsere Ausgangsüberlegungen kann sogar formuliert werden, daß sie uns mit ihren reichhaltigen Kenntnissen angenehm überraschen.

Besonders phantasievoll sind die Vorschläge der Jugendlichen für den persönlichen Bereich. Mehr als zwanzig Prozent der Ideen bezogen auf dieses Gebiet lassen sich als appellhafte Empfehlungen verstehen. Es wird mehr Aufklärung und Information (9)[59] , mehr Eigeninitiative und vorbildliches Verhalten gefordert (4), und dafür plädiert, mit kleinen Dingen anzufangen (3). Etwas weniger als 10 % der Äußerungen bewegen sich auf der Ebene allgemeiner Handlungsempfehlungen. Umweltschutz soll im Alltag praktiziert (5), Umweltinitiativen sollen unterstützt (1) und es soll auf Wohlstand verzichtet (2) werden.

In fast 70 % der Vorschläge werden konkrete Handlungsempfehlungen ausgesprochen. Der größte Teil davon (35) bezieht sich auf den Komplex ‚Müllvermeidung / getrennte Müllsammlung / Recycling'. Danach werden gleich häufig (jeweils 7) Maßnahmen zur Einsparung von Wasser und Energie, zum Verzicht auf umweltbelastende Stoffe im Alltag und zur Reduzierung von Fahrten mit dem Auto aufgezählt.

Die Lösungsvorschläge enthalten somit einen Appell an die eigene Person, sich besser zu informieren und aktiv zu werden. Die Jugendlichen messen in ihren konkreten Handlungsanregungen persönlichen Verhaltensänderungen ein großes Gewicht bei, denn durch umweltbewußtes Verhalten, sorgfältigen Umgang mit natürlichen Ressourcen soll zur Bewältigung der ökologischen Krise beigetragen werden.

Bei den Vorschlägen zu Lösungen im Bereich der Wirtschaft bewegen sich etwa 20 % im Feld allgemeiner Appelle. Mehr Initiative der Unternehmer im Umweltschutz und mehr Umweltschutzinvestitionen werden gefordert. Außerdem sollen Umweltschäden in die volkswirtschaftliche Gesamtrechnung einbezogen werden. Auch in diesem Sektor beinhaltet der größte Teil der gewünschten Maßnahmen (ca. 35 %) konkrete Handlungsempfehlungen. Verpackungen sollen abgeschafft (8) und mehr Recycling soll praktiziert (6) werden. Umweltfreundliche Produkte sollen verstärkt angeboten sowie Wasser und Energie sollen eingespart werden.

Etwa 15 % der Vorschläge haben den Verzicht auf umweltbelastende Stoffe zum Ziel. Kunststoffe sollen nicht mehr verwendet (5) werden und FCKWs sollen nicht mehr hergestellt (3) werden. Fast 30 % der Forderungen für den Bereich der Wirtschaft beinhalten technikbezogene Lösungen. Am häufigsten (13) wird die umweltfreundliche Gestaltung von Produktionsanlagen aufgelistet. Weiter sollen bessere Abgasfilter eingebaut und benzinsparende Autos entwickelt werden.

Neben den Forderungen an die Wirtschaft, ihre Verantwortung für den Zustand der Umwelt aktiv wahrzunehmen, sparsam mit natürlichen Ressourcen umzugehen, auf die Herstellung umweltschädlicher Produkte zu verzichten, spielen technisch kompensatorische Lösungen im Denken der Jugendlichen hinsichtlich des ökonomischen Sektors eine große Rolle. In keiner der erwähnten Lösungsoptionen werden die Gewerkschaften oder die Betriebsräte als mögliche Akteure der Umweltpolitik oder als Adressat von Forderungen genannt. Ebensowenig wird beispielsweise eine Reform der eigenen beruflichen Ausbildung nach ökologischen Aspekten als Möglichkeit erwähnt. Betriebliche Umweltbildung oder ökologische Weiterbildung im Betrieb sind keine vorrangigen Anliegen der Jugendlichen.

Während im persönlichen und im wirtschaftlichen Bereich die einzelnen Vorschläge relativ breit streuen, konzentrieren sich die Ideen im Feld der Politik auf gesetzgeberische, kontrollierende und sanktionierende Maßnahmen. Mehr als 60 % der Forderungen lassen sich hier zuordnen. Allein in 40 % der Angaben werden strengere Gesetze und Verordnungen (28), die Einführung einer Umweltsteuer (7) oder die Aufnahme des Umweltschutzes als Ziel ins Grundgesetz gefordert. Ergänzt werden diese Empfehlungen durch den Ruf nach strengeren Kontrollen (10) und härteren Strafen (7).

Etwas mehr als 15 % der Ideen beziehen sich auf allgemeine politische Maßnahmen. Gefordert werden mehr Subventionen für den Bereich des Umweltschutzes (6), die Politiker sollen nicht nur reden, sondern endlich handeln (3). Weiter wird eine grundlegende Umorientierung der Politik als notwendig betrachtet, ebenfalls sollten die Staaten im Interesse des Umweltschutzes besser miteinander kooperieren und es sollten schnellere Entscheidungen getroffen werden. An einzelnen Maßnahmen werden dann zusätzlich finanzielle Anreize für die Landwirtschaft, eine verstärkte Subventionierung des öffentlichen Personennahverkehrs, mehr Gelder für die Forschung zu alternativen Energien, ein Verbot der FCKW-Produktion oder der Einsatz der Bundeswehr als Umweltpolizei vorgeschlagen.

Die befragten Jugendlichen richten ihre Forderungen nicht einseitig an eine gesellschaftliche Gruppe, sondern beziehen alle gesellschaftlichen Bereiche in ihren Forderungskatalog ein. Ebensowenig wie sie einen zentralen Adressaten bei der Frage nach der Verantwortlichkeit für die Umweltbelastung nennen, schließen sie ein gesellschaftliches Handlungsfeld aus, wenn es um einen Beitrag zur Bewältigung der ökologischen Probleme geht. In ihren Forderungskatalogen verbinden die Jugendlichen präventive, technisch-kompensatorische und kontrollierend-sanktionierende Maßnahmen, ohne daß auf der Basis der aufgezählten Lösungsvorschläge ein eindeutiger Trend formuliert werden könnte. Die von uns befragten Jugendlichen präferieren eine Mischung unterschiedlicher Ansätze zur Bewältigung des Ökologieproblems.

In diesem Kontext sprechen die vielfältigen, ausgeprägten und hohen Erwartungen an die Politik gegen einen massiven Vertrauensverlust des politischen Systems. Eher spricht der umfangreiche Katalog an kontrollierenden und sanktionierenden politischen Forderungen dafür, daß die Jugendlichen auf politischem Gebiet ein Vollzugsdefizit konstatieren, jedoch der Überzeugung sind, die notwendigen Maßnahmen könnten mit dem erforderlichen

Nachdruck und anzustrebender Entschlossenheit beschlossen und durchgesetzt werden.

Auffällig ist, daß für den Bereich der Wirtschaft am wenigsten Vorschläge zusammengetragen worden sind. Der öffentliche Diskurs um Konzepte umweltbewußter Unternehmensführung hat die befragten Jugendlichen offensichtlich noch nicht erreicht. Obwohl sie sich an anderer Stelle der Studie als Vertreter eines Konzeptes der Versöhnung zwischen Ökonomie und Ökologie zu erkennen geben, wirkt sich diese Haltung auf der Ebene der Lösungsvorschläge nur begrenzt aus. Es müßte genauer untersucht werden, ob dieses Defizit mit der mangelnden Durchschaubarkeit des wirtschaftlichen Sektors, mit fehlenden Kompetenzen oder mit arbeitsplatzbezogenen Ängsten erklärt werden kann.

Vielleicht läßt sich das Votum der Jugendlichen mit der Hypothese erklären, daß sie sich in ihrer Phantasie vor allem auf die Gebiete konzentrieren, bezüglich derer sie das Gefühl haben, durch eigenes Handeln etwas bewirken zu können und das ist nun mal vor allem der persönliche Bereich. Denn die Jugendlichen sind nach den Antworten zur Frage der Verantwortung und nach den auf den persönlichen Bereich zielenden Vorschlägen bereit, Mitverantwortung zu übernehmen.

Wissen als Voraussetzung von Handeln?

In Gesprächen mit Jugendlichen ist immer mal wieder zu hören, daß ihr Wissen bedauerlicherweise nicht ausreiche, um sich engagiert für die Belange des Umweltschutzes einzusetzen. Zu geringe Kenntnisse und fehlende Informationen werden häufig zur Entschuldigung eigener Untätigkeit herangezogen. Uns interessierte, welche Relevanz bei den von uns befragten Jugendlichen die Verbindung zwischen Information/Wissen auf der einen Seite und Engagement/Handeln auf der anderen Seite hinsichtlich einer aktiven Mitarbeit in einer Umweltschutzgruppe oder zur Erklärung eigener Inaktivität hat. Wir wollten herausfinden, ob die Befragten sich auf ähnliche Argumentationsmuster beziehen, ob sie differenzierte Begründungsmuster oder ob sie andere Faktoren zur Erläuterung ihres Verhaltens heranziehen.

Einen engen Zusammenhang zwischen gründlicher persönlicher Information und sich daran anschließendem Engagement in einer Umweltgruppe sehen lediglich etwa 35 % der Jugendlichen. In diesem Punkt unterscheiden sich die Auffassungen der jungen Frauen von denen der jungen Männer erheblich. Während mehr als 70 % der jungen Frauen sich zustimmend zum Statement äußern, beträgt der entsprechende Anteil bei den jungen Männern nur 25 %. Die jungen Frauen sind demnach weitaus häufiger der Ansicht, daß ausreichende Informationen die Voraussetzung für eine engagierte Mitarbeit in einer Umweltgruppe sind. Demgegenüber sind die jungen Männer offensichtlich der Ansicht, die Entscheidung für eine Beteiligung an einer Umweltgruppe könne auch ohne hinreichende Information getroffen werden.

Ähnlich denkt offensichtlich der Teil der von uns befragten Jugendlichen, etwa 16 %, die direkt die in der vorgegebenen Behauptung hergestellte Verknüpfung zwischen Information und Handeln ablehnen. Diese vertreten beispielsweise, wie eine 21jährige Berufstätige, die Überzeugung, „*jeder kann etwas ohne große Information tun*" oder sie sind der Meinung, wie eine 19jährige Auszubildende, daß „*man sich ja vor allem richtiger in einer Umweltschutzgruppe informieren kann.*" In dem einen Falle setzt Handeln keine Informationen voraus und im anderen dient eine aktive Mitarbeit auch dazu, sich die notwendigen Informationen zu beschaffen.

Etwas mehr als 20 % der Befragten stimmen zwar der These über die Relevanz gründlicher Vorinformationen zu, erklären jedoch, daß sie aus verschiedenen Gründen keine Möglichkeit für eine kontinuierliche Mitarbeit in einer Gruppe sehen. Nach ihren Aussagen ist ihr Zeitbudget verplant, die Arbeit in einer Gruppe scheint ihnen uninteressant, die Arbeitsbedingungen lassen eine regelmäßige Beteiligung nicht zu oder ein Engagement ist in der Sicht der Befragten zu zeitaufwendig.

Für etwa 20 % der Befragten ist die Problemstellung des Statements irrelevant. Für sie ist klar, daß sie weder Zeit für gründliche Information über ökologische Fragen haben und schon gar nicht für eine längerfristige Mitarbeit in einer Umweltschutzgruppe. Auffällig ist, daß die Auszubildenden in dieser Gruppe überproportional vertreten sind.

Sich gründlich über ökologische Fragestellungen zu informieren, wird von den Jugendlichen zwar überwiegend als wichtig und notwendig empfunden, doch wird gleichzeitig die Bedeutung von Informationen und Kenntnissen als Vorbedingung für eine aktive Mitarbeit in einer Umweltgruppe relativiert. Mangelndes Fachwissen steht nach der Meinung der Jugendlichen einem persönlichen Engagement in einer Gruppe nicht entgegen. Im Gegenteil kann nach der Auffassung einiger Jugendlicher die Gruppe der Ort sein, um sich die erforderlichen Informationen zu beschaffen.

Während unter den jungen Männern offensichtlich ein Zutrauen in die eigenen Möglichkeiten, das nicht von hinreichenden Kenntnissen abhängig ist, stärker verbreitet ist, scheint für die jungen Frauen das Gefühl, noch nicht genügend über das Thema zu wissen, ein hemmender Faktor für ein persönliches Engagement in einer Umweltgruppe darzustellen. Doch könnte dieses Resultat unserer Studie auch mit dem niedrigeren Durchschnittsalter der Frauen in unserer Stichprobe zusammenhängen.

Unsere Erkenntnisse lassen sich eher als Beleg zu der kognitionspsychologischen These heranziehen, daß zusätzliche Informationen und die Erweiterung des Wissen vor allem dazu dienen, die individuell vorhandenen Wertstrukturen besser abzusichern und zu stabilisieren.[60] In den elementaren Wertüberzeugungen sind demnach die motivierenden Kräfte für kontinuierliches Engagement zu suchen und vertiefende Informationen scheinen nur begrenzte Effekte auf die Entscheidungen der Jugendlichen z.B. zur Mitarbeit in einer Umweltgruppe zu haben.

Eigenes Handeln als Beitrag zur Bewältigung der Ökologieprobleme?

Die These einer häufig gravierenden Diskrepanz zwischen Wissen und Handeln, zwischen Einstellungen und Verhalten begleitet die sozialwissenschaftliche Erforschung des Bewußtseins seit ihren Anfängen. Studien über die Zusammenhänge zwischen Umweltbewußtsein und umweltgerechtem Verhalten haben diese Debatte in der jüngeren Vergangenheit mit immer neuen Varianten bereichert. Eine der zentralen Fragen dieser Diskussion ist, wie aus nachweisbar umfangreichen Kenntnissen, den zwischenzeitlich ausdifferenzierten Denkmustern und den artikulierten Handlungsvorsätzen umweltgerechtes Handeln wird. Fast scheint es ein unlösbares Rätsel für die Forschung zu sein, die Bedingungen zu klären, wie aus einem guten Willen ein richtiges Tun werden kann oder wird. Die Quintessenz der bisherigen Debatte kann in der relativ einfachen Formel zusammengefaßt werden, Umweltkenntnisse und umweltbewußte Denkmuster sind zwar notwendige jedoch noch lange nicht hinreichende Bedingungen ökologisch orientierten Verhaltens.

In der Sozialpsychologie sind nun mehrere Faktoren bestimmt worden, die darauf Einfluß haben, ob und in welcher Weise Bewußtsein in Verhalten umgesetzt werden kann. Dazu gehören vor allem die Zulassung der Wahrnehmung eines Problems, das Maß an persönlicher Betroffenheit, der Grad der sich selbst zugerechneten Verantwortung oder Mitverantwortung, die Frage nach persönlicher Kompetenz und die antizipierende Einschätzung der Wirksamkeit eigenen Verhaltens.

Nach den Erkenntnissen unserer Studie ist davon auszugehen, daß eine Sensibilisierung der Wahrnehmung von Umweltgefährdungen breit ausgebildet und die persönliche Betroffenheit durch ökologische Gefährdungslagen relativ hoch eingeschätzt wird.

Im Hinblick auf die Relevanz der Zuordnung von Verantwortlichkeit als förderndem Faktor eigenen Verhaltens resümieren Dierkes/Fietkau nach einer Diskussion entsprechender Forschungsergebnisse, daß umweltbezogenes Handeln dann eher zu erwarten sei, „wenn der Handelnde die Verantwortlichkeit für die jeweiligen Umweltzustände internal attribuiert."[61] Auch bezüglich dieses Faktors dürften die von uns befragten Jugendlichen günstige Voraussetzungen mitbringen, denn bei der Untersuchung der Frage, wen die Jugendlichen für die ökologischen Probleme verantwortlich machen, hat sich herausgestellt, daß die Befragten sich selbst einen hohen Grad an Mitverantwortung zurechnen und sich somit zumindest nicht aus einer gemeinsam geteilten Verantwortung herausnehmen.

Die Implikationen der Faktoren, Einschätzung der Wirksamkeit eigenen Handelns und Beurteilung persönlicher Kompetenz faßt Nitschke in seiner Studie zur beruflichen Umweltbildung prägnant zusammen: „Nur wer überzeugt ist, in einer gegebenen Situation etwas zu bewirken, und wer fähig ist, entsprechend aktiv zu werden, wird letztendlich auch handeln."[62] Die Beurteilung der Erfolgsaussichten und der möglichen Effektivität eigenen Handelns sowie die Bewertung der subjektiven Kompetenzen hängt nun von weiteren objektiven und subjektiven Rahmenbedingungen ab und ist mit einigen Komplikationen verbunden. Zunächst gilt es die spezifischen Konditionen umweltbewußten Verhaltens zu berücksichtigen, auf die Fietkau hinweist: „Ökologieorientiertes individuelles Handeln ist in seinen Folgen kaum überschaubar."[63] Diese Annahme stellt die einzelnen Personen vor ein großes Problem, eine hinlänglich gewisse, rationale Einschätzung der Effizienz eigenen, ökologisch orientierten Verhaltens ist kaum möglich, dennoch sind die einzelnen Personen unter den Bedingungen der ökologischen Krise quasi zum Handeln gezwungen. In die Bewertung der Erfolgsaussichten eigenen Tuns fließen deshalb spekulative Momente ein und sie kann sich demnach nur in Interdependenz mit anderen Umständen handlungsanregend auswirken.

Es ist vorab nicht definitiv zu entscheiden, ob ökologisches Handeln im Alltag langfristig effektiv sein und einen grundlegenden gesellschaftlichen Wandel herbeiführen wird oder ob umweltbewußtes Alltagshandeln lediglich eine kosmetische, selbstberuhigende Funktion hat. Doch wenn ökologisches Verhalten erst unter den Bedingungen einer ökologisierten Gesellschaft nachhaltige Wirkungen haben soll, wie von verschiedenen Seiten behauptet wird, bleibt immer noch die Frage unbeantwortet, durch welche Handlungsschritte sich eine hochentwickelte Industriegesellschaft, die verschwenderischen Raubbau an ihren natürlichen Ressourcen betreibt, zu einer Gesellschaft mit einer zentralen ökologischen Orientierung umorientiert werden kann. Hierzu sind, neben einem grundlegenden Umdenken, einer Revision gesellschaftlicher und ökonomischer Leitvorstellungen und der Veränderung der strukturellen Rahmenbedingungen, Veränderungen im alltäglichen Verhalten unabdingbar.

Deshalb wollten wir in Verbindung mit Statement 2 ausloten, wie die Jugendlichen selbst ihre persönlichen Handlungsmöglichkeiten angesichts der ökologischen Problematik in ihrem Alltag einschätzen und ob sie diese Aktivitäten als einen Beitrag zur Bewältigung der ökologischen Krise bewerten. Einige Aspekte der Beurteilung persönlicher Kompetenzen wollen wir — nachdem wir die Relevanz von Wissen und Handeln für ein ökologisches Engagement schon an anderer Stelle diskutiert haben — eingegrenzt auf eine generationsspezifische Sichtweise in Verbindung mit der Selbstbeurteilung der gesellschaftlichen Einflußchancen der Jugendlichen aufgreifen. Uns interessiert, wie die Befragten ihre Möglichkeiten, durch ihr Handeln Einfluß zu nehmen, sehen.

In geradezu beeindruckender Weise ist die überwiegende Mehrheit der befragten Jugendlichen der Überzeugung, daß die Menschen durch umweltbewußtes Handeln in ihrem Alltag etwas zur Bewältigung der Umweltprobleme beitragen können und schon kleine Aktivitäten große Wirkungen haben. Fast 80 % der Befragten vertreten diese Meinung. Ein umweltbewußtes Verhalten ist für die Jugendlichen ein „*erster Schritt zur Bekämpfung der Umweltproblematik*", wie eine 16jährige Berufsfachschülerin schreibt. Nur wenn jede / jeder bei sich selbst anfängt, kann sich etwas verbessern, so könnten die verschiedenen Voten zusammengefaßt werden. In ungefähr 30 % der Kommentare verbinden die Befragten ihre Zustimmung mit einer Aufzählung einzelner Beispiele. Dabei werden am häufigsten Aspekte des Alltagshandelns angesprochen, die um die Themen ‚Müll / Müllvermeidung' kreisen. Mehrfach erwähnt werden auch energiesparende Verhaltensweisen und Anregungen, die mit dem Gebrauch des Autos zusammenhängen.

Etwas über 10 % der befragten Jugendlichen relativieren die vorgelegte Behauptung und weisen darauf hin, daß individuelles Handeln nur dann effektiv sein kann, wenn jeder mitmacht. Der Gedanke sei im Prinzip richtig, doch wenn keine strukturellen Veränderungen erfolgten, wenn die Unternehmen nicht ebenfalls umweltorientierte Strategien umsetzten oder wenn die einzelnen nicht von Freunden oder ihrer Familie unterstützt würden, bliebe alles Augenwischerei. Lediglich 2 Jugendliche lehnen die Behauptung pauschal ab. Ihre Haltung begründen sie mit der Befürchtung, daß es nur bei Aktivitäten im Kleinen bleibt und die Großen wieder einmal nichts tun.

In den Stellungnahmen zu Statement 2 lassen sich keine geschlechts- oder bildungsspezifischen Differenzierungen nachweisen.

Die relativ hohe Einschätzung der möglichen Effektivität eigenen Handelns wird durch die Reaktionen der Jugendlichen auf Statement 7 bestätigt. Darin wird die Behauptung vorgegeben, daß junge Menschen aufgrund ihres Alters nicht über genügend Macht und Einfluß verfügten, um gegen die Umweltprobleme etwas bewirken zu können.

Die Antwortmuster der jungen Frauen und Männer verhalten sich quasi spiegelbildlich zu denen bei Statement 2. Fast 80 % der Befragten lehnen die Behauptung ab, daß sie aufgrund ihres Alters nicht über genügend Macht und Einfluß verfügten, um etwas gegen Umweltprobleme zu tun. Macht und Einfluß seien keine unabdingbaren Voraussetzungen, um im ökologischen Bereich aktiv zu werden. Partiell reklamieren die Jugendlichen für die Jugend insgesamt eine besondere Sensibilität in ökologischen Belangen. Sie vertrauen in die Kraft der Jugend, denn die Jugend sei die Zukunft der Gesellschaft. Die vorgegebene Formulierung wird von einigen gar als verbreitete Ausrede zur Rechtfertigung der eigenen Bequemlichkeit gedeutet.

Etwa 12 % der Befragten gehen von begrenzten Handlungsmöglichkeiten der Jugendlichen aus, sind aber dennoch der Überzeugung, daß die eigenen Möglichkeiten etwas zu Bewältigung der Umweltprobleme zu tun, genutzt werden müssen. Lediglich zwei Jugendliche stimmen der vorgegebenen Behauptung zu. Sie sind der Überzeugung, daß man als einzelner nichts gegen die vorherrschenden, übermächtigen Strukturen ausrichten kann.

Die Jugendlichen sind in einem erstaunlichen Ausmaß davon überzeugt, daß umweltbewußtes Verhalten eine wichtige Rolle bei der Lösung der ökologischen Probleme spielt. Nach ihrer Ansicht muß ökologisches Handeln im Alltagsbereich ansetzen. Sie haben auch kaum Zweifel daran, daß sie als heranwachsende Generation etwas zur Bewältigung der ökologischen Krise beitragen können. Sie sind von ihren Möglichkeiten und von ihrer besonderen Verantwortung als zukünftige Träger der Gesellschaft überzeugt.

Nur von wenigen werden die unterschiedlichen Dimensionen verschiedener ökologischer Gefährdungslagen gesehen. Relativ klein ist auch die Gruppe derjenigen, die auf strukturelle Rahmenbedingungen hinweisen, zwischen ‚großen‘ und ‚kleinen‘ Umweltverschmutzern differenzieren, die die gesellschaftliche Verteilung von Macht und Einfluß zumindest als Problem erwähnen oder auf die komplexen Zusammenhänge zwischen persönlichem Engagement und strukturellen Veränderungen hinweisen.

Motive zur Teilnahme an einer ökologischen Bildungsveranstaltung

Uns interessierten selbstverständlich auch die Beweggründe, die Jugendliche dazu veranlassen, an Veranstaltungen ökologischer Bildung teilzunehmen. Einer Antwort auf diese Frage suchten wir dadurch näher zu kommen, indem wir den zu befragenden jungen Frauen und Männern zwei Statements vorlegten, in denen jeweils ein komplexer Motivationsbereich angesprochen wurde. Die vorgegebenen Formulierungen bauten auf der vereinfachten Gegenüberstellung einer eher sozial-beziehungsorientiert begründeten mit einer eher inhaltlich-thematisch verankerten Motivation auf.

Etwa 25 % der Befragten äußern, daß sie eher aus sozial-beziehungsorientierten Gründen sich zu Teilnahme an einer Projektveranstaltung entschlossen haben. Mehr als 40 % der Jugendlichen bestätigen soziale Erwägungen als Anlaß zur Teilnahme und verweisen jedoch darauf, daß diese mit inhaltlichen Interessen kombiniert sind. Etwa 20 % lehnen sozial-beziehungsorientierte Überlegungen als Beweggrund zur Teilnahme ab und verweisen auf inhaltliche Erwartungen. Mehr als 12 % der Befragten geben keinen Kommentar zu diesem Statement ab. Auffällig ist in diesem Zusammenhang, daß junge Frauen überproportional häufig ablehnen, sich aus sozialen Aspekten an einer ökologischen Bildungsveranstaltung zu beteiligen oder auf eine Verbindung sozialer und inhaltlicher Interessen hinweisen, während junge Männer demgegenüber häufiger erklären, sie wären durch sozial-beziehungsorientierte Erwägungen veranlaßt worden, an der jeweiligen Veranstaltung teilzunehmen.

Ein etwas anderes Bild ergibt sich aus den Stellungnahmen zu dem Statement, in dem ein inhaltliches Interesse am Thema der Veranstaltung unterstellt wird. Nun behaupten etwa 55 % der Befragten aus thematischen Erwägungen der Veranstaltung teilzunehmen. Lediglich drei Jugendliche äußern, am Thema nicht interessiert zu sein. Der Anteil derjenigen, die erklären, sich sowohl aus inhaltlichen als auch aus sozialen Aspekten an der Veranstaltung zu beteiligen, sinkt hier auf ca. 30 %. Wiederum ist auffällig, daß die jungen Frauen überproportional häufiger als die jungen Männer inhaltlich-thematische Motive zur Geltung bringen.

Sind im Statement sozial-beziehungsorientierte Interessen unterstellt, dann verweist der größte Anteil der Befragten darauf, daß neben sozialen Motiven auch inhaltliche von Relevanz sind. Werden inhaltlich-thematische Beweggründe behauptet, dann bestätigt der größte Teil der befragten Jugendlichen aus Interesse am Thema ‚Umwelt' teilzunehmen. Diese Beobachtungen könnten nun zu der These führen, daß die Jugendlichen überwiegend aus inhaltlichen Interessen an den Projektveranstaltungen teilnehmen. Doch sozialbeziehungsorientierte Motive werden nur von einem Viertel der Befragten in ihren Reaktionen abgelehnt. Deshalb dürfte davon auszugehen sein, daß Jugendliche aufgrund eines komplexen Bündels sozialer und inhaltlicher Erwägungen sich an einer Bildungsveranstaltung beteiligen, wobei thematische Interessen in den Vordergrund rücken.

Bei der Interpretation der Daten sollten jedoch mögliche Opportunitätseffekte beachtet werden. Außerdem sollte berücksichtigt werden, daß über die beiden Statements die Motive nur sehr allgemein und oberflächlich angesprochen werden. An den Antworten der Jugendlichen fällt auf, daß die pauschalen und undifferenzierten Behauptungen offensichtlich nicht dazu geeignet sind, differenzierte Motivationsstrukturen sichtbar zu machen. Lediglich grobe Tendenzen können damit aufgezeigt werden. Erst auf der Basis von Tiefeninterviews oder zumindest in Verbindung mit klärenden Rückfragen könnten wir an dieser Stelle, das gilt sicherlich auch für andere Abschnitte der Studie, zu präziseren Deutungen gelangen.

Gesichtspunkte zur eigenen Mitarbeit in einer Umweltgruppe

Veranstaltungen ökologischer Bildung sollen kein Selbstzweck sein, sie sollen ökologisch bewußtes Handeln ermöglichen und fördern. Mit Veranstaltungen ökologischer Bildung soll zudem z.b. die Arbeit einer Umweltgruppe unterstützend und vertiefend begleitet werden oder Jugendliche sollen ermutigt werden, sich unter Umständen in einer kontinuierlich arbeitenden Gruppe zu engagieren. Aus diesen Gründen wollten wir einige Kriterien der Jugendlichen kennenlernen, die für sie bei dieser Entscheidung von Relevanz sind.

Auf die offene Frage nach den Kriterien der Jugendlichen, aufgrund derer sie sich für oder gegen eine Mitarbeit in einer Umweltgruppe entscheiden würden, werden insgesamt 120 Angaben gemacht. Zu beachten ist, daß etwa 20 % der Befragten diese Frage nicht beantworten und ca. 8 % definitiv erklären, daß es für sie nicht vorstellbar ist, in einer Umweltgruppe mitzuarbeiten.

Aufgrund der gesammelten Antworten läßt sich folgende Rangfolge bilden. An der Spitze des Kriterienkataloges stehen die Ziele und Themen der Gruppe, die in etwa 30 % der Nennungen angesprochen werden. Zehn Angaben sind allgemein gehalten, bei den präzisen Themenangaben rangiert das Interesse an einer Sicherung von Lebensräumen für Tiere, Pflanzen und Menschen an erster Stelle gefolgt vom Thema ‚Müll‘. Außerdem wird noch das Thema ‚Waldsterben‘ mehrfach genannt. Die weiteren Angaben beziehen sich auf das breite Spektrum ökologischer Fragestellungen.

Das zweite Kriterium, auf das etwa 12 % der Nennungen entfallen, betrifft die Effektivität der Gruppe, die sich Aufgaben stellen sollte, die sie auch bewältigen kann. Genauso häufig wird als dritter wichtiger Aspekt zur möglichen Mitarbeit in einer Umweltgruppe das Gemeinschaftsgefühl der Gruppe genannt. Ein gutes Verständnis unter den Gruppenmitgliedern soll möglich sein, die Leute sollen sympathisch sein und die Zusammenarbeit soll Spaß machen. In Knapp 10 % der Erwartungen wird als viertes Kriterium die Handlungs- bzw. Aktionsorientierung der Gruppe angesprochen. Ebenso oft wird als fünfter Punkt die Arbeitsweise der Gruppe erwähnt, die möglichst selbstbestimmt und auf der Basis demokratischer Strukturen erfolgen soll. An sechster Stelle wird die Möglichkeit zur Erweiterung des Wissen und zur Aufklärung (7) angesprochen und an siebter das überzeugte Umweltengagement der Gruppe (6) erwähnt.

Interessant ist, daß von jungen Männer häufiger als von jungen Frauen erklärt wird, es wäre ihnen nicht möglich, in einer Umweltgruppe mitzuarbeiten. Junge Frauen nennen häufiger als junge Männer das Kriterium ‚Ziele und Inhalte der Gruppe‘ und das Interesse an einer selbstbestimmten Arbeitsweise. Die jungen Männer erwähnen öfter das Kriterium ‚Freundschaft, Gemeinschaft und Spaß in der Gruppe‘.

Die Ziele und Inhalte der Gruppe, die Effektivität der Arbeit der Gruppe, die Handlungs- bzw. Aktionsorientierung der Gruppe und das Gemeinschaftsgefühl in der Gruppe sind in dieser Reihenfolge nach Meinung der Befragten die wichtigsten Gesichtspunkte, die bei einer Entscheidung über die Mitarbeit in einer Umweltgruppe herangezogen werden. Im Vordergrund steht demnach der Gegenstand, das Problem, mit dem sich die Gruppe beschäftigt. Danach spielt eine Rolle, ob die Gruppe ihre Arbeit effektiv organisiert und ob sich etwas durch die Mitarbeit in der Gruppe bewirken läßt. Im nächsten Aspekt geht es darum, daß nicht nur geredet, sondern praktisch etwas getan wird. Schließlich soll die Zusammenarbeit in der Gruppe Spaß machen und ein gemeinschaftliches Erlebnis sein.

Resümee

Im Kontext eines verstehensorientiert-heuristischen Ansatzes haben wir in dieser Studie versucht, uns in explorativer und deskriptiver Absicht dem Umweltbewußtsein Jugendlicher zu nähern. Wir wollten einige im Zusammenhang unseres Projektes zentrale Dimensionen des Umweltbewußtseins der Zielgruppen unserer Arbeit genauer analysieren, um wesentliche Denkmuster, Einstellungen und Handlungsdispositionen der Heranwachsenden hinsichtlich ökologischer Probleme besser verstehen zu können, ohne eine umfassende Untersuchung der komplexen Struktur des Umweltbewußtseins realisieren zu können.

Umweltbewußtsein kann nach unserem Verständnis im Anschluß an Stenger[64] als eine aktualisierbare Perspektive betrachtet werden, als eine spezifische Form Erfahrungen, Eindrücke, Wahrnehmungen, Meinungen und Verhaltensweisen bezogen auf das Thema ‚Umwelt' zu organisieren und in persönlichen Überzeugungen, Positionen zu verdichten. Deshalb interessierten wir uns dafür, mit welchen Erklärungs- und Begründungsmustern die Jugendlichen ihre Einstellungen und ihre Haltung gegenüber ausgewählten Problemen aus dem Spektrum des ökologischen Diskurses erläutern, welche Lösungsoptionen sie bevorzugen, welche Handlungschancen sie für sich selbst sehen und welche Motive und Erwartungen bei einer persönlichen Beschäftigung mit ökologischen Fragen eine Rolle spielen.

Stark am Thema ‚Umwelt' interessiert, sich der vielfältigen ökologischen Gefährdungen bewußt, besorgt über die Möglichkeiten einer umweltbedingten Beeinträchtigung der persönlichen Lebensbedingungen in Gegenwart und Zukunft, sich für die ökologischen Probleme mitverantwortlich fühlend, aus ökologischen Gründen zu gewissen Einschränkungen im eigenen Lebensstandard bereit und von der Effizienz eines persönlichen umweltbewußten Verhaltens im Alltag überzeugt, mit diesen Worten können zusammenfassend die wesentlichen Aspekte der umweltrelevanten Einstellungen der überwiegenden Mehrheit der von uns befragten Jugendlichen skizziert werden. Trotz dieser beeindruckenden Aufgeschlossenheit für ökologische Themen hat sich jedoch bisher nur ein geringer Anteil der jungen Frauen und Männer aus unserem nicht-repräsentativ zusammengesetzten Sample zu einer kontinuierlichen Mitarbeit in einer Umweltschutzgruppe entschließen können, obwohl die Jugendlichen einem eher institutionell-integrierten Milieu angehören. Ein vergleichsweise überdurchschnittlicher Anteil der Befragten ist Mitglied in einer formellen Gruppierung.

Das Interesse der Jugendlichen an ökologischen Fragen ist stark ausgeprägt und wird nur unwesentlich relativiert, wenn es in Relation zu lebenslaufspezifischen Ereignissen, Wünschen und Bedürfnissen betrachtet oder mit ausbildungs- und berufsspezifischen Erfordernissen in Verbindung gebracht wird. Offenkundig nimmt das Thema ‚Umwelt' im Alltagsdenken der Jugendlichen einen ungefährdeten, festen Platz ein. ‚Umwelt' ist zu einem Allerweltsthema geworden, zu dem alle im Gespräch etwas beitragen können und wovon alle irgend etwas wissen. Die vielfältigen Kenntnisse und das grundsätzliche Interesse der Befragten können jedoch nicht als eine spezifische Variante eines Katastrophenbewußtseins interpretiert werden. Denn das Wissen über Umweltgefährdungen ist kombiniert mit einer ambivalenten Einschätzung gesellschaftlicher Zukunftsperspektiven und verbunden mit besorgten Äußerungen über die ungewissen Möglichkeiten zur Bewältigung der gegenwärtigen und zukünftigen ökologischen Probleme.

Das Umweltbewußtsein der Befragten kann als ein Bewußtsein über Gefährdungen und Risiken charakterisiert werden, als ein Wissen, daß es so wie bisher nicht weiter gehen kann und etwas getan werden muß. Aber ob dieses Gefahrenbewußtsein schon die Fähigkeit beinhaltet, unterschiedliche Einzelphänomene aufeinander zu beziehen und strukturelle Zusammenhänge zu erkennen, ist auf der Basis unseres Materials nicht definitiv zu entscheiden. Eher lassen sich einzelne Argumentationsmuster der Befragten als Indiz dafür bewerten, daß Teilaspekte des ökologischen Diskurses in eigene Denkmuster integriert worden sind, ohne sich gründlicher mit ursächlichen Zusammenhängen beschäftigt zu haben und ohne die Konsequenzen der umweltbezogenen Denkmuster stringent auf die eigene Lebenssituation zu beziehen.

Strukturelle Zusammenhänge zwischen ökologischen und ökonomischen Fragen werden von den Jugendlichen ansatzweise erkannt. Doch besteht für den überwiegenden Teil der Befragten zwischen Ökonomie und Ökologie kein prinzipieller Gegensatz, ökonomische und ökologische Interessen gelten als miteinander versöhnbar. Wirtschaftliches Wachstum wird nicht grundsätzlich abgelehnt, es soll jedoch nach ökologischen Kriterien gestaltet werden. Von den Befragten wird eindeutig das Konzept eines qualitativen Wachstums favorisiert. Soll die eigene Meinung gegenüber der Forderung, aus ökologischen Erwägungen das wirtschaftliche Wachstum einzuschränken, begründet werden, dann ist für die Befragten das Arbeitsplatzargument stichhaltiger als die

Befürchtung eines möglicherweise reduzierten Lebensstandards. Doch nach Vorstellung der Jugendlichen sollen neue Arbeitsplätze nicht um jeden Preis geschaffen werden, wichtigstes Entscheidungskriterium sollte die Frage der Umweltverträglichkeit sein.

Offenkundig argumentieren die Jugendlichen aus unserem Sample aus einer ähnlichen Perspektive wie die von Heine / Mautz befragten Industriearbeiter. So kommen Heine / Mautz in ihrer Untersuchung zu dem Schluß, daß Industriearbeiter in ihre Wahrnehmung der Industriegesellschaft Elemente der ökologischen Kritik einbauen, „ohne doch die Grundlagen des industriepolitischen Konsens grundlegend in Frage zu stellen."[65] So soll die ökologische Krise durch technologische Innovationen, Umweltschutzinvestitionen und umweltbewußtes Verhalten bewältigt werden, ohne nach den der ökonomischen Produktionslogik, dem Fortschrittsdenken oder den Konsumgewohnheiten immanenten Ursachen ökologischer Gefährdungen grundlegend zu fragen.

Obwohl ein wirtschaftliches Wachstum in modifizierter Form von den befragten Jugendlichen befürwortet wird, ist dennoch ein erstaunlich großer Teil von ihnen zu Einschränkungen im Konsumverhalten und zur Veränderung bestimmter Lebensgewohnheiten bereit. Bei der Frage eines Verzichtes denken sie vor allem an die in ihrer Sicht überflüssigen Dinge. Ein Wandel des Lebensstils wird für erforderlich gehalten, doch soll für die größte Anzahl der Befragten ein Verzicht keine gravierenden Folgen haben.

Nach den vorliegenden Befunden sind zwar die jungen Frauen und Männer unseres Samples keine Repräsentanten des Typs eines umfassend kritischen und umweltbewußten Konsumenten, doch lassen sich bei ihnen hoffnungsvolle Ansätze zu einem ökologisch orientierten Konsumverhalten nicht übersehen. Diese zuversichtliche Bewertung wird auch durch die Tatsache gestützt, daß die Jugendlichen fast ausnahmslos der Überzeugung sind, ein ökologisch bewußtes Verhalten im Alltag sei ein wichtiger Beitrag zur Bewältigung der ökologischen Krise.

Nach Einschätzung des größten Teils der Jugendlichen sind für die ökologischen Probleme unterschiedslos alle verantwortlich. Die Verantwortung für die ökologische Krise wird von ihnen nicht an eine zentrale Adresse — Politik, Wirtschaft, usw. — abgeschoben. Bei der Zuordnung von Verantwortlichkeit praktizieren die Befragten eine Form von Holismus. Zwar resultiert aus der Tatsache, daß die Jugendlichen sich selbst als mitverantwortlich betrachten, eine an die eigene Person gerichtete, verstärkte Handlungserwartung, doch leidet unter dieser Sichtweise auch das notwendige Unterscheidungsvermögen, um Gefahren, Risiken, Ursachen und Lösungsvorschläge adäquat einschätzen zu können. Es besteht die Gefahr, strukturelle Zusammenhänge zu übersehen und die Effektivität eigenen Verhaltens zu überschätzen.

Auf der Ebene der Lösungsvorschläge werden von den Jugendlichen Handlungsoptionen genannt, die das gesamte Spektrum von präventiven, technischkompensatorischen und politisch-sanktionierenden Maßnahmen umfassen. In der Struktur der genannten Forderungen läßt sich keine klare Präferenz entweder für strukturverändernde oder für lediglich kompensierende Vorstellungen erkennen. Die überwiegende Mehrheit der Befragten bevorzugt eine Mischung der unterschiedlichsten Ansätze, um möglichst kurzfristig etwas erreichen zu können und um die Basis für langfristig wirksame, nachhaltige Auswirkungen zu legen. In diesem Katalog haben staatliche Instanzen in ihrer sanktionierenden und kontrollierenden Funktion eine besondere Aufgabe.

Im Spektrum persönlicher Interessen der Jugendlichen nimmt das Thema Umwelt einen herausragenden Platz ein. Symptome von Überdruß und Übersättigung hinsichtlich einer Beschäftigung mit dem Thema 'Umwelt' lassen sich nur bei einer kleinen Gruppe der Befragten feststellen. Wenn Jugendliche die Überzeugung vertreten, daß über das Thema ,Umwelt' genügend geredet worden sei, dann geschieht das in Verbindung mit einer resignativen Einschätzung des Nutzens einer solchen Auseinandersetzung oder im Zusammenhang mit der Klage über Handlungs- und Realisierungsdefizite im Bereich umweltpolitischer Forderungen. Entweder wird fatalistisch angenommen, die Menschen seien alles Egoisten und zur Bewältigung der Umweltprobleme grundsätzlich nicht in der Lage oder es wird gefordert, daß nach dem vielen Reden endlich Taten folgen müßten. Ein nachlassendes Interesse der Jugendlichen, sich intensiver mit ökologischen Fragen zu befassen, scheint aus diesem Blickwinkel betrachtet auch darin seine Ursache zu haben, daß Jugendliche die Effizienz und den Sinn eines solchen Engagements angesichts der ungenügenden Erfolge der Umweltpolitik nicht oder nicht mehr sehen.

Bei der persönlichen Motivation zur Beschäftigung mit ökologischen Themen ist für die Jugendlichen eine wie auch immer geartete Natur- und Tierliebe von erstrangiger Bedeutung. Ungefähr gleich relevant sind Überlegungen, die mit der persönlichen Lebensplanung und einem eigenen Kinderwunsch zusammenhängen. Gesellschaftskritisch begründete Motive, die aus der Einsicht in die destruktiven Kräfte und umweltbelastenden Effekte industrieller Produktion resultieren, haben wesentlich geringeres Gewicht.

Ein großer Teil der befragten Jugendlichen kann sich vorstellen, sich in einer Umweltgruppe zu engagieren. Die persönliche Entscheidung zur Mitarbeit in der Gruppe wird von den Themen, den Zielen, der Effektivität, einer Aktions- und Handlungsorientierung der Gruppe und vom Gemeinschaftsgefühl in der Gruppe abhängig gemacht.

Werden die Ergebnisse der Studie unter geschlechtsspezifischen Aspekten zusammengefaßt, so lassen sich folgende Differenzen festhalten: Junge Frauen haben eine etwas skeptischere Haltung gegenüber der gesellschaftlichen und ihrer beruflichen Zukunft. Sie plädieren häufiger für eine Versöhnung von Ökonomie und Ökologie, sie sind stärker zu Einschränkungen bereit und nehmen öfter Überlegungen zum Verzicht auf. Bezüglich des Stellenwertes des persönlichen Interesses an Umweltfragen im Vergleich zu anderen Vorlieben, verweisen junge Frauen deutlicher auch auf andere Themen. Auf dem Gebiet der Motivation beziehen sich junge Frauen öfter auf ihre Natur- und Tierliebe, sowie auf ihre Zukunftsplanung und den eigenen Kinderwunsch zur Erläuterung ihrer Gründe für eine Beschäftigung mit ökologischen Fragen. Im Spektrum der Lösungsoptionen halten sich die Frauen bei Vorschlägen, die auf den wirtschaftlichen Bereich bezogen sind, auffällig zurück. Junge Frauen machen ihr eventuelles Engagement in einer Umweltgruppe stärker von gründlichen Vorinformationen abhängig.

Bei den Stellungnahmen der jungen Männer fällt auf, daß sie durchgängig stärker zu relativierenden Argumentationsmustern tendieren. Dies drückt sich darin aus, daß vorgegebene Behauptungen öfter in ihrer Aussagekraft abgeschwächt oder durch Gegenargumente in ihrer Geltung begrenzt werden. Sie haben hinsichtlich der gesellschaftlichen Zukunftsperspektiven und ihrer beruflichen Pläne optimistischere Einschätzungen. Eine auffällig geringere Betroffenheit zeigen sie bezogen auf die Belastung durch Lärm und Abgase. Junge Männer sind weniger zu Einschränkungen bereit und trauen sich häufiger zu, ohne großes Vorwissen in einer Umweltgruppe mitzuarbeiten.

Nach bildungsspezifischen Kriterien fällt auf, daß die Jugendlichen, die sich bei der Einschätzung der Relevanz wirtschaftlichen Wachstums auf das Arbeitsplatzargument beziehen, überwiegend einen betrieblichen Hintergrund haben. Ebenfalls relativieren diese Jugendlichen stärker als andere ihr Interesse an einer Beschäftigung mit dem Thema ‚Umwelt‘ im Hinblick auf lebenslaufsspezifische und ausbildungsspezifische Themen. Zudem schränken besonders Auszubildende ihre Bereitschaft zum Verzicht auffallend häufiger ein. Außerdem beziehen sie in ihren Lösungsvorschlägen etwas öfter den Bereich der Wirtschaft als Adressaten ein. Ein größerer Stellenwert des Arbeitsplatzarguments im ökologischen Diskurs, eine eingeschränktere Bereitschaft zum Verzicht, häufigere Berücksichtigung des Bereichs der Wirtschaft bei Lösungsoptionen sowie eine größere Relevanz auch anderer Interessen, können nach unseren Befunden als die Bereiche genannt werden, zu denen sich Jugendliche mit Arbeitserfahrungen in ihren Stellungnahmen zu Elementen des ökologischen Diskurses anders als andere Gruppen der Befragten äußern.

Die Ergebnisse dieser Studie basieren auf der Befragung einer nicht-repräsentativ zusammengesetzten Stichprobe und können deshalb nur einen begrenzten Geltungsanspruch erheben. Dennoch sind wir davon überzeugt, mit dieser Studie wesentliche Elemente und interessante Facetten des Umweltbewußtseins Jugendlicher aufzeigen zu können. Auf der Grundlage der Erkenntnisse unserer Analyse und den Erfahrungen bei der Befragung würde es sich eigentlich lohnen, eine breiter angelegte Untersuchung auf der Basis eines modifizierten Konzeptes und mit einem überarbeiteten Erhebungsinstrument durchzuführen, um unsere Resultate zu überprüfen.

Nach dem Resultat dieser Studie können Überlegungen zu Konzepten und zur Praxis ökologischer Bildungsarbeit wohl davon ausgehen, daß Kenntnisse über wesentliche Inhalte des ökologischen Diskurses unter Jugendlichen weit verbreitet sind und ein grundsätzliches Interesse an einer Beschäftigung mit dem Thema ‚Umwelt' anzutreffen ist. Von einer großen Skepsis gegenüber dem Thema oder einer Distanz zu ökologischen Fragestellungen kann nicht ausgegangen werden.

Doch dieses auf den ersten Blick positive Ergebnis hat auch seine negativen Seiten. Es ist zu befürchten, daß Jugendliche, die glauben, schon viel oder fast alles über ökologische Probleme zu wissen, mit großer Gleichgültigkeit auf Angebote zur intensiveren Beschäftigung mit weiterführenden Fragen reagieren. Dieser möglicher Effekt muß in die konzeptionellen Überlegungen einbezogen werden und es müssen Ansätze ökologischer Bildung entwickelt werden, denen es gelingen kann, Neugierde zu wecken und Lust auf eine intensivere Auseinandersetzung zu machen.

Nach den Befunden unserer Studie gilt als eine der unbeantworteten Fragen, ob die Jugendlichen in der Lage sind, ursächliche Zusammenhänge der ökologischen Probleme differenzierter zu analysieren, ob sie einzelne Krisenphänomene in strukturelle Zusammenhänge einordnen können und ob sie die wechselseitige Abhängigkeit ökologischer und ökonomischer Fragen sehen. Sicherlich sind auch zukünftig Ansätze einer grundlegenden Sensibilisierung der Wahrnehmung oder auch praktische Projekte im Bereich ökologischer Bildung unverzichtbar. Doch wenn die Ergebnisse der Studie hinsichtlich der Denkmuster Jugendlicher zum Verhältnis von Ökonomie und Ökologie ernst genommen werden, dann sollte versucht werden, die Bearbeitung struktureller Zusammenhänge und eine Auseinandersetzung mit grundlegenden Funktionsprinzipien der marktwirtschaftlich organisierten Industriegesellschaft stärker ins Zentrum ökologischer Bildung zu rücken. Ökologische Bildung steht damit vor der schwierigen Herausforderung im Bildungsprozeß Gelegenheit zu geben, persönliche Erfahrungen, individuelles Verhalten, Systemimperative, strukturelle Handlungszwängen und aus ökologischen Gründen notwendige Veränderungen miteinander in Beziehung zu setzen und Einsichten in systemische Zusammenhänge zu vermitteln. Sicherlich kann ökologische Bildung nicht mit absoluter Gewißheit die ‚richtigen' Ursachen der ökologischen Krise benennen. Doch nach Meinung von Kahlert ist es ihr jedoch auf jeden Fall möglich, „die Interpretationsfähigkeit für gesellschaftliche Entwicklungen [zu] differenzieren und die Beobachtungsschärfe für Prozesse der Zuschreibung von Ursachen [zu] schulen."[66] Diese Chance sollte ökologische Bildung verstärkt nutzen.

In diesem Zusammenhang scheint es uns auch erforderlich, daß sich ökologische Bildung zukünftig intensiver mit ökologische Fragen im Bereich der Arbeitswelt beschäftigt. Darüber hinaus sollten ökologische Aspekte stärker im Bereich der beruflichen Bildung verankert werden. Somit könnten ökologische und ökonomische Fragen auf der Basis unmittelbarer Erfahrungen aufgegriffen und im Kontext betrieblicher Bedingungen bearbeitet werden.

Ein weiteres, bisher nur unzulänglich gelöstes Problem im ökologischen Diskurs ist die Verbindung von Wissen und Handeln. Auch durch unsere Studie kann die These eines weit verbreiteten Umweltbewußtseins bestätigt werden. Doch unklar bleibt, in welchem Ausmaß dieses Bewußtsein in alltägliches umweltbewußtes Handeln umgesetzt werden kann. Vor diesem Hintergrund sollte sich ökologische Bildung zukünftig noch mehr mit der Entwicklung von praktischen Handlungsansätzen, mit der Analyse der Durchsetzungschancen umweltpolitischer Vorstellungen und mit der Vermittlung strategischer Kompetenzen befassen. Mit dieser Akzentuierung könnte sie eventuell einen Beitrag zur Überwindung der allseits beklagten Kluft zwischen Wollen und Tun leisten.

Anhang:

Statements und Fragen des Erhebungsinstrumentes

I. Meinungen zum Thema „Umweltschutz"

Zunächst möchten wir Dich bitten, zu einigen Behauptungen Stellung zu nehmen, die immer wieder in Gesprächen über das Thema „Umweltschutz" zu hören sind. Bitte lies die einzelnen Aussagen aufmerksam durch und gib dann an, ob Du der jeweiligen Äußerung zustimmen kannst oder ob Du diese ablehnst. Begründe dann bitte kurz in einigen Stichworten Deine persönliche Meinung:

1. Nach meiner Einschätzung ist die Natur durch die zunehmende Umweltbelastung stark gefährdet. Ich befürchte, daß deshalb das zukünftige Leben der Menschen auf der Erde bedroht ist.

2. Ich bin der Überzeugung, daß jede / jeder in ihrem / seinem Alltag mit seinem Handeln etwas gegen die zunehmenden Umweltprobleme bewirken kann. Es ist wichtig, klein anzufangen, um größere Veränderungen erreichen zu können.

3. Für mich ist vor allem wichtig, möglichst alles zu tun, damit ich meine privaten und beruflichen Zukunftspläne verwirklichen kann. Das Thema „Umweltschutz" steht dabei bei mir nicht im Vordergrund.

4. Bevor ich persönlich etwas gegen die Umweltverschmutzung tun kann, muß ich mich erst einmal gründlich informieren. Aber dann kann ich mir vorstellen, in einer Gruppe mitzuarbeiten, die etwas gegen die Umweltverschmutzung tut.

5. Ich mache mir Sorgen über das zukünftige Leben der Menschen auf der Erde, auch weil ich selbst einmal eine Familie mit Kindern haben möchte. Deshalb bin ich im Bereich des Umweltschutzes aktiv.

6. Nach meiner Auffassung bringt weiteres wirtschaftliches Wachstum zwar zusätzliche Belastungen für die Umwelt mit sich, doch es ist notwendig, um mehr Arbeitsplätze zu schaffen und damit auch unseren Wohlstand zu sichern.

7. Als junger Mensch kann ich gegen die Umweltprobleme nichts ausrichten. Dafür habe ich viel zu wenig Macht und Einfluß in der Gesellschaft.

8. Ich nehme an dieser Veranstaltung teil, weil meine Freundinnen, Freunde oder Bekannten auch mitgekommen sind. Außerdem glaube ich, daß dies eine gute Gelegenheit ist, andere Leute näher kennenzulernen.

9. In der Geschichte der Erde gab es schon immer irgendwelche Naturkatastrophen. Deshalb beunruhigt mich die Umweltverschmutzung nicht weiter. Die Probleme werden doch nur hochgespielt.

10. Ich bin der Meinung, daß wir zum Schutz der Umwelt auf weiteres wirtschaftliches Wachstum verzichten und einige Einschränkungen bei unserem Lebensstandard in Kauf nehmen sollten.

11. Das Thema „Umwelt" interessiert mich. Deshalb habe ich mich entschlossen, an dieser Veranstaltung teilzunehmen.

12. Über das Thema Umweltschutz ist eigentlich genügend geredet worden. Es gibt noch andere Dinge im Leben, die sind mir persönlich wichtiger.

13. Ich bin gerne draußen in der Natur und ich mag Tiere, deshalb interessiere ich mich für Fragen des Umweltschutzes.

14. Wenn ich das Wort Umweltschutz höre, dann fällt mir vor allem ein, daß einem irgend jemand irgendwelche Vorschriften machen will. Da soll ich dann zum Beispiel nicht mehr so schnell Auto oder Motorrad fahren oder noch besser ganz damit aufhören. Dann soll ich Strom sparen, weniger Wasser verbrauchen, keine schön und gut verpackte Sachen mehr kaufen, im Winter die Wohnung nicht so stark heizen und so weiter.... Wenn ich mich danach richten wollte, müßte ich auf viele angenehme Seiten des Lebens verzichten.

15. Ich bin der Überzeugung, daß unsere Form des Lebens und die Art und Weise wie in den Betrieben produziert wird, unsere Umwelt stark belasten. Daran muß sich etwas ändern. Deshalb beschäftige ich mich mit Fragen des Umweltschutzes.

16. Für die Verschmutzung der Umwelt sind viele verantwortlich, die Industrie, die Politiker und wir selbst. Sind nach Deiner Meinung nach alle gleich verantwortlich oder meinst Du, daß es einen oder mehrere Hauptverantwortliche gibt?

II. Einige Fragen zum Bereich Umweltschutz:

1. Welche Maßnahmen zur Bewältigung der Umweltprobleme sollten Deiner Meinung nach im persönlichen, im wirtschaftlichen und im politischen Bereich ergriffen werden?

2. Stell Dir vor, Du überlegst Dir, über einen längeren Zeitraum in einer Umweltschutzgruppe mitzuarbeiten. Welche Gesichtspunkte würden bei Deiner Entscheidung eine wichtige Rolle spielen?

3. Man kann ja die Zukunft, wie das Leben in unserer Gesellschaft weitergehen wird, eher düster oder eher zuversichtlich sehen. Wie ist das bei Dir?

   eher düster:
   eher zuversichtlich:

4. Von welchen Umweltbelastungen fühlst Du Dich persönlich betroffen?

   Lärm:
   Luftverschmutzung:
   Abgase:

Veränderungen der Landschaft:
Wasserverschmutzung:
Müll:
Waldsterben:
Aussterben von Tier- und Pflanzenarten:
Klimaveränderung / Treibhauseffekt:

5. Wenn Du an Deine berufliche Zukunft denkst, machst Du Dir dann eher Sorgen in Deinem Beruf weiterarbeiten zu können oder siehst Du kaum größere Probleme auf Dich zukommen?

    mache mir eher Sorgen:
    sehe keine größeren Probleme:

6. Wie würdest Du Dich auf einer Skala von eins bis zehn selbst einschätzen, bist Du an Fragen des „Umweltschutzes" eher interessiert oder hast Du weniger Interesse, Dich mit diesem Thema zu beschäftigen?

    großes Interesse   kein Interesse

III. Zum Schluß noch einige Angaben zu Deiner Person:

1. Alter:

2. Geschlecht:

    weiblich:
    männlich:

3. Besuchst Du derzeit eine allgemeinbildende Schule:

    ja:
    nein:

    Wenn ja, welche:

    Hauptschule:
    Realschule:
    Gymnasium:
    Gesamtschule:
    Berufsfachschule:
    Fachoberschule:
    sonstige:
    (bitte Schulform angeben)

4. Welchen allgemeinbildenden Schulabschluß hast Du?:

    Hauptschulabschluß:
    Realschulabschluß:
    Fachhochschulreife:
    Abitur:
    noch keinen:

5. Machst Du zur Zeit eine Berufsausbildung?

    ja:
    nein:

    Wenn ja, in welchem Beruf:

6. Hast Du eine abgeschlossene Berufsausbildung?

ja:

nein:

Wenn ja, in welchem Beruf:

7. Bist Du zur Zeit berufstätig?

ja:

nein:

Wenn ja, als was:

8. Bist Du zur Zeit arbeitslos?

ja:

nein:

9. In welchem Typ von Wohngemeinde lebst Du?:

a) in einer Großstadt:
(Bitte Einwohnerzahl angeben)
b) im Einzugsbereich einer Großstadt:
c) in einer Kleinstadt:
(Bitte Einwohnerzahl angeben)
d) in einem Dorf auf dem Land:

10. In welchen Organisationen, Gruppen oder Vereinen bist Du Mitglied:
(Mehrfachnennungen möglich)

a) Turn- und Sportverein:
b) Naturschutz- oder Umweltschutzgruppe:
c) Partei:
d) Musikverein:
e) kirchliche Jugendgruppe:
f) Bürgerinitiative:
g) Gewerkschaft:
h) Freiwillige Feuerwehr:
i) Kirche:
j) Sonstige:
(Bitte nähere Bezeichnung)

Anmerkungen

1   Urban, Dieter: Was ist Umweltbewußtsein? Exploration eines mehrdimensionalen Einstellungskonstruktes. In: Zeitschrift für Soziologie, 15. Jg., Heft 5 / 1986, S. 363
2   Vgl. Waldmann, Klaus: Pädagogische Anmerkungen zum Konzept ökologischer Bildung, S. 93
3   Fietkau, Hans-Joachim: Umweltbewußtsein. In: Calliess, Jörg / Lob, Reinhold E.: Praxis der Umwelt- und Friedenserziehung. Band 1: Grundlagen. Düsseldorf 1987, S. 294, Hervorh. im Original
4   Beck, Ulrich: Gegengifte. Die organisierte Unverantwortlichkeit. Frankfurt / Main 1988, S. 241
5   Heine, Hartwig / Mautz, Rüdiger: Industriearbeiter contra Umweltschutz? Frankfurt / Main / New York 1989, S. 18

6   a.a.O., S. 202
7   a.a.O., S. 204
8   Mertens, Gerhard: Umwelterziehung. Eine Grundlegung ihrer Ziele. Paderborn 1991², S.172
9   Vgl. hierzu insbes.: Fietkau, Hans-Joachim: Bedingungen ökologischen Handelns. Gesell-
    schaftliche Aufgaben der Umweltpsychologie. Weinheim und Basel 1984
10 Vgl. hierzu: Zoll, Rainer: Nicht so wie unsere Eltern! Ein neues kulturelles Modell? Opladen
    1989
11 Vgl. hierzu: Dierkes, Meinolf/Fietkau, Hans-Joachim: Umweltbewußtsein — Umweltver-
    halten. Gutachten für den Rat von Sachverständigen für Umweltfragen. Stuttgart 1988, S. 75
12 Vgl z.B.: Deutsches Jugendinstitut: Deutsche Schüler im Sommer 1990 — skeptische Demo-
    kraten auf dem Weg in ein vereintes Deutschland. DJI Arbeitspapier 3-019. München o.J.
    (1990); Niedersächsisches Kultusministerium (Hrsg.): Jugendkompaß '89. Lebenssituation
    von Jugendlichen und jungen Erwachsenen in Niedersachsen. Hannover 1990; IBM-
    Deutschland (Hrsg.): IBM — Jugendpanel 1990. Durchgeführt vom Institut für empirische
    Psychologie. Köln 1990
13 Fietkau, Hans-Joachim: Umweltbewußtsein. In: Calliess, Jörg/Lob, Reinhold E.: Praxis der
    Umwelt- und Friedenserziehung. Band 1: Grundlagen. Düsseldorf 1987, S. 295
14 Dierkes, Meinolf/Fietkau, Hans-Joachim: Umweltbewußtsein — Umweltverhalten. Gutach-
    ten für den Rat von Sachverständigen für Umweltfragen. Stuttgart 1988, S. 12
15 Urban, Dieter: Was ist Umweltbewußtsein? Exploration eines mehrdimensionalen Einstel-
    lungskonstruktes. In: Zeitschrift für Soziologie, 15.Jg., Heft 5/1986, S. 367
16 Stenger, Horst: Vom Katastrophenwissen zum Umweltbewußtsein. Wissenssoziologische
    Schlußbemerkungen: In. Dreitzel, Hans-Peter/Stenger, Horst (Hrsg.): Ungewollte Selbst-
    zerstörung. Reflexionen über den Umgang mit katastrophalen Entwicklungen. Frank-
    furt/New York 1990, S. 178, Hervorh. im Original
17 a.a.O., S. 181/182
18 a.a.O., S. 183
19 Dierkes, Meinolf/Fietkau, Hans-Joachim: Umweltbewußtsein — Umweltverhalten. Gutach-
    ten für den Rat von Sachverständigen für Umweltfragen. Stuttgart 1988, S. 58
20 a.a.O., S. 173
21 Urban, Dieter: Was ist Umweltbewußtsein? Exploration eines mehrdimensionalen Einstel-
    lungskonstruktes. In: Zeitschrift für Soziologie, 15.Jg., Heft 5/1986, S. 365
22 Dreitzel, Hans Peter: Angst und Zivilisation: In: Dreitzel, Hans-Peter/Stenger, Horst
    (Hrsg.): Ungewollte Selbstzerstörung. Reflexionen über den Umgang mit katastrophalen Ent-
    wicklungen. Frankfurt/New York 1990, S. 29, Hervorh. im Original
23 Elias, Norbert: Über den Prozeß der Zivilisation. Zwei Bände. Frankfurt/Main 1976
24 Vgl. hierzu u.a. die Beiträge in: Combe, Arno/Helsper, Werner (Hrsg.): Hermeneutische Ju-
    gendforschung. Theoretische Konzepte und methodologische Ansätze. Opladen 1991
25 Bei Prozentangaben zu den Ergebnissen unserer Studie ist jeweils der relativ zahlenmäßig ge-
    ringe Umfang der Stichprobe zu beachten.
26 Ausgewählte und zusammengefaßte Zahlen nach: Zinnecker, Jürgen: Jugendkultur 1940 —
    1985. Herausgegeben vom Jugendwerk der Deutschen Shell. Opladen 1987, Tabelle 36, S.
    257. (Befragt wurden Jugendliche im Alter von 15 — 24 Jahren)
27 Ausgewählte Zahlen nach: EMNID-Institut: Zur Beteiligung junger Menschen in der Bun-
    desrepublik Deutschland in Jugendorganisationen. Bielefeld o.J. (1987), Tabelle 5.1, S. 55.
    (Befragt wurden Jugendliche im Alter von 12 — 25 Jahren)
28 Zinnecker, Jürgen: a.a.O., S. 254
29 EMNID-Institut: a.a.O., S. 51
30 Deutsches Jugendinstitut: Deutsche Schüler im Sommer 1990 — skeptische Demokraten auf
    dem Weg in ein vereintes Deutschland. DJI-Arbeitspapier 3-019. München o.J. (1990). Zu be-
    achten ist, daß mit der Studie kein Anspruch auf Repräsentativität bezogen auf die Gesamtheit

der Jugendlichen in der Bundesrepublik Deutschland erhoben wird. Lediglich für die Altersgruppe der 15 — 16 jährigen Großstadtjugendlichen sollen die Aussagen verallgemeinerungsfähig sein.

31 a.a.O., S. 57 und Tabellenband S. 47

32 IBM-Deutschland (Hrsg.): IBM — Jugendpanel 1990. Durchgeführt vom Institut für empirische Psychologie. Köln 1990, S. 31

33 Niedersächsisches Kultusministerium (Hrsg.): Jugendkompaß Niedersachsen 1989. Lebenssituation von Jugendlichen und jungen Erwachsenen in Niedersachsen. Durchgeführt vom Institut für Entwicklungsplanung und Strukturforschung. Hannover 1990, S. 42

34 Deutsches Jugendinstitut: Deutsche Schüler im Sommer 1990 — skeptische Demokraten auf dem Weg in ein vereintes Deutschland. DJI-Arbeitspapier 3-019. München o.J. (1990), nach Tabellenband S. 72

35 Beck, Ulrich: Gegengifte. Die organisierte Unverantwortlichkeit. Frankfurt / Main 1988, S. 76

36 Vgl. hierzu u.a.: Dierkes, Meinolf / Fietkau, Hans-Joachim: Umweltbewußtsein — Umweltverhalten. Gutachten für den Rat von Sachverständigen für Umweltfragen. Stuttgart 1988, S. 74 oder Fietkau, Hans-Joachim: Bedingungen ökologischen Handelns. Gesellschaftliche Aufgaben der Umweltpsychologie. Weinheim und Basel 1984, S. 82 / 83

37 Vgl. hierzu: Fietkau, Hans-Joachim: Bedingungen ökologischen Handelns. Gesellschaftliche Aufgaben der Umweltpsychologie. Weinheim und Basel 1984, S. 83

38 Jugendwerk der Deutschen Shell (Hrsg.): Jugend '81. Lebensentwürfe, Alltagskulturen, Zukunftsbilder. 3 Bände. Hamburg 1981

39 a.a.O., S. 382 ff.

40 Vgl. hierzu: Beck, Ulrich: Risikogesellschaft. Auf dem Weg in eine andere Moderne. Frankfurt / Main 1986

41 Fuchs, Werner: Jugendliche Statuspassage oder individualisierte Jugendbiographie? In: Soziale Welt, 34.Jg, Heft 3 / 1983, S. 341 — 371

42 Jugendwerk der Deutschen Shell (Hrsg.): Jugendliche und Erwachsene ,85. Generationen im Vergleich. Opladen 1985. Band 1, S. 116

43 Behnken, Imbke u.a.: Schülerstudie ,90. Jugendliche im Prozeß der Vereinigung. Weinheim und München 1991, S. 79

44 Vgl. hierzu: Behnken, Imbke u.a.: a.a.O., S. 82

45 Behnken, Imbke u.a.: a.a.O., S. 79

46 Die vorgegebenen Statements sind im Fragebogen im Anhang zu dieser Studie abgedruckt.

47 Deutsches Jugendinstitut: Deutsche Schüler im Sommer 1990 — skeptische Demokraten auf dem Weg in ein vereintes Deutschland. DJI-Arbeitspapier 3-019. München o.J. (1990), S. 5

48 Niedersächsisches Kultusministerium (Hrsg.): Jugendkompaß Niedersachsen 1989. Lebenssituation von Jugendlichen und jungen Erwachsenen in Niedersachsen. Durchgeführt vom Institut für Entwicklungsplanung und Strukturforschung. Hannover 1990, S. 46

49 Vgl. hierzu u.a.: Fietkau, Hans-Joachim: Bedingungen ökologischen Handelns. Gesellschaftliche Aufgaben der Umweltpsychologie. Weinheim und Basel 1984, S. 34

50 Dierkes, Meinolf / Fietkau, Hans-Joachim: Umweltbewußtsein — Umweltverhalten. Gutachten für den Rat von Sachverständigen für Umweltfragen. Stuttgart 1988, S. 76

51 Heine, Hartwig / Mautz, Rüdiger: Industriearbeiter contra Umweltschutz? Frankfurt / Main / New York 1989, S. 101

52 a.a.O., S. 117

53 Vgl. hierzu u.a.: Baethge, Martin u.a.: Jugend: Arbeit und Identität. Opladen 1989; Grubauer, Franz u.a.: Arbeiterjugendliche heute — vom Mythos zur Realität. Opladen 1987 oder Zoll, Rainer: Nicht so wie unsere Eltern! Ein neues kulturelles Modell? Opladen 1989

54 Vgl. hierzu die auf S. 37 / 38 zitierten Ergebnisse.

55 Dierkes, Meinolf / Fietkau, Hans-Joachim: Umweltbewußtsein — Umweltverhalten. Gutachten für den Rat von Sachverständigen für Umweltfragen. Stuttgart 1988, S. 134

56 Strümpel, Burckhard: Hauptursache: Wirtschaftsideologien und individuelle Lebensansprüche. In: Simonis, Udo Ernst (Hrsg.) Basiswissen Umweltpolitik. Ursachen, Wirkungen und Bekämpfung von Umweltproblemen. Berlin 1990, S. 69

57 Holtappels, Heinz Günter u.a.: Wie umweltbewußt sind Schüler? In: Die Deutsche Schule, 82.Jg., Heft 2 / 1990, S. 224-235

58 a.a.O., S. 234

59 Zahlen in Klammern = Häufigkeit der Nennungen

60 Vgl. hierzu auch: Fietkau, Hans-Joachim: Bedingungen ökologischen Handelns. Gesellschaftliche Aufgaben der Umweltpsychologie. Weinheim und Basel 1984, S. 45

61 Dierkes, Meinolf / Fietkau, Hans-Joachim: Umweltbewußtsein — Umweltverhalten. Gutachten für den Rat von Sachverständigen für Umweltfragen. Stuttgart 1988, S. 65

62 Nitschke, Christoph: Umweltlernen in der beruflichen Aus- und Weiterbildung. Gutachten im Auftrag der Enquetekommission des Deutschen Bundestages „Zukünftige Bildungspolitik — Bildung 2000". Berlin 1989, S. 12

63 Fietkau, Hans-Joachim: Bedingungen ökologischen Handelns. Gesellschaftliche Aufgaben der Umweltpsychologie. Weinheim und Basel 1984, S. 66

64 Stenger, Horst: a.a.O., S. 178

65 Heine, Hartwig / Mautz, Rüdiger: a.a.O., S. 132

66 Kahlert, Joachim: Die mißverstandene Krise. Theoriedefizite in der umweltpädagogischen Kommunikation. In: Zeitschrift für Pädagogik, 37.Jg., Heft 1 / 1991, S. 106

III. Konzeptionelle Aspekte Ökologischer Bildung

Klaus Waldmann

Pädagogische Anmerkungen zum Konzept ökologischer Bildung

In der öffentlichen Debatte ist gegenwärtig wohl unbestritten, daß die Gefährdung der natürlichen Grundlagen menschlichen und tierischen Lebens auf der Erde existenzbedrohende Ausmaße angenommen hat. In neueren Veröffentlichungen werden die umfassenden Dimensionen der ökologischen Krise in aller Deutlichkeit aufgezeigt. Exemplarisch sei an dieser Stelle auf die Berichte der Enquete-Kommission des Deutschen Bundestages „Vorsorge zum Schutz der Erdatmosphäre" hingewiesen[1], in denen die globalen Zusammenhänge der ökologischen Probleme in ihrer folgenschweren Bedeutung dargestellt werden. Zudem wird in der treffenden zeitdiagnostischen Kennzeichnung unserer Gegenwartsgesellschaft als 'Risikogesellschaft'[2] die katastrophale ökologische Situation in einem theoretischen und analytischen Schlüsselbegriff gebündelt.

Ebenfalls besteht im ökologischen Diskurs weitgehend darin Übereinstimmung, daß politische, technische und ökonomische Maßnahmen allein nicht ausreichen, um einen wirklichen Ausweg aus der ökologischen Gefährdung zu finden, sondern ein grundlegender Wandel in den Einstellungen, im Bewußtsein und im Verhalten der Menschen unabdingbar ist. Eine Bewußtseinsveränderung gilt als notwendige Voraussetzung, um überhaupt die Bereitschaft der Menschen zur Akzeptanz der erforderlichen politischen, technischen und ökonomischen Maßnahmen zu wecken oder ein ökologisch aufgeklärtes Bewußtsein gilt als Grundlage für umweltbewußtes Handeln im persönlichen Bereich sowie für ein politisches Engagement, durch das gesellschaftliche Institutionen, Politik und Wirtschaft dazu gebracht werden sollen, wegweisende Lösungen zur Abwendung der drohenden ökologischen Katastrophe zu ergreifen. Der Bildungsbereich ist dann mit der Forderung konfrontiert oder stellt sich selbst vor die Aufgabe, einen entscheidenden Beitrag zur wünschenswert erachteten Veränderung von Einstellungen, Bewußtsein und Verhalten zu leisten.

Seit Anfang der siebziger Jahre unter der Überschrift ‚Grenzen des Wachstums'[3] die Frage des Verhältnisses der Menschen zu der sie umgebenden

Natur, nach ihrem Umgang mit natürlichen Ressourcen in einer breiteren Öffentlichkeit problematisiert worden war, begann im Bereich der Pädagogik eine intensive Debatte über angemessene Konzepte zur Bewußtseinsbildung und Verhaltensänderung. Bis zum heutigen Zeitpunkt wurde ein breites Spektrum unterschiedlicher Ansätze entwickelt, die hier nur stichwortartig aufgezählt werden sollen: Umweltlernen, Umwelterziehung, innovatives Lernen, ökologisches Lernen, Ökopädagogik, Umweltbildung, ökologische Bildung. Die Debatte um die Herausforderungen der Umweltkrise für die Pädagogik gipfelte in einem Plädoyer für die Initiierung einer gesellschaftlichen Lern- und Suchbewegung, in der neue Perspektiven für die persönliche Lebensgestaltung, für die gesellschaftliche Entwicklung sowie alternative Formen des Wirtschaftens entwickelt und erprobt werden sollten. Selbst unter Berücksichtigung der teilweise gravierenden Differenzen zwischen den verschiedenen Konzepten klingt vor diesem Hintergrund die Einschätzung plausibel, ,,daß Umwelterziehung vermutlich eines der gigantischsten Erziehungsprogramme ist, das je aufgelegt wurde."[4] Inwiefern dieses Programm erfolgreich war, welche Wirkungen es überhaupt hatte, welche sozialen Gruppen durch pädagogische Programme erreicht wurden usw. kann an dieser Stelle nicht ausführlich diskutiert werden, es soll nur auf die Breite der Debatte und auf die unterschiedlichen Varianten hingewiesen werden. Alle pädagogischen Konzepte sind sich jedoch — wenn auch in unterschiedlichem Ausmaß — über Grenzen und Reichweite pädagogischer Anstrengungen bewußt, die nur einen Beitrag zur Bewußtseinsbildung, zur Vermittlung von notwendigem Wissen und von Handlungskompetenzen leisten können. Sie müssen politische, technische und wirtschaftliche Maßnahmen zur Folge haben oder durch diese ergänzt werden, wenn wirklich Auswege aus der ökologischen Gefährdung beschritten werden sollen. Zu warnen ist vor einem Glauben an die pädagogisch-technische Machbarkeit des ‚richtigen' Umweltbewußtseins, der unausweichlich in realitätsfernen pädagogischen Omnipotenzphantasien mündet.

Zentrale Elemente ökologischer Bildung

In den konzeptionellen Debatten und pädagogischen Reflexionen während der Durchführung des Projektes erlangte ein Konzept ökologische Bildung für uns zunehmende Relevanz. Es kristallisierte sich heraus, daß sich unsere Überlegungen zur Beschäftigung mit ökologischen Fragen in der Jugendbildungsarbeit am ehesten unter dieser Überschrift bündeln lassen. Damit knüpfen wir an die humanistisch-emanzipatorische Tradition der Debatte um Bildung an und präzisieren diese angesichts globaler Gefährdungen und ungesicherter Zukunft in wesentlichen Aspekten.

Bildung kann in klassischem Sinne als Selbstbildung des Menschen zur Selbstbestimmung und Individualität umschrieben werden.[5] Zentrales Anlie-

94

gen ist eine Erweiterung der Entfaltungsmöglichkeiten des Menschen und eine fortschreitende Humanisierung der Lebensverhältnisse. Die drohende ökologische Apokalypse macht bewußt, daß diese umfassende Absicht nur auf der Basis eines grundlegend veränderten Verhältnisses zwischen Mensch und Natur, das ein Eigenrecht der Natur jenseits ihrer technisch-funktionalen Vernutzung akzeptiert, möglich ist.

Bildung ist in diesem Sinne ein Prozeß der umfassenden Menschenbildung, als einer selbständigen und produktiven Auseinandersetzung des Menschen mit sich, mit seiner inneren und seiner äußeren Natur, mit gesellschaftlicher Wirklichkeit und kulturellen Traditionen. Konstitutiv für den Bildungsprozeß ist zum einen der Bezug auf einen idealen Entwurf, auf eine Utopie entfalteter Humanität und zum anderen die Möglichkeit zur Auseinandersetzung mit einem Gegenüber, mit einer Gruppe, einer Sache oder einer Idee. Bildung geschieht im jeweiligen historisch-gesellschaftlichen Kontext wobei das Individuum in einem wechselseitigen Anerkennungsverhältnis zu seinen Mitmenschen steht.

Insbesondere drei Überlegungen sprechen für einen Bezug auf den Bildungsbegriff bei der konzeptionellen Reflexion der Beschäftigung mit ökologischen Fragen in der Jugendbildung. Zunächst ist darauf hinzuweisen, daß Bildung vom Subjekt her gedacht wird, das auf den Weg der Selbstbildung geht. „Bildung kann nicht gelehrt, sie muß selbst erworben werden und allenfalls beim Erwerben-können können die helfen, die gebildet sind."[6] Ein Konzept von Bildung sperrt sich somit gegen eine technologische Verfügbarkeit des Menschen und gegenüber einem pädagogischen Machbarkeitswahn. Weiter steckt im Begriff von Bildung der Bezug auf ein möglichst umfassendes Ganzes, „in dem der Mensch als ganzheitliches Wesen, mit Leib und Seele, Gefühl und Verstand, Trieb und Vernunft, Liebes- und Herrschaftsbedürfnissen, sozialen und religiösen Sehnsüchten usw."[7] gesehen wird. Bildung bezieht sich also nicht auf einzelne Fähigkeiten des Menschen, sondern ist auf die Entfaltung seiner gesamten Persönlichkeit gerichtet. Ein dritter Aspekt ist, daß Bildung als Prozeß der Selbstbildung als eigenaktiver Vorgang in tätiger Auseinandersetzung mit der Mitwelt gedacht werden muß und somit einem Konzept von Bildung die Handlungsdimension immanent ist. In Bildungsprozessen geht es immer um Aneignung, Formung, Gestaltung und Transformation.

Im folgenden Abschnitt werden nun stichwortartig einige zentrale Elemente ökologischer Bildung aufgelistet, die nach unserer Überzeugung die spezifische Gestalt ökologischer Bildung ausmachen und sich in der Projektarbeit bewährt haben:

— Schulung der Sinne, Sensibilisierung der Wahrnehmung und Ermöglichung eines ästhetischen Zugangs zur Natur, Landschaft und Umwelt;
— Reflexion über das eigene Verhältnis zur Natur und zur eigenen Natürlichkeit, Überwindung eines technisch-funktionalen Naturverhältnisses;

— Vermittlung von notwendigem Wissen über naturwissenschaftliche, technische, politische, ökonomische und juristische Fragen im Zusammenhang ökologischer Probleme;
— Beschäftigung mit der Geschichte der ökologischen Frage und der historischen Entwicklung des Mensch-Natur Verhältnisses;
— Erarbeitung grundlegender ethischer Wertorientierungen für den Umgang des Menschen mit der ihn umgebenden Natur ausgehend vom Auftrag zur ‚Bewahrung der Schöpfung';
— Befähigung zur kritischen Überprüfung des von unterschiedlichen Wissenschaftsdisziplinen produzierten Wissens über die ökologische Gefährdungslage, der von den Medien, den verschiedenen Interessengruppen zur Verfügung gestellten Informationen über die ökologische Situation;
— Möglichkeiten zur beispielhaften praktischen Tätigkeit in Bereich der Ökologie z.B. im Bereich des Naturschutzes oder durch die Durchführung kleiner, modellhafter Vorhaben;
— Ermutigung zum politischen Engagement in ökologischen Fragen, Vermittlung von Handlungskompetenz und von Kompetenzen zum Umgang mit politischen, bürokratischen und wirtschaftlichen Strukturen;
— Entwicklung von persönlichen und gesellschaftlichen Zukunftsentwürfen, Beschäftigung mit beispielhaften ökologischen Projekten, Erprobung eigener, kleiner Modelle und praktischer Ansätze zur Bewältigung ökologischer Probleme.

Die gewählte Reihenfolge in der Darstellung der Elemente ökologischer Bildung hat zwar nach unseren Erfahrungen eine gewisse Plausibilität, sie beansprucht jedoch nicht, ein einer inneren Logik folgendes Phasenmodell ökologischer Bildung zu sein. In Abhängigkeit von Voraussetzungen, Vorerfahrungen, Wünschen und Interessen der Teilnehmerinnen und Teilnehmer sowie von Schwerpunkten und Interessen der für die jeweiligen Bildungsveranstaltungen verantwortlichen Pädagoginnen und Pädagogen können unterschiedliche Akzente gesetzt und verschiedene Elemente kombiniert werden.

In diesem Sinne könnte ökologische Bildung zu einem eigenaktiven, erlebnisreichen, experimentierfreudigen, phantasievollen, ereignishaften, diskursiven, arrangierten oder selbst gesteuerten Prozeß der Selbstbildung in dialogischer Auseinandersetzung mit sich, mit anderen und mit der gesellschaftlichen Wirklichkeit werden.

Problemzonen ökologischer Bildung

Um die mögliche Relevanz ökologischer Bildung genauer beurteilen, die Angemessenheit verschiedener Konzepte präziser bestimmen oder die Schwierigkeiten unterschiedlicher Ansätze differenzierter analysieren zu können, müssen spezifische Problemzonen ökologischer Lernprozesse und die jeweiligen historisch-konkreten gesellschaftlichen Rahmenbedingungen berücksichtigt werden. Einige wesentliche Aspekte werden nun etwas genauer betrachtet.

Ein erster Aspekt ist die unhintergehbare Zukunftsorientierung aller pädagogischen Anstrengungen. „Erziehungs- und Bildungsprozesse sind immer auf Zukunft gerichtet ...“[8], ohne die Gegenwart zu Gunsten der Zukunft aufgeben zu dürfen oder die Zukunft durch die Fortschreibung der Gegenwart einfach vorwegnehmen zu können, wie de Haan im Anschluß an Schleiermacher formuliert. Durch die drohende Gefahr einer ökologischen Apokalypse sind die individuelle und kollektive Zukunft höchstgradig gefährdet und ungewiß geworden. Infolge dieser gesellschaftlichen Entwicklungen werden pädagogischen Bemühungen somit tendenziell die legitimatorischen Grundlagen entzogen. In dieser Situation bleibt ökologischer Bildung, allgemein formuliert, demnach nur die Chance, alle Anstrengungen zu unternehmen, um „*Zukunft weiter in der Möglichkeit zu halten.*"[9]

Weiter bewegt sich ökologische Bildung in der Spannung zwischen anschaulichem Einzelfall und abstrakten globalen Zusammenhängen. Es geht um Wahrnehmung und Analyse konkreter Ereignisse, um unmittelbare Betroffenheit und andererseits um ein Begreifen der vielschichtigen Interdependenzen in hochkomplexen Ökosystemen. Auf der einen Seite besteht die Gefahr einer Katastrophendidaktik[10] zu folgen, die in letzter Konsequenz dazu führen kann, solange auf die Lerneffekte der Katastrophe zu hoffen, bis die letzte, alles auslöschende Katastrophe eingetreten ist. Andererseits könnte die erforderliche Beschäftigung mit komplexen systemtheoretischen Modellen bei der Auseinandersetzung mit ökologischen Kreislaufprozessen den Eindruck erwecken, ökologische Systeme könnten ausschließlich über rational-kognitive Analysen erschlossen werden. Dies würde ein intuitives Umwelterfassen als Element ökologischer Bildung für unmöglich erklären. Zudem können noch so komplexe dynamische Modelle natürliche Abläufe immer nur annäherungsweise abbilden. Sie sind menschliche Konstrukte und haben vor allem die Funktion, reale Vorgänge zu veranschaulichen.

Mit der Frage nach intuitiver Umwelterfassung und unmittelbarer Wahrnehmung sind weitere Ungewißheiten verknüpft. Beide Zugangsweisen zu ökologischen Fragen sind nicht voraussetzungslos, denn „die Nutzung von Emotionen als Erkenntnisform [setzt] reflexive Kompetenzen voraus"[11]. Um sinnliche Wahrnehmungen einordnen und interpretieren zu können, muß auf vorhandene Interpretationsmuster zurückgegriffen werden können. Wäre diese Voraussetzung nicht erfüllt, bestände für das Individuum ansonsten nur die Möglichkeit, fremde Interpretationen zu übernehmen, um neue Eindrücke in eigene Wahrnehmungs- und Denkhorizonte einzubauen. So können neue sinnliche Erfahrungen eigene Interpretationsmuster irritieren und Anlaß zur Modifikation geben oder zur Wiederentdeckung verschütteter Erfahrungen und Fähigkeiten führen.

Ein weiteres Spezifikum ökologischer Fragestellungen besteht darin, daß sie oft unmittelbarer Wahrnehmung nicht zugänglich sind. Radioaktivität juckt nicht oder Gifte in der Luft oder im Boden sind nicht sichtbar. Vielfach kann erst über differenzierte naturwissenschaftliche Untersuchungen die jeweilige Gefährdungslage genauer bestimmt werden. Ökologische Bildung muß sich deshalb neben sinnlich-ästhetischen Zugängen zur Natur auch mit der Vermittlung theoretischer Grundlagen und Kenntnissen naturwissenschaftlicher Analysemethoden beschäftigen. Es geht um eine Auseinandersetzung sowohl mit direkt beobachtbaren Naturzerstörungen als auch mit nicht-sichtbaren Belastungen.

Die Möglichkeiten, sich im Rahmen ökologischer Bildung mit bestimmten Themen zu beschäftigen, ist außerdem weitgehend davon abhängig, wie Umweltprobleme individuell und gesellschaftlich wahrgenommen werden oder davon, wie ökologische Wertvorstellungen in alltägliches und politisches Handeln eingebunden sind. Diese These läßt sich durch einzelne Ergebnisse unserer Studie, aber auch durch Erfahrungen in verschiedenen Bildungsveranstaltungen belegen. Bei den von den Jugendlichen im Rahmen der Studie präferierten Themen[12] läßt sich ein Zusammenhang mit den im öffentlichen ökologischen Diskurs jeweils dominierenden nicht übersehen. So wird als ein bevorzugtes Interessengebiet, als ökologische Gefährdung, von der sich Jugendliche am häufigsten betroffen fühlen oder als Problembereich, der hohe Priorität bei Lösungsvorschlägen erreicht, der Komplex ‚Müll / Müllvermeidung' genannt. Dies könnte mit einer erweiterten Berichterstattung in den Medien, mit verschiedenen Kampagnen von Bürgerinitiativen oder mit Gesetzgebungsinitiativen (Volksbegehren in Bayern) zusammenhängen. Ökologische Bildung sollte sich aus diesen Gründen dessen bewußt sein, „daß das Ausmaß der öffentlichen Aufmerksamkeit für konkrete Umweltprobleme ... nicht nur Ausdruck ‚tatsächlicher' Gefährdungen, sondern auch Ausdruck der unterschiedlichen Verteilung und Durchsetzbarkeit von Informationen, Interessen, Risikoabwägungen und Werturteilen ist"[13].

Die öffentliche Aufmerksamkeit für Umweltprobleme wirkt sich auf die Bereitschaft von Jugendlichen aus, sich an Veranstaltungen ökologischer Bildung zu beteiligen. Bei der Planung und Durchführung spezifischer Bildungsveranstaltungen müssen diese Faktoren berücksichtigt werden, ebenso das Vorwissen und die Vorerfahrungen der jungen Leute. In der praktischen Bildungsarbeit sind in diesem Zusammenhang ambivalente Effekte des ‚gigantischen' Programmes zur Umwelterziehung zu registrieren. Zwar ist nicht zu bezweifeln, daß allgemein ein Wissen über die ökologische Krise, über Ausmaß und Bedrohlichkeit der Umweltbelastung weit verbreitet ist, doch dieses Wissen scheint nur bei einem kleinen Teil von Jugendlichen zu wünschenswertem, umweltbewußtem Verhalten zu führen. Andererseits resultiert aus der Tatsache, daß im schulischen Bereich, wenn häufig auch in unzureichender Form, ökologische Fragen zum Inhalt des Unterrichts gemacht worden sind, bei den Jugendlichen das nachvollziehbare Gefühl, sich mit dem Thema ‚Ökologie' hinreichend beschäftigt zu haben. Diese von den Jugendlichen als solche empfundene Übersättigung kann dann zu einer reservierten Haltung gegenüber weiteren Bildungsangeboten führen.

Eine Reflexion der Rahmenbedingungen ökologischer Bildung kann einer Diskussion des Anspruchs der Ganzheitlichkeit nicht ausweichen. Ganzheitlichkeit ist zu einer Schlüsselkategorie ökologischer Bildung geworden. Wenn die Debatte um ökologische Bildung nicht fasziniert vom schönen Schein dieses Wortes stehen bleiben soll, muß präzisiert werden, was mit dem Begriff gemeint sein soll. Ganzheitlichkeit ist eine qualitative Bestimmung, die auf der Erkenntnis aufbaut, daß das Ganze mehr als die Summe seiner Teile ist. Wenn nur additiv die Summe der verschiedenen Teile gemeint sein sollte, würde zur näheren Kennzeichnung der Begriff ‚Gesamtheit' genügen.[14] In der Debatte um ökologische Bildung ist mit Ganzheitlichkeit zunächst ein programmatischer Anspruch verknüpft, der sich gegen kognitiv-rationalistische, wissenschaftsbezogene Lernkonzepte, gegen eine konsumierende und medienvermittelte Aneignung von Bildungsinhalten richtet. Gegen die Erfahrung einer zerstückelten Wirklichkeit meldet sich die Sehnsucht nach Ganzheit zu Wort.[15] In der ökologischen Bildung wird an die Forderung Pestalozzis angeknüpft, im pädagogischen Prozeß „Kopf, Herz und Hand" miteinander zu verbinden. Vernunft und Verstand, Wille und Gefühl, Leib und Sinnlichkeit sollen in ganzheitlichen Lernprozessen angesprochen werden.

Ein Grundproblem des Anspruchs nach Ganzheitlichkeit ist jedoch, daß eine unmittelbare, ungedeutete und ursprüngliche Wahrnehmung von Ganzheit systematisch und praktisch nicht möglich ist. Systematisch treten „zwischen eine Situation und ihre Wahrnehmung … symbolisch vermittelte Auswahlvorgänge, die zwar korrigiert, ergänzt und erweitert werden können, niemals aber die ‚Ganzheit' erfassen können."[16] Es muß davon ausgegangen werden, daß unsere Wahrnehmung und unsere Form der Erkenntnisgewinnung produktive Prozesse sind, die Konstrukte gesellschaftlicher Realität hervorbringen. Weiterhin schränken die begrenzten Erfassungs- und Artikulationsmöglichkeiten der Menschen praktisch die Umsetzung des Anspruches nach Ganzheitlichkeit ein.

Ganzheitlichkeit wird deshalb in diesem Projekt als eine umfassende Kategorie zur kritischen Reflexion und als ein Bezugspunkt zur Gestaltung von Prozessen ökologischer Bildung verstanden. Denn auch in ökologischen Projekten ist es unabdingbar, daß die Lernenden sich zunächst mit einzelnen Aspekten einer umfassenden Problematik befassen, Sinnesempfindungen zulassen, reflektieren und differenzieren, sich notwendige Informationen beschaffen, theoriegeleitete Analysen durchführen und ihre Betroffenheit genauer bestimmen. Eine wichtige Voraussetzung gelingender Bildungsprozesse sind Formen der Differenzierung in der Betrachtung der Gegenstände und der Zusammenhänge sowie eine angemessene und erkenntnisfördernde Reduktion komplexer Sachverhalte. Unstrittig ist jedoch, daß es gerade im Bereich der ökologischen Bildung darauf ankommt, Bildungsprozesse möglichst vielfältig zu gestalten und unterschiedlichste Aspekte einzubeziehen. Es geht darum, die systematischen Wechselwirkungen verschiedener Faktoren zu erkennen und die Interdependenzen von Problemlagen zu sehen, um ein möglichst umfassendes und vollständiges Bild der jeweiligen Situation zeichnen zu können. Es geht um die Fähigkeit zu einer mehrperspektivischen Rekonstruktion vernetzter Wirklichkeit und zur Verknüpfung scheinbar unzusammenhängender Phänomene.

Ökologische Bildung, die dem hier skizzierten Konzept folgt und sich der kurz beleuchteten Problemzonen und Rahmenbedingungen bewußt ist, kann einen wesentlichen Beitrag zur Entwicklung von Umweltbewußtsein leisten und zu umweltbewußtem Handeln motivieren und befähigen.

Anmerkungen

1   Enquete-Kommission „Vorsorge zum Schutz der Erdatmosphäre" (Hrsg.): Schutz der Erdatmosphäre — eine internationale Herausforderung. Band 1. 3. erweiterte Auflage. Bonn / Karlsruhe 1990. Diess.: Schutz der Tropenwälder — Eine internationale Schwerpunktaufgabe. Band 2. Bonn / Karlsruhe 1990. Diess.: Schutz der Erde — Eine Bestandsaufnahme mit Vorschlägen zu einer neuen Energiepolitik. Band 3. Bonn / Karlsruhe 1990
2   Beck, Ulrich: Risikogesellschaft. Auf dem Weg in eine andere Moderne. Frankfurt 1986
3   Meadows, Dennis u.a.: Grenzen des Wachstums. Bericht des Club of Rome zur Lage der Menschheit. Stuttgart 1972
4   UNESCO-Verbindungsstelle für Umwelterziehung im Umweltbundesamt (Hrsg.): Entwicklung eines methodischen Instrumentariums zur Evaluation der Umwelterziehung. hektogr. Manuskript (Berlin 1987), S. 34
5   Vgl. hierzu u.a.: Menze, Clemens: Bildung. In: Lenzen, Dieter / Mollenhauer, Klaus (Hrsg.): Enzyklopädie Erziehungswissenschaften. Band 1. Stuttgart 1983, S. 350-356
6   Dewe, Bernd u.a.: Renaissance der Allgemeinbildung? In: Neue Praxis, 16.Jg., Heft 5 / 1986, S. 453
7   Dohmen, Günther: Wortgeschichtliche Grundlagen einer Renaissance des Bildungsbegriffes. In: Schlutz, Erhard / Siebert, Horst (Hrsg.): Historische Zugänge zur Erwachsenenbildung. Bremen 1985, S. 28
8   Haan, Gerhard de: Die ökologische Krise als Herausforderung für die Erziehungswissenschaft. Umwelterziehung als Ideologie, Zukunft als pädagogische Kategorie und die Notwendigkeit ökologischen Denkens. In: Lenzen, Dieter (Hrsg.): Jahrbuch für Erziehungswissenschaft. Stuttgart 1982, S. 87
9   a.a.O.: S. 95. Hervorh. im Original.
10 Vgl. hierzu: Sloterdijk, Peter: Panische Kultur — oder: Wieviel Katastrophe braucht der Mensch? In: Ders.: Eurotaoismus. Zur Kritik der politischen Kinetik. Frankfurt 1989. S. 102-124
11 Stenger, Horst: Vom Katastrophenwissen zum Umweltbewußtsein. In: Dreitzel, Hans Peter / Stenger, Horst (Hrsg.): Ungewollte Selbstzerstörung. Reflexionen über den Umgang mit katastrophalen Entwicklungen. Frankfurt / New York 1990, S. 180
12 Vgl. hierzu: Waldmann, Klaus: Interessiert — gefahrenbewußt — besorgt — handlungswillig. Eine explorative Studie zum Umweltbewußtsein Jugendlicher. In diesem Band, S. 19 ff.
13 Kahlert, Joachim: Die mißverstandene Krise. Theoriedefizite in der umweltpädagogischen Kommunikation. In: Zeitschrift für Pädagogik, 37.Jg., Heft 1 / 1991, S. 106.
14 Vgl. hierzu: Glaeser, Bernhard: Ganzheitlichkeit im Umweltschutz — mehr als nur ein Schlagwort? In: Universitas, 45. Jg., S. 105-113
15 Vgl. hierzu: Duncker, Ludwig: „Handgreiflich" -„Ganzheitlich" -„Praktisch"? Grundfragen handelnden Lernens in der Schule. In: Neue Sammlung, 29.Jg.; Heft 1 / 1989, S. 59-75
16 Duncker, Ludwig: a.a.O., S. 69, Hervorh. im Original

Klaus Waldmann

Ökologische Bildung als politische Bildung

Angesichts des gewaltigen Ausmaßes der ökologischen Bedrohung, der Allgegenwart ökologischer Probleme oder der täglichen Meldungen in den Medien über eingetretene oder zu befürchtende kleinere oder größere ökologische Katastrophen scheint es geradezu ketzerisch, danach zu fragen, ob ökologische Bildung politische Bildung ist oder als solche verstanden werden kann. Denn die ökologische Frage stellt sich ja als elementare Frage nach dem Überleben, als Gattungsfrage, als generelle Frage nach der Zukunft menschlichen und tierischen Lebens auf der Erde. Wenn politische Bildung explizit im Engagement für das ,,Ziel einer gerechten, überlebensfähigen und partizipatorischen Gesellschaft"[1] geschieht, was kann denn eine Beschäftigung mit den vielschichtigen Aspekten der ökologischen Krise dann anderes als politische Bildung sein?

Gegen die auf den ersten Blick bestechende Plausibilität dieses Argumentes scheint aus der Sicht des Arbeitsfeldes politischer Bildung nichts einzuwenden zu sein. So gesehen, hätte politische Bildung in den vergangenen Jahren mit innovativer Kraft auf die Herausforderungen der ökologischen Krise reagiert, neue Fragestellungen und Gegenstände aufgenommen sowie sich partiell neue Arbeitsformen angeeignet. Würde die Debatte um den politischen Charakter ökologischer Bildung bei dieser Behauptung stehen bleiben, bestände die Gefahr, zu übersehen, in welcher Weise sich der Charakter politischer Bildung durch die Beschäftigung mit ökologischen Fragen gewandelt hat, neue Ansätze entwickelt worden sind, politische Bildung jedoch auch in neuer Weise mit ihren Möglichkeiten und Grenzen konfrontiert wurde. Nicht nur der Gegenstand und die Arbeitsformen politischer Bildung haben sich verändert, unter den Bedingungen einer ,Risikogesellschaft' haben sich die Voraussetzungen politischer Bildung signifikant verschoben: In der öffentlichen Debatte setzt sich zunehmend ein erweitertes Verständnis von Politik durch. Angesichts einer zugespitzten ökologischen Gefährdungslage stellt sich erneut die Frage nach demokratischen Formen politischer Partizipation und Interessenvertretung. Bei der Beschäftigung mit dem „ökologischen Gesellschaftskonflikt"[2] wird ein Wandel in der Funktion des politischen Systems und der Rolle politischer Institutionen sichtbar. Nicht zuletzt ist zu untersuchen, welche Relevanz politische Bildung bei der Entwicklung zukunftsweisender Problemlösungen haben kann.

Die Notwendigkeit einer Diskussion über die politische Relevanz ökologischer Bildung, für die hier zunächst aufgrund systematischer Überlegungen plädiert wurde, läßt sich weiterhin durch Ergebnisse unserer Studie zum Umweltbewußtsein Jugendlicher[3] und durch Eindrücke aus Gesprächen mit Jugendlichen während der Bildungsveranstaltungen begründen. Die Ergebnisse unserer Studie zeigen, daß sich einige Jugendliche im Bereich von Umweltgruppen engagieren, jedoch lediglich ein verschwindend geringer Anteil in einer politischen Partei oder in einer Bürgerinitiative. Ohne hier gründlicher diskutieren zu können, ob diese Beobachtungen mit den Ergebnissen von repräsentativen Studien zum politischen Engagement Jugendlicher übereinstimmen, möchte ich behaupten, daß in umweltbewußten Verhaltensweisen Jugendlicher eine Form von politischem Handeln zum Ausdruck kommt, das in Kategorien eines traditionellen Verständnisses von Politik und politischer Bildung nicht begriffen werden kann, anderseits auch von den Jugendlichen selbst nicht als politisches Engagement verstanden wird. Umweltbewußtes Verhalten wird dann schnell als naturschützerisch ausgegrenzt oder als lediglich symbolhaftes Handeln zur Beruhigung des schlechten Gewissens, das die Strukturen und Mechanismen der Naturzerstörung nicht in Frage stellt, gewertet. Diese abgrenzende und undifferenzierte Sichtweise wird den Motiven der Jugendlichen nicht gerecht und läßt zudem die Konsequenzen eines erweiterten Politikbegriffs und des Funktionswandels des politischen Systems außer acht.

Wenn nun hier nach dem politischen Charakter ökologischer Bildung gefragt wird, geht es nicht um die Wiederbelebung einer unergiebigen und wahrscheinlich folgenlosen Abgrenzungsdebatte politischer Bildung gegenüber anderen Arbeitsfeldern der Bildungsarbeit oder gar um eine ominöse Debatte um das Eigentliche, vielmehr geht es darum, präziser die politischen Dimensionen ökologischer Bildung herauszuarbeiten. Um die Beantwortung dieser Frage voranzutreiben möchte ich nun zunächst einige Überlegungen zum Funktionswandel des politischen Systems anstellen, mögliche Ansatzpunkte eines erweiterten Politikbegriffs skizzieren, politische Dimensionen ökologischer Bildung aufzeigen, um abschließend einige Elemente einer sich politisch verstehenden ökologischen Bildung zur Diskussion zu stellen.

Funktionswandel des politischen Systems

In seiner Analyse der Industriegesellschaft arbeitet Beck heraus, daß sich historisch zwei Organisationszentren gesellschaftlicher Veränderung herausgebildet haben: Einerseits die Institutionen der politisch-parlamentarischen Demokratie, das politische System im engeren Sinne mit Parlament, Regierung, politischen Parteien und andererseits das ökonomisch-technische System im Zusammenwirken von Ökonomie, Technik und Wissenschaft.[4] In der historischen Entwicklung der Industriegesellschaft wird nun der den Prinzipien des wissenschaftlich-technischen Fortschritts folgende, demokratischer Kontrolle nicht unterliegende technisch-ökonomische Bereich zum dominierenden Zentrum gesellschaftlicher Veränderungen. Vereinfacht ausgedrückt, das Primat der Ökonomie setzt sich durch.

Mit der zunehmenden gesellschaftlichen Reichweite technisch-ökonomischer Veränderungen, die insbesondere in der Entwicklung von Großprojekten und Risikotechnologien zum Ausdruck kommt, verliert dieser Sektor dann „den Charakter der Nichtpolitik."[5] Zwangsläufig bilden sich Bereiche der Subpolitik. Das bedeutet, es werden für die Gesellschaft existentielle „Entscheidungen aus der öffentlich kontrollierbaren Verantwortung von Regierungen, Parlamenten und Parteien in abgeschirmte Expertengremien oder in die Privatwirtschaft"[6] ausgelagert. Dieser Funktionswandel des politischen Systems hat mehrfache, ambivalente Konsequenzen: Erstens kommt es zu einer tendenziellen Entmachtung traditioneller politischer Institutionen mit der möglichen Folge einer Schwächung des Herrschaftsanspruchs gesellschaftlicher Institutionen. Die Entgrenzung der Politik führt zur Dezentrierung des politisches Diskurses. Zweitens erweitert sich der Bereich des Politischen, „Entwicklungsrichtung und Ergebnisse des technologischen Wandels werden legitimationspflichtig."[7] Drittens wird in der Entstehung von Subpolitiken außerdem ein wachsendes Partizipationsinteresse der Menschen sichtbar. Exemplarisch sei hier auf die in den letzten Jahren entstandenen neuen sozialen Bewegungen und auf verschiedene politische Protestaktionen (Hausbesetzungen) verwiesen. Viertens besteht zwar die Gefahr einer Konzentration der ökonomisch-politischen Macht bei „den Positionseliten in Wirtschaft, Politik und Militär."[8] Fünftens wird jedoch diese Machtkonzentration durch die katastrophenorientierte und skandalisierende Berichterstattung in den Medien unterminiert. Denn ebenso, wie die Katastrophenfixiertheit der Medien dazu führt, alltägliche Ereignisse und Hintergrundinformationen zu vernachlässigen, kann derselbe Mechanismus bewirken, daß durch konkurrenzmotivierte Berichterstattung scheinbar alltägliche Vorgänge katastrophale Ausmaße annehmen und ins Zentrum öffentlicher Aufmerksamkeit geraten.[9] Sechstens erfordert „die weitgehend partikularistische Interessiertheit der Subpolitiken"[10] die Herausbildung neuer Vermittlungsinstanzen, die auf öffentlichen

Diskursen und kommunikativer Verständigung basieren können. Siebtens haben ökologische Gefährdungen internationale Dimensionen angenommen und sind mit Mitteln traditioneller nationaler Politik nicht mehr in den Griff zu bekommen.

An dieser hier nur verkürzt skizzierten Entwicklung wird deutlich, daß einerseits ein Bedeutungsverlust des politischen Systems zu befürchten ist, der in einer Expertokratie münden kann. Andererseits wird jedoch im Streit der Experten zunehmend bewußt, daß technologisch-wissenschaftliche und ökonomische Entwicklungen auf individuell und gesellschaftlich zu verantwortenden politischen Entscheidungen aufbauen, bestimmten historisch-gesellschaftlich geprägten Gestaltungsprinzipien und nicht reinen Sach- oder Systemzwängen folgen und damit politisch beeinflußbar sind. Aus dieser Erkenntnis resultiert ein Bedeutungszuwachs für ein reformiertes politisches System. Denn „die politischen Handlungsmöglichkeiten multiplizieren sich"[11] aufgrund der ambivalenten Tendenzen des gesellschaftlichen Modernisierungsprozesses. Folglich gelangt ökologische Bildung in die Situation, einen entscheidenden Beitrag dazu leisten zu können, das Primat der Wirtschaft durch das Primat der Ökologie und der Politik bei der zukünftigen Gestaltung des Lebens und Wirtschaftens abzulösen.

Ein erweiterter Politikbegriff ist erforderlich

Die bisherigen Überlegungen verdeutlichen, daß schon aufgrund des Funktionswandels des politischen Systems ein traditionell gefaßter Politikbegriff als Bezugspunkt gegenwärtiger politischer Bildung obsolet geworden ist. Unter Berücksichtigung der Tatsache, daß die Politikwissenschaft bisher nicht in der Lage war, einen Konsens über den der Disziplin zugrundeliegenden Begriff von Politik zu erzielen[12] — jeder Definitionsversuch bleibt interessengebunden — ist es dennoch möglich, einige wesentliche Elemente des traditionellen Politikbegriffs zu nennen. Im klassischen Politikbegriff ist die gesellschaftliche Sphäre in den politischen Bereich und die nicht-politischen Bereiche aufgespalten. Er bezieht sich auf Strukturen und Institutionen des Staates und die Führung eines Gemeinwesens. Er umfaßt vor allem die Kategorien Macht, Herrschaft, Interessen, Konflikt, Strategie, kollektives Handeln und Öffentlichkeit.

Die Skizze über den Funktionswandel des politischen Systems hat nun gezeigt, daß es in der Risikogesellschaft keine politikfreien Räume mehr gibt, die Trennung von Politischem und Nicht-Politischem wird im gesellschaftlichen Modernisierungsprozeß tendenziell aufgehoben und Politik durchdringt alle gesellschaftlichen Bereiche. Denn eine „Politik der ökologischen Frage ist *themenuniversell*"[13], wie Beck treffend bemerkt.

Ein erweitertes Politikverständnis knüpft an diese strukturellen Entwicklungen an und strebt eine Reintegration des Politischen in sämtliche Bereiche der Gesellschaft an. Es geht um eine weitgehende Aufhebung von Spezialistentum, die mehr Partizipation an politischen Entscheidungsprozessen ermöglichen und eine größere Transparenz politischer Vorgänge gewährleisten soll. Die Abspaltung bestimmter, vor allem fürsorgender und das Alltagsleben betreffender Aufgaben aus dem Feld des Politischen soll aufgehoben werden. Diese Erweiterung des Politikbegriffs darf jedoch nicht mit einer Totalisierung des Politischen verwechselt werden. Ein solcher Prozeß würde unausweichlich in einem handlungsunfähigen Fundamentalismus erstarren.

Ein erweiterter Politikbegriff bezieht sich dann auf die aktive Sorge der Menschen um sich selbst, um andere und um seine Mitwelt. Es geht um eine ökologisch begründete, verantwortliche Gestaltung des Verhältnisses zwischen Mensch und Natur und um die globale Sicherung der natürlichen Grundlagen der Lebenswelt.

Ökologische Bildung führt zu politischen Lernprozessen

Ein erweiterter Politikbegriff als Bezugspunkt politischer Bildung führt zu einem umfassenderen Verständnis politischen Lernens. Deutlich wird, daß es nicht nur um Information, um Aufklärung, um Reflexion oder um Vermittlung von Handlungskompetenzen gehen kann. Vielmehr sieht sich ökologische Bildung häufig elementarer zunächst mit der Aufgabe konfrontiert, die zivilisatorische Abstumpfung des emotionalen Sensoriums der Menschen zu überwinden. Zwar ist immer wieder bemerkenswert, wie weit ein Umwelt- und Katastrophenwissen unter Jugendlichen verbreitet ist. Doch diese Kenntnisse sind häufig durch einen Abwehrmechanismus der Unaufmerksamkeit begleitet, der als „Übersehen, Nicht-Spüren, Nicht-Fühlen bei gleichzeitigem Wissen"[14] umschrieben werden kann. Deshalb hat sich ökologische Bildung vielfach zunächst der Schwierigkeit zu stellen, gegen Verdrängung und Gefahrenabwehr das ganze Ausmaß der ökologischen Krise überhaupt erst zu Bewußtsein kommen zu lassen.

Eine Voraussetzung hierfür ist die Entwicklung einer experimentellen Grundhaltung, die dazu führen soll, vorhandene Probleme anzuerkennen und auf der Basis einer Ethik des Experiments neue Lebensweisen zu erproben und Zukunftsphantasien zum Vorschein kommen zu lassen. Es geht um die Ermöglichung von Bildung als selbstgesteuerter Arbeit an sich selbst, als Selbstformung in aktiver Weltaneignung und in solidarischer, produktiver Auseinandersetzung mit anderen. Ökologische Bildung hat sich dabei dessen bewußt zu sein, daß auch sie dem Widerspruch zwischen Bildung und Herrschaft nicht entkommen kann. Sie steht wie alle Bildungsbemühungen in der

Situation, die Menschen zu einem selbstbestimmten Leben als vernunftbestimmte Subjekte zu befähigen und sie gleichzeitig zu lehren, „sich den Anpassungszwängen des herrschenden gesellschaftlichen Allgemeinen willentlich zu fügen"[15], obwohl dies nicht nur aus freier Einsicht erfolgen kann, sondern materielle und strukturelle Bedingungen dazu zwingen.

Im Rahmen ökologischer Bildung geht es dann um die Aufklärung über sachliche Grundlagen und Zusammenhänge, die Auseinandersetzung mit gesellschaftlichen Machtstrukturen sowie das kreative Entwerfen von Vorstellungen einer ökologisch orientierten, gerecht, demokratisch und partizipativ strukturierten Gesellschaft. Hierzu müssen verkrustete Denkstrukturen überwunden und ein Denken in systemischen Zusammenhängen und vernetzten Strukturen praktiziert werden.

So könnte ökologische Bildung über eine Sensibilisierung für den Grad der Umweltzerstörung und über die Vermittlung notwendigen Wissens hinausgelangen und Phantasien über andere Formen des Lebens und Wirtschaftens freisetzen sowie ermöglichen, individuelle und gesellschaftliche Zukunftsmodelle zu entwickeln. Es geht dabei auch um die Entdeckung von Gestaltungsmöglichkeiten im unmittelbaren sozialen Umfeld der Jugendlichen und um die Befähigung zur Wahrnehmung persönlicher Verantwortung. In dieser Weise könnte ökologische Bildung als politische Bildung skizziert werden.

Politische Relevanz ökologischer Bildung

Die entscheidende Aufgabe ökologischer Bildung als politischer Bildung besteht in Anlehnung an eine Formulierung von Beck darin, „kulturell erfahrbar [zu machen], worüber gestritten und verhandelt wird."[16] Hier könnte eine ästhetische Orientierung von Bildung neu relevant werden, die sich nicht nur auf Sensibilisierung und Verbesserung der Wahrnehmung beschränkt, sondern Grundlage einer veränderten Beziehung des Menschen zu seiner Umwelt und seines Verhältnisses zur Natur wird. Wer sich dafür engagieren soll, die natürlichen Grundlagen des Lebens zu erhalten, muß in der Lage sein, erst einmal die Schönheit der Natur wahrzunehmen und zu würdigen.

Angesichts weitverbreiteter Verharmlosungs- und Verleugnungsstrategien und der Ungewißheit über aussichtsreiche Problemlösungen erwächst ökologischer Bildung eine große *„Verantwortung für die Anbahnung eines Diskurses,,*[17], der über zyklisch auftretende Betroffenheiten von ökologischen Gefahren und technologischen Bewältigungsversuchen hinausführt.

In diesem Prozeß hätte ökologische Bildung *„Übersetzungsarbeit,,*[18] zu leisten und zwar dadurch, daß sie Gelegenheiten schafft, zur intensiven Reflexion, zur kontroversen Auseinandersetzung mit Ursachenerklärungen und

Lösungsvorschlägen sowie zur Verknüpfung von Situationsanalysen, sozial- und naturwissenschaftlichen Analysen und subjektiver Betroffenheit.

In diesem Zusammenhang vergewissert sich ökologische Bildung der Gestaltbarkeit des Mensch-Natur-Verhältnisses jenseits technisch-instrumenteller Vernutzung und zielt darauf ab, strategische Fähigkeiten, notwendiges Durchhaltevermögen und persönliche Stabilität zu vermitteln, um gesellschaftliche Ambivalenzen und Widersprüche auszuhalten, mit der Komplexität ökologischer Fragen umgehen zu können und sich auf schwierige, langdauernde, von Rückschlägen begleitete Prozesse der Veränderung einlassen zu können.

Ökologische Bildung sollte sich intensiv mit der Rolle von Konsumenten und Produzenten in einem marktwirtschaftlich organisierten Wirtschaftssystem beschäftigen. Die Verbraucher könnten durch umweltbewußtes Verhalten ihren Einfluß auf die Produktion und Verteilung von Waren geltend machen und Produzenten könnten sich gegen umweltbelastende Produktionsformen und die Herstellung umweltschädlicher Produkte zur Wehr setzen. Dieses Engagement könnte ein wesentlicher Beitrag dazu sein, das Primat des Ökonomischen zu erschüttern.

Ebenso sollte ökologische Bildung von einem erweiterten Institutionenbegriff ausgehen. Über die Beschäftigung mit politischen und bürokratischen Institutionen hinausgehend müßte im Bewußtsein der internationalen Dimension der Umweltkrise neu nach den Strategien nationaler und multinationaler Konzerne, nach der Macht der Banken im ökonomischen Prozeß, nach den Plänen im Bereich der Forschungsinstitute, nach internationalen Verflechtungen in Wirtschaft und Forschung, nach den Institutionalisierungstendenzen in neuen sozialen Bewegungen usw. gefragt werden.

Darüber hinausgehend sollte ökologische Bildung vor allem eine Aufgabe übernehmen, die Oelkers als allgemeine Aufgabe der Pädagogik beschreibt. „Ihre Zukunftsaufgabe wäre die Inszenierung von Utopien, die glaubwürdig sind, weil sie weder die Fehler der Vergangenheit wiederholen noch bloße Opfer der eigenen Denkform sind."[19] Es geht um die phantasievolle, vorurteilsfreie Entwicklung von Zukunftsentwürfen in denen alte Denkschablonen überwunden und jenseits fundamentalistischer Engführungen Auswege aus der ökologischen Krise gefunden werden. Ökologische Bildung könnte so zu einem relevanten Bestandteil des Projektes einer „ökologischen Aufklärung"[20] werden.

Der politische Charakter einer in dieser Weise konzipierten ökologischen Bildung stünde dann außer Zweifel. In diesem Zusammenhang ist dann jedoch vor einem naiven pädagogischen Optimismus zu warnen, denn es darf nicht übersehen werden, daß Bildungsprozesse nicht zwangsläufig in gewünschtes Verhalten münden oder automatisch zu erwünschten politischen Lösungen führen. Ökologische Bildung als politische Bildung ist zwar zur

Entwicklung von Auswegen aus der ökologischen Krise notwendig, jedoch zu ihrer Verwirklichung allein nicht hinreichend.

Anmerkungen

1 Evangelische Trägergruppe für Gesellschaftspolitische Jugendbildung: Gesellschaftspolitische Jugendbildung als Beitrag zu einer partizipativen politischen Kultur. Beschluß der Jahreskonferenz. Unveröffent. Manuskript. (Tutzing 1985), S. 4

2 Beck, Ulrich: Der ökologische Gesellschaftskonflikt. In: WSI-Mitteilungen, 43.Jg., Heft 12 / 1990, S. 750-755

3 Siehe S. 19 ff. in diesem Band

4 Vgl. hierzu: Beck, Ulrich: Risikogesellschaft. Auf dem Weg in eine andere Moderne. Frankfurt 1986, S. 300-374

5 Beck, Ulrich: a.a.O., S. 304

6 Claußen, Bernhard: Politische Bildung in der Risikogesellschaft. In: Beck, Ulrich u.a.: Politik in der Risikogesellschaft. Frankfurt 1991, S. 338 / 339

7 Beck, Ulrich: Risikogesellschaft. Auf dem Weg in eine andere Moderne, a.a.O., S. 304

8 Claußen, Bernhard: a.a.O., S. 339 / 340

9 Vgl. hierzu: Lindner, Rolf: Medien und Katastrophen. In: Dreitzel, Hans- Peter / Stenger, Horst (Hrsg.): Ungewollte Selbstzerstörung. Frankfurt / New York 1990, S. 124-134

10 Claußen, Bernhard: a.a.O., S. 340

11 Beck, Ulrich: Einleitung. In: Ders. u.a.: Politik in der Risikogesellschaft. Frankfurt 1991, S. 22

12 Vgl. hierzu u.a.: Böhret, Carl u.a.: Innenpolitik und politische Theorie. Opladen 1979, insbes. S. 25-36

13 Beck, Ulrich: Einleitung. In: Ders. u.a. Politik in der Risikogesellschaft, a.a.O., S. 22

14 Dreitzel, Hans-Peter: Angst und Zivilisation. In: Dreitzel, Hans-Peter / Stenger, Horst (Hrsg.): a.a.O., S. 38

15 Twisselmann, Joachim: Bildung und Tradition. Zur Kritik der neokonservativen Funktionalisierung des Bildungsbegriffs. Bremen 1990, S. 237

16 Beck, Ulrich: Gegengifte. Die organisierte Unverantwortlichkeit. Frankfurt 1988, S. 293

17 Claußen, Bernhard: Politische Bildung in der Risikogesellschaft. In: Beck, Ulrich u.a.: Politik in der Risikogesellschaft, a.a.O., S. 350, Hervorh. im Original

18 ebd., Hervorh. im Original

19 Oelkers, Jürgen: Utopie und Wirklichkeit. Ein Essay über Pädagogik und Erziehungswissenschaft. In: Zeitschrift für Pädagogik, 36.Jg., Heft 1 / 1990, S. 8

20 Beck, Ulrich: Von der Industriegesellschaft zur Risikogesellschaft. In: Bundeszentrale für politische Bildung (Hrsg.): Umbrüche in der Industriegesellschaft. Herausforderungen für die politische Bildung, S. 33

Michael Lohmeyer

Zur Rolle der Naturwissenschaft in der ökologischen Bildung

Gesellschaftliche Wahrnehmungen und propagierte Lösungswege ökologischer Problemstellungen haben sich in den letzten 10 Jahren entscheidend verändert: Bezogen sich die Auseinandersetzungen um ökologische Probleme auf lokalisierbare Konflikte mit einem hohen gesellschaftlichen Symbolwert (Wyhl, Brokdorf, Gorleben usw.) so bestimmen heute allgemeiner und unmittelbarer Erfahrung nur begrenzt zugängliche Probleme wie Waldsterben, Klimakatastrophe, Nordseeverschmutzung eine kaum noch kontrovers geführte Sachauseinandersetzung, die sich zudem eines weit verbreiteten — leider auch flachen — Umweltbewußtseins der Bevölkerung gewiß sein kann. In diesen — ohne konzentrierenden Ort — geführten Sachauseinandersetzungen werden Konflikte gesellschaftlicher Gruppen deutlich weniger sichtbar.

Parallel dazu vollzieht sich in der pädagogischen Arbeit, wie im gesamten Wissenschaftsbereich, ein Bedeutungsverlust sozialwissenschaftlicher zugunsten naturwissenschaftlicher Problemdefinitionen mit völlig veränderter Aussagecharakteristik. Damit stehen Mitarbeiter der politischen Bildung vor dem Problem, Erkenntnisse verschiedener naturwissenschaftlicher Disziplinen zur Analyse gesellschaftlicher Konfliktfelder einsetzen zu müssen.

Ökologische Bildung steht somit vor der Herausforderung, in ihren Projekten und Arbeitsformen natur-, sozialwissenschaftliche sowie weitere Sichtweisen (z.B. ästhetisch-emotionale Zugänge zur Natur) eng miteinander zu verknüpfen, um eine umfassende und angemessene Bearbeitung der komplexen und vielschichtigen Dimensionen ökologischer Fragestellungen ermöglichen zu können. In den folgenden Erörterungen möchte ich vor allem den Stellenwert naturwissenschaftlicher Analysemethoden und naturwissenschaftlichen Wissens im Rahmen ökologischer Bildung beleuchten. Dabei greife ich auf praktische Erfahrungen aus der Arbeit im Projekt ‚Bildungsschiff Niederelbe‘ zurück.

Grundlegend für unser Bildungskonzept ist die Vorstellung einer Verbindung von „Kopf, Herz und Hand" im Lernprozeß. Dabei soll kognitives Lernen nicht etwa in Kompensation schulisch vereinseitigten Lernens in den Hintergrund treten, sondern es soll um grundlegende ökologische Auffassungen erweitert und mit den beiden anderen Elementen Herz und Hand in Korrespondenz gebracht werden: Meine emotionalen Anschlüsse an Natur zu erkennen und weiterzuentwickeln, meine grundlegende Abhängigkeit und zugleich Fürsorgepflicht für Natur zu erkennen und zu akzeptieren, dies aus praktischem Erleben heraus entwickeln und in eigenes Handeln umsetzen zu können, kann als Grundprinzip ökologischen Lernens formuliert werden. Die Naturwissenschaften als Denkgebäude spielen in diesem Bildungskonzept notwendig eine wichtige Rolle.

Hier soll gefragt werden, ob die Naturwissenschaften die notwendigen Anschlüsse an die o.g. korrespondierenden Elemente ökologischen Lernens bieten, bzw. welche Folgen die Eingrenzung von Fragestellungen der TeilnehmerInnen auf naturwissenschaftliche Parameter hat. Zunächst bieten die Naturwissenschaften eine Reihe klarer Antworten zu entsprechend eingegrenzten Fragestellungen: Wird der Fragenkomplex „Wie schmutzig ist denn die Elbe, wie schädlich ist der Dreck, wer verursacht ihn, was muß getan werden, um ihn zu beseitigen, was kann ich dazu beitragen?" eingegrenzt auf die Fracht des Elbwassers an Schwermetallen, halogenierten Kohlenwasserstoffen und Stoffen zur Eutrophierung, so sind diese Parameter einschlägiger Literatur zu entnehmen, die Stickstoff- und Phosphorfracht, der Sauerstoffgehalt sogar selbst meßbar.

Unsere ersten Versuche, naturwissenschaftliche Untersuchungsmethoden in der Bildungsarbeit einzusetzen, müssen aus heutiger Sicht und vor allem vom Anspruch politischer Bildung her als recht hilflos angesehen werden: Sich der Abiturkenntnisse in Chemie und Biologie erinnernd, das Greenpeace-Untersuchungsköfferchen in der Hand, marschierten wir mit Jugendlichen los und untersuchten das Elbe-Wasser auf Stickstoff, Temperatur und Sauerstoffgehalt. Interpretationen dieser Werte waren natürlich kaum möglich. Das Teil für das Ganze nehmend, wurde mit diesen Messungen meist das bestätigt, was wir schon wußten und dann für belegt hielten. Der Standpunkt des naturwissenschaftlichen Laien war jedoch damit aufgegeben, der Einstieg in eine Expertenkultur vollzogen, in der wir Laien waren.

Aus der Empfindung des oben dargestellten Mangels entstand die Einladung an Naturwissenschaftler als Referenten. Selbstverständlich konnte von diesen nicht nur eine erheblich sicherere und ausführlichere Interpretation von gemessenen Parametern vorgenommen werden. Ursachen und Folgewirkungen wurden deutlicher (aus x Tonnen Stickstoff und Phosphor entstehen in der Nordsee y Tonnen Algen), biologische Wege bestimmter Stoffgruppen konnten genauer beschrieben werden. Vorgestellt wurden Langzeitstudien über das Verbleiben der CKW im Nordsee-Sediment. Ein nächster Entwicklungsschritt in der Seminararbeit war dann, Naturwissenschaftler von Anfang bis

110

Ende eines Seminars in der Doppelfunktion als Teamer und Referent mitarbeiten zu lassen. Diese Doppelfunktion war ein Novum in der Bildungsarbeit.

Die Teamer begriffen sich vorher vorwiegend als Organisatoren und Katalysatoren des Lernprozesses, die die Teilnehmer dazu ermunterten, sich Informationen selbst anzueignen, auch möglichst selbst zu besorgen, Fachleute zu befragen usw.: Jetzt war aus zumindest einem von drei Teamern ein Experte geworden, der eher nicht abwartet, bis die Teilnehmer ihren Ansatzpunkt zum Fragen gewonnen, ihre eigene Interessen ausgebildet haben und denen dann mit allen Mängeln selbstorganisierter Lernprozesse forschend nachgehen, sondern der nach gemeinsamer Absprache einen von mehreren Aspekten der jeweils im Zentrum des Interesses stehenden Problematik bei hoher Qualität der Informationen für die TeilnehmerInnen erschließt.

Dieser Rollenwechsel vom Mitfragenden zum Antwortenden veränderte das Verhalten und die Aufgaben der Teamer ebenso wie den bisherigen Charakter der Seminare. Er führte zur Vorherrschaft des naturwissenschaftlichen Frageansatzes. Versuche, andere (ästhetisch-emotionale) Zugänge zur Natur zu erproben, scheiterten u.a. an der Dominanz einer naturwissenschaftlich orientierten Weise des Herangehens. Dadurch war festgelegt, welche Seminarinhalte ernstzunehmen sind und welche lediglich als angenehmes und schmückendes Beiwerk gelten.

Die Beschäftigung mit naturwissenschaftlich definierten Sachproblemen setzte einen erheblichen Anspruch an wissenschaftliche Korrektheit frei, eröffnete einen großen Interpretationsspielraum durch die Vielzahl möglicher Parameter und ergab die Gelegenheit, die gegebene theoretische Komplexität eines Themas zu entfalten. So entstand eine Art Beschäftigungssog, der andere mögliche Seminarschwerpunkte aus dem oben genannten Fragenspektrum tendenziell verdrängte.

Diese Verschiebung von Seminarinhalten durch den Sachzwang naturwissenschaftlicher Solidität, wie auch durch die daraus erfolgende veränderte Rolle des Pädagogen, gilt es, durch den Bezug auf einen an der Persönlichkeit des Teilnehmers orientierten Bildungsbegriff auszugleichen. Dies kann eine erhebliche Veränderung des Angebotes an naturwissenschaftlicher Theorie und Praxis bedeuten. An einigen wesentlichen Aufgaben politisch-ökologischer Bildung soll die Bedeutung und Grenzen naturwissenschaftlicher Beiträge kurz skizziert werden.

1. Ursachen geschichtlicher und zukünftiger Veränderungen im Naturhaushalt

Wir haben schon Seminarwochen zur Eutrophierung der Elbe mit einem Reihenmeßprogramm über 100 Stromkilometer verbracht. Am Ende stand eine umfangreiche Datensammlung, die mangels Zeit nicht mehr ausreichend interpretiert werden konnte. Die Zeit war verbraucht worden bei der Entwicklung und Erläuterung des Forschungsvorhabens, dem Erlernen der Grundzüge wissenschaftlichen Arbeitens beim Messen usw. Widersprüchliche Meßergebnisse mußten glattgebügelt werden. Die Teilnehmer waren vor lauter Probeentnahmen und Durchführung von Wasseranalysen nicht mehr zum Nachdenken und Verarbeiten der Ergebnisse gekommen.

Die Ursachen der Eutrophierung wurden genannt, jedoch nicht diskutiert. Es kamen keine gesellschaftlichen Alternativen etwa zur stickstoffintensiven Landwirtschaft, zur neuesten Technologie der Wasserklärung, zum Wärmeeintrag durch konventionelle Energieerzeugung zur Sprache.

Eine geschichtliche Betrachtung der Belastung der Elbe mit Fäkalien sollte zudem die letzte Hamburger Choleraepidemie einschließen, wie auch die Geschichte der Wassergewinnung der Großstadt Hamburg mit ihrem allmählichen Rückzug von der Elbe als Trinkwasserreservoir. Dazu gehört im Prinzip auch die Geschichte der gesellschaftlichen Fäkalienentsorgung.

2. Einfluß der verschiedenen Lebensbereiche auf Veränderungen im Naturhaushalt

Erst die Einordnung der nachgewiesenen Belastungen in die Geschichte menschlicher Wassernutzung für Trinkwasser und Entsorgung ermöglicht die eigene Positionierung mit realistischen Optionen. Dies kann ebenfalls durch die Frage nach den möglichen Wechselwirkungen zwischen dem Problem der Eutrophierung und den eigenen Lebensgewohnheiten erfolgen, die ja wieder geschichtlich geprägten Kulturformen entstammen.

Ein Beispiel wäre hier, den übersteigerten Fleischkonsum (mit entsprechender Gülleproduktion) und damit das eigene Eßverhalten zu hinterfragen. Ein weiteres Beispiel wäre der Beitrag des Waschmittelverbrauchs zur Phosphatbelastung des Elbwassers. Weiterhin wäre über das eigene Hygieneverhalten und über intelligentes Konsumverhalten zu diskutieren.

Die Fremdsteuerung eigener Ansprüche ist hier zu entdecken und etwa die Erkenntnis zu vermitteln, daß der Verzicht auf ein Produkt eventuell ein reicheres Erlebnis sein kann als seine Nutzung.

Die reduzierte Rolle der Naturwissenschaften in diesem Punkt wird deutlich: Die Wege der Stoffgruppen Nitrate und Phosphate in das Elbwasser sind recht einfach nachzuvollziehen. Wesentlicher Gesichtspunkt an dieser Stelle ist, innerhalb komplexer wirtschaftlich, gesellschaftlich und kulturell geprägter Lebensbereiche, die mit dem fixierten ökologischen Problem verbunden sind, die eigene Position zu finden und als veränderbar zu erfahren.

3. Überlegungen zu einer Politik für eine ökologisch orientierte und sozialverträgliche Lebensweise

„Man müßte mal", so fangen viele Wünsche an große Politik an. Die Realitätsferne der Vorstellungen über die Machbarkeit großer Veränderungen darzustellen, ist eine Aufgabe, die Widersprüchlichkeit der Zielfindung großer Politik wäre einer weiteren Betrachtung wert. Vor allem aber wollen wir die Bedeutung kleiner Politiken beleuchten, die Vorteile eigenen Überblicks, eigener Betroffenheit und eigener Gestaltungsmöglichkeiten aufzeigen, damit auch die Zieldivergenzen zwischen einer Politik vor Ort und einer Politik am grünen Tisch.

Im Bereich ihrer politischen Verwertung spielt die konventionelle Naturwissenschaft ihre traurigste Rolle; das Gebundensein von Forschung und Gutachterei an das Interesse des Auftraggebers und die entsprechende Ein- und Ausblendung von bestimmten Betrachtungsweisen, allgemein die Grundlegung und begrenzte Reichweite naturwissenschaftlicher Aussagen ist häufiges Thema auf dem Schiff.

4. Sensitive, emotionale und ethische ‚Anschlüsse' zwischen Naturphänomenen und Person

Anders als etwa im Wolkengefüge, das unter dem Aspekt Wetter / Klima betrachtet wird, stellt sich eine Wasserlandschaft in Mitteleuropa kaum noch naturbelassen dar. Zudem können wir Landschaftsformen noch als normal oder sogar schön empfinden, die nach ökologischen Kriterien als schwer geschädigt bezeichnet werden müssen. Dies gilt allerdings nur bis zu dem Moment, ab dem wir ökologische Gesichtspunkte in unser Blickfeld einbeziehen.

Die Fahrt mit dem Schiff durch eine ökologisch interessante Region hat bei den Beteiligten den Effekt, die ‚überzivilisierte' Optik, noch stärker aber auch die anderen Sinne für vielfältige Erlebnisse mit der Natur zu öffnen und somit die Wahrnehmungsfähigkeit in verschiedenen Dimensionen zu sensibilisieren.

Vielfältige Landschaft von künstlich geschaffener einfältiger Landschaft unterscheiden zu lernen, wäre hier ein Ziel, ein anderes, die nichtoptischen Wahrnehmungen bewußter zu machen und so kulturell reduzierte Sinne entfalten zu lernen.

Der Tidestrom des Wassers und die Fortbewegung mit einem Segelschiff bringt einen anderen Umgang mit Zeit mit sich. Das Schiff schaukelt und bereitet dem einen Vergnügen und dem anderen Übelkeit, auf jeden Fall ist man den natürlichen Kräften der Strömung ausgesetzt. Man ist auf dem Schiff den aktuellen Wetterlagen (Regen, Wind und Sonne) ausgesetzt. Das Elbwasser riecht je nach Ort und Inhalt unterschiedlich. Den Salzgehalt des Wassers kann man schmecken.

Die Form der Wellen ist sehr unterschiedlich, die Spülwirkung des Wassers im Watt besonders gut zu beobachten, viele weitere Einflüsse zwischen Wasser und Land sind beobachtbar. All diese Naturwahrnehmungen bereichern das Erlebnis der Schiffsreise, viele liefern direkte und deshalb authentische Beiträge zum Thema, für viele gibt es naturwissenschaftliche Erklärungen. Diese Erklärungen können das Erlebnis bereichern, aber auch verdecken.

Der Einstieg in die Verarbeitung eines Erlebnisses kann zunächst sehr unterschiedlich sein:

„Das kommt mir vor wie wenn ...
Das erinnert mich an ...
Das sieht aus wie ...
Früher sagte man dazu ...
Die alten ... erzählten sich dazu folgende Geschichte ..."

Dies könnte ein Ausschnitt aus Reaktionen auf mögliche Erlebnisse, wie etwa Meeresleuchten sein. Darin nimmt sich die naturwissenschaftliche Erklärung naturgemäß rational trocken aus, sie setzt niemals am direkten Erlebnis an, sie beginnt meist mit einer systematischen Zuordnung, sie schafft Distanz zum Gegenstand und beendet jede Phantasie über den Gegenstand des Erlebten. Die naturwissenschaftliche Assoziation zum Meeresleuchten, daß das übernormal starke Auftreten einer Algenart (wie jeder anderen Spezies) nicht Zeichen einer produktiven und damit gesunden Natur, sondern direkter Ausdruck mangelnden Gleichgewichts z.B. einer Eutrophierung — im Naturhaushalt ist, ist sachlich ebenso richtig wie es methodisch falsch ist, den Augenblick eines Erlebnisses mit derartigen Kopfgeburten zu stören.

Als Brücke zum Thema jedoch ist sie notwendig und stellt einen weiteren Beitrag dar, der um so mehr interessiert, wenn er anderen Assoziationen den Vortritt läßt und auf die interessierte Nachfrage der Teilnehmer warten kann.

Mikroskop und Fernglas bieten die Möglichkeit, Pflanzen und Tiere direkt zu beobachten, ein voraussetzungsloses Staunen und Erleben kann sich bilden, das Fragen erst provoziert. Chemische Untersuchungen bieten diesen Vorteil nicht, Rahmenbedingungen und Fragestellungen müssen vorher klar sein, das Erlebnis richtet sich auf eher fragwürdige Begleiterscheinungen: Technische Perfektion, Genauigkeit und Eindeutigkeit der Messungen, spiegeln sich in den begleitenden Äußerungen der TeilnehmerInnen. Sie sind m.E. eher unter dem Gesichtspunkt ihrer Fragwürdigkeit als von ihrem Ergebnis her interessante Lerngegenstände, können also als Ausgangspunkt für eine Hinterfragung der Erwartungen an und den Leistungen von wissenschaftlicher Arbeit benutzt werden.

In unserer Arbeit kann es nicht um das „Ob" des Einsatzes naturwissenschaftlicher Methoden gehen (andere Veranstalter scheinen sich methodisch allerdings immer mehr auf Kopf, Herz oder Hand zu spezialisieren), sondern um das „Wie" einer geeigneten Verknüpfung zwischen den einzelnen Bildungselementen.

Walter Ullrich

Umweltschutz als Aufgabe beruflicher Bildung

Austausch- und Wechselwirkungsprozesse zwischen Mensch und Natur vollziehen sich zu einem großen Teil im Rahmen beruflicher Tätigkeiten. Wer sich mit Erwerbsarbeit befaßt, wird der Feststellung zustimmen können, daß es keinen Beruf ohne ökologische Relevanz gibt. Von daher liegt es nahe, Fragen des Umweltschutzes und der Ökologie zum Gegenstand beruflicher Bildung zu machen. Diese Erkenntnis hat sich bei der Einführung neuer Ausbildungsordnungen in der zweiten Hälfte der 80er Jahre als Standard-Berufsbildposition „Arbeitsschutz, Unfallverhütung, Umweltschutz und rationelle Energieverwendung" niedergeschlagen. Ihren Ausdruck findet sie ebenfalls in einer Empfehlung des Hauptausschusses des Bundesinstituts für Berufsbildung (BIBB), die 1988 verabschiedet wurde. Demnach haben „Fragen des Umweltschutzes und der Ökologie ... hohe Bedeutung für die Weiterentwicklung von Wirtschaft und Gesellschaft. Deshalb tragen alle gesellschaftlichen Gruppen für diese Bereiche besondere Verantwortung. Auch beruflich Tätige können im Rahmen vorgegebener betrieblicher Bedingungen zum wirksamen Umweltschutz beitragen. Die berufliche Bildung hat deshalb für Umweltschutz und Umweltverbesserung einen wesentlichen Stellenwert."[1]

In der Ausbildungspraxis sind solche Bekenntnisse allerdings noch längst nicht zum Allgemeingut geworden. „Überhaupt ist die Diskrepanz zwischen verbal weitgehenden Bekenntnissen zum Umweltlernen und seiner faktischen Bedeutung bzw. finanziellen Ausstattung ein Charakteristikum dieses Politikfeldes."[2] Diese von Christoph Nitschke konstatierte Diskrepanz besteht nicht zufällig, denn sie hat ihre Grundlage in dem Konflikt zwischen Ökonomie und Ökologie. Die Berufsausbildung stellt in dieser Hinsicht keine Insel der Seligen dar. Hermann Schmidt, Generalsekretär des Bundesinstituts für Berufsausbildung, beschreibt die Situation folgendermaßen: „In der Ausübung des Berufes spielen Wirtschaftlichkeitserwägungen häufig eine größere Rolle als die eher dem Gemeinwohl zuzuordnenden Grundsätze des Umweltschutzes. Hier ergeben sich im Aus- und Weiterbildungsprozeß notwendigerweise Konflikte, die jedoch gerade die gesellschaftlichen Widersprüche zwischen Ökonomie und Ökologie spiegeln und deshalb im Lernprozeß eine nicht unbedeutende Rolle spielen."[3] Im betrieblichen Teil der Berufsbildung, wo sich die Grenzen der Ökonomie bei der Auseinandersetzung mit ökologischen Fragen sehr direkt praktisch bemerkbar machen, ist in der Regel eine explizite und fundierte Thematisierung dieses Widerspruchs nicht zu finden. Im Berufsschulunterricht ist dieses Thema ebenfalls nur selten Gegenstand des Lernens. Wenn es um das Verhältnis von Ökonomie und Ökologie geht, ist allerdings nicht zu unterschätzen, welche Wirkung heimliche Lehrpläne und ideologisch gefärbte Einzeläußerungen des Ausbildungspersonals haben. Wenn der Generalsekretär des BIBB mit seiner Feststellung diese Tatsache meint, ist ihm zuzustimmen. Andernfalls muß angenommen werden, daß neue Lerninhalte zur Diskussion gestellt werden sollen. Die Herausforderung, die sich daraus ergibt, ist eine ganz besondere, weil der Konflikt zwischen Ökonomie und Ökologie keine einfachen Antworten erlaubt. Denn schließlich geht es darum, berufliches Fachwissen mit ökologischen Kompetenzen, Konkretes mit Komplexem, Lokales mit Globalem sowie Ökonomie mit Ökologie zu verknüpfen. Eine Strategie zur Verankerung dieser Fragen als Lernziele der Berufsausbildung dürfte zunächst auf deutliche Vorbehalte stoßen.

Um zur Bewältigung dieser Herausforderung beizutragen, sollen auf der Grundlage einer Einschätzung des Entwicklungsstands beruflicher Umweltbildung die Umrisse einer Konzeption für berufliche Umweltbildung dargestellt werden. Abschließend wird darauf eingegangen, welchen Beitrag gesellschaftspolitische Jugendbildung zur Verwirklichung dieser Konzeption leisten könnte.

Grundlagen und praktische Formen beruflicher Umweltbildung

Die Einführung neuer Ausbildungsordnungen beinhaltete — wie erwähnt — als Ausbildungsziel auch Aspekte des Umweltschutzes. Die Untergliederung der Standardberufsbildposition für die industriellen Metallberufe enthält Punkte wie „für den ausbildenden Betrieb geltende wesentliche Vorschriften über den Emissions- und Gewässerschutz und die Reinhaltung der Luft nennen"[4] oder „arbeitsplatzbedingte Umweltbelastungen nennen und zu ihrer Verringerung beitragen"[5]. Mehr oder weniger allgemeine Formulierungen dieser Art sind in anderen Ausbildungsplänen je nach berufsspezifischen Anforderungen ebenfalls enthalten. Für die Berufsschulen gilt, daß eine umweltrelevante Überarbeitung von Lehrplänen noch nicht in allen Bundesländern vorgenommen worden ist. In Baden-Württemberg ist „Umwelterziehung" als allgemeines Unterrichtsziel in allen Lehrplänen vorangestellt. Im Lehrplan für das Fach Deutsch drückt sich dies unter anderem folgendermaßen aus:

„Sprachliche Übungen: die Schüler lernen Texte und Sachverhalte richtig wiederzugeben, dazu Stellung zu nehmen und gebräuchliche Textinformationen anzuwenden, z.B. Umweltschutz"[6]. Im berufsbezogenen Fach „Technologie mit Labor" wird als Ziel für die Lehrplaneinheit „Grundlagen der Werkstofftechnik" genannt: „Den verantwortlichen Umgang mit Werk- und Hilfsstoffen begründen". Als Inhalte sind angegeben: „Arbeitsschutz, Umweltschutz, Entsorgung, Wiederverwertbarkeit"[7].

Die Formen der Umsetzung des Ausbildungsziels Umweltschutz sind sehr unterschiedlich. Im Bereich der Metall- und Elektroindustrie — insbesondere in der gewerblich-technischen Ausbildung — bestehen zum Teil ausgefeilte Systeme, aber oft auch nur Ansatzpunkte, die ebenso ausbaufähig wie entwicklungsbedürftig sind. Folgende Ansätze sind zu finden:

— Unterweisungen über Vorschriften und Bestimmungen zum richtigen Umgang mit Werkstoffen und Chemikalien sowie zur Einhaltung getrennter Sammlung z.B. von Metallschrott, Kunststoffen etc.
— Orientierung auf Auswirkungen für Um- und Mitwelt, die sich aufgrund beruflicher Tätigkeit ergeben. Methodisch wird dies teilweise durch die ausbildungs-, aufgaben- und abteilungsbegleitende Bearbeitung eines Fragebogens umgesetzt.
— Gruppenarbeit als Einstieg in die Umweltproblematik (teilweise mit Hilfe von Metaplan) zur Erhebung von Vorkenntnissen und Einstellungen mit anschließender Vermittlung von Kenntnissen, beispielsweise über die sogenannten Umweltmedien Boden, Wasser, Luft.
— Arbeitsgruppen von Auszubildenden und Ausbildern zur Erhebung von ‚Wunsch-Themen' zur Steigerung der Mitarbeit und Beteiligung.
— Einbeziehung von Auszubildenden in die Planung von Problemlösungen, die für ein Gesamtunternehmen zu erarbeiten sind (z. B. unter Leitung betrieblicher Umweltbeauftragter).
— Durchführung von Projekten zur Herstellung von Windkrafträdern, Stirlingmotoren, Solarmobilen etc.
— Exkursionen naturkundlicher oder umwelttechnischer Art. Ziele können sein: Landschaftsschutzgebiete, Recyclingfirmen, Heizkraftwerke …

In vielen Unternehmen sind zwei, drei oder mehr der hier nur kurz skizzierten Ausbildungselemente kombiniert und / oder aufeinander bezogen. In manchen Betrieben ist die umweltorientierte Ausbildung in gewisser Weise weit entwickelt. Technisch anspruchsvolle Projekte können dabei ein elementarer Bestandteil sein. Es gibt Beispiele, die das Zusammenwirken verschiedener Ausbildungsberufe beinhalten. So können etwa Industriemechaniker und Elektroniker beim Bau einer Modell-Landschaft, die die Möglichkeiten regenerativer Energie verdeutlichen soll, die jeweils spezifischen Teile Hand in Hand konzipieren und herstellen.

Aus der kaufmännischen Ausbildung sind wenige Beispiele beruflicher Umweltbildung bekannt. Es ist anzunehmen, daß der indirekte Umweltbezug von Bürotätigkeiten dafür ausschlaggebend ist. Gleichwohl gibt es Ausbildungsinhalte und -formen, die sich mit ökologischen und gesundheitlichen Auswirkungen von verwaltender, kaufmännischer Arbeit befassen. In Projektwochen werden z.B. Fragen des Papiereinsatzes, der Gefahren des Kopierens, der Beseitigung von Büromüll etc. angesprochen. Ein zentraler Ansatzpunkt in der Ausbildung der Kaufleute ist die Materialwirtschaft. Unter dem Motto: „Vermeiden ist besser als verwerten, verwerten ist besser als entsorgen", werden z.B. in Projektwochen bei Mannesmann in Düsseldorf die Unternehmensbereiche „Forschung und Entwicklung", „Beschaffung" sowie „Recycling und Entsorgung" kritisch beleuchtet. Mit diesem Ansatz ist auch der Anspruch verbunden, Schlüsselqualifikationen wie Kreativität, Engagement und Eigenverantwortlichkeit zu vermitteln.

Quantitativ gesehen, besteht bei der praktischen Umsetzung beruflicher Umweltbildung noch ein erheblicher Nachholbedarf. Die wesentlichen Gründe lassen sich folgendermaßen benennen: Bei der Vorbereitung zur Einführung neugeordneter Berufe fanden fachliche und außerfachliche Anforderungen Berücksichtigung, während umweltbezogene Inhalte zunächst weitgehend unbeachtet blieben. Dazu kann beigetragen haben, daß die Neuordnung insgesamt viele Anforderungen stellte und Umstrukturierungsprozesse erforderlich machte. Nicht übersehen werden sollte jedoch auch, daß ein zusätzlicher Aufwand für Material, Personal und Fortbildung zu befürchten war. Weiterhin ist festzustellen, daß bei der Erarbeitung von Umweltthemen das Ausbildungspersonal noch weitgehend auf sich selbst gestellt ist. Didaktische Ausbildungsmaterialien waren und sind rar. Mangel besteht auch im Hinblick auf geeignete Fortbildungsangebote.

Diese ungünstigen objektiven Bedingungen für das Ausbildungspersonal korrespondieren mit der subjektiven Ebene, die leider allzu oft von Verdrängung und Abwehr ökologischer Themen gekennzeichnet ist. Hier ist auch die verunsichernde Wirkung der Aufhebung des Kompetenzgefälles zwischen Ausbildern und Auszubildenden zu nennen, das sich aufgrund durchschnittlich höherer Schulabschlüsse und der dadurch bei manchen Jugendlichen bestehenden wissensmäßigen Überlegenheit in ökologischen Fragen ergibt.

Bei einer inhaltlichen Bewertung ist zu betonen, daß in den vorliegenden Konzepten beruflicher Umweltbildung überwiegend von der Reparaturfähigkeit der Umweltschäden bzw. einer technischen Bewältigbarkeit der Belastungen unserer natürlichen Lebensgrundlagen ausgegangen wird. Der Bezugsrahmen bei der Auseinandersetzung mit Umweltfragen ist eng auf den Betrieb begrenzt. Die Behauptung, „Umweltschutz führt zu erhöhten Kosten", ist weit verbreitet. Möglichkeiten der Kostenreduzierung durch Einspareffekte bleiben dabei meistens unberücksichtigt. Von nicht unerheblicher Bedeutung ist auch, daß die ökologische Relevanz der gefertigten oder vertriebenen Produkte außer Betracht bleibt. Ebenso ist zu vermerken, daß globale ökologische Aspekte kein Thema sind, politisch-strukturelle Gesichtspunkte nicht angemessen einbezogen werden und die Differenzierung von individuellen, betrieblichen und politischen Verantwortlichkeiten nicht geleistet wird.

Zusammengefaßt kann von einem technisch-naturwissenschaftlichen Verständnis des Umweltschutzes gesprochen werden und von einer betriebswirtschaftlichen Sichtweise, die einzelbetriebliche Erfordernisse überbetont.

Umrisse eines Konzepts beruflicher Umweltbildung

Bisherige Strategien, der Umweltrelevanz in der Berufsbildung Geltung zu verschaffen, zielen darauf, das Ausbildungsziel Umweltschutz normativ zu verankern und seine Akzeptanz zu erhöhen; zu verdeutlichen, daß Umweltschutz für alle Berufe von Belang ist; eine entsprechende Didaktik und Methodik zu entwickeln, wobei dem integrierten Ansatz eine zentrale Funktion zugemessen wird; die klassische Rollenverteilung der Lernorte Betrieb und Schule zu betonen und die Notwendigkeit von Fortbildung für das Lehr- und Ausbildungspersonal herauszustellen.

Mit dieser engen Orientierung an der Wirklichkeit beruflicher Bildung konnte sicher ein gewisser Durchbruch für die Umsetzung des Ausbildungsziels Umweltschutz erreicht werden. Der vom BIBB vertretene integrierte Ansatz trägt dazu bei, plausibel zu machen, daß die Verbindung von Lernen und Handeln durch die Vermittlung von umweltbezogenen Kenntnissen bei der konkreten Ausführung ausbildungs- bzw. berufsbezogener Tätigkeiten erreicht wird und sich daraus ein verändertes Umweltbewußtsein ergeben kann. Es ist jedoch zu fragen, „ob dieser Ansatz nicht eigentlich doch ein additives Konzept ist, nach dem die Probleme der Umweltgefährdung an die fach- und tätigkeitsspezifischen Inhalte der beruflichen Bildung angehängt werden."[8] Im Kontext dieser Kritik wurden weitergehende Positionen u. a. von Christoph Nitschke, Karlheinz Hiesinger von der IG-Metall sowie von Mitgliedern der Projektgruppe „Ökologie als Gegenstand politischer Jugendbildung" entwickelt. Nitschke definiert berufliche Umweltbildung als umweltgerechtes Handeln, das die „aktive Rücksichtnahme auf die Erhaltung der Lebensgrundlagen — nicht nur des Menschen — (meint) und ... in einem mehr oder weniger starken Spannungsverhältnis zu wirtschaftlichen Prinzipien (steht)."[9] Er geht davon aus, daß diese Rücksichtnahme im Vergleich zur gegenwärtigen Praxis eine erhöhte Wertschätzung der Natur erfordert. Eine Umweltbildung, die dem gerecht werden wolle, habe drei Bestandteile, die mit den Begriffen „Sachverstand", „sinnliche Erfahrung und Gestaltungsfähigkeit" sowie „Verantwortung für die Natur" umschrieben werden können. Interessant ist dabei, daß das Konzept in den Zusammenhang der klassischen Idee ganzheitlicher Bildung gestellt wird. Dem entsprechend ist es richtig, wenn „die Bedeutung außerfachlicher Momente der Umweltbildung"[10] hervorgehoben werden, weil „nur mit ihrer Hilfe ... sich die Berufstätigen den Umweltproblemen wirklich aussetzen und daher auch mit ihnen auseinandersetzen können."[11] Die methodischen Überlegungen gehen dahin, sich an Prinzipien, die der allgemeinen Pädagogik entliehen sind, zu orientieren, an Geschichtlichkeit, Offenheit von Zukunft, Ganzheitlichkeit, Betroffenheit, Handlungsorientierung und Konfliktthematisierung/-bewältigung. Aus der ökonomischen Diskussion bezieht er u.a. die sogenannten Umweltinformationsinstrumente wie Ökobilanzen oder Produktlinienanalysen ein, denen er eine nachhaltige Aktivierungswirkung zuschreibt.

Das Vorstandsmitglied der IG-Metall, Hiesinger, ist der Ansicht, daß sich „berufliche Umweltbildung nicht allein auf vergleichsweise harmlose Themen wie Stäube, Späne und Öllappen beschränken darf."[12] Diese aus der Erfahrung gewonnene Erkenntnis mündet in eine beachtenswerte gewerkschaftliche Perspektive, wonach berufliche Umweltbildung „auf den gesamten Produktionszusammenhang, auf eine neue Produzentenverantwortung und letztlich auf die Mitbestimmung über die Produkte"[13] zielt.

Die in der Projektgruppe „Ökologie als Gegenstand politischer Jugendbildung" bestehende Kritik an der eingangs skizzierten Strategie findet in der Frage ihren Ausdruck: „Können die Versuche zur Bewältigung der ökologischen Krise auf ... (Aspekte) des sparsamen Umgangs mit Ressourcen, der vorsichtigen Handhabung von gefährlichen Stoffen, des Recycling von Abfallstoffen usw. begrenzt werden oder muß nicht grundsätzlich ... nach der Logik unseres Wirtschaftens und unserer Lebensweise gefragt werden, die die ökologische Krise hervorrufen?"[14] Eine Antwort darauf wird für ökologische Bildung im allgemeinen in diesem Band von Klaus Waldmann gegeben.[15] Der Versuch einer Konkretisierung für den Bereich der beruflichen Bildung soll an dieser Stelle vorgenommen werden.

Drei Aspekte in Verbindung mit der oben genannten Einschätzung zur Theorie und Praxis beruflicher Umweltbildung können zeigen, daß Qualifikationsbedarf, richtiger: Bildungsbedarf im Hinblick auf den Zusammenhang von Ökonomie und Ökologie sowie das eigene Verhältnis zur Natur besteht. Als erstes ist die Marktlogik zu nennen, die „zu einer systematischen Unterschätzung zukünftiger Knappheitsprobleme führt."[16] Zweitens ist auf die These von Leipert hinzuweisen, „daß die ökologischen Kosten des Wirtschaftens in den heutigen Systemen der ökonomischen Erfolgsrechnung nicht erfaßt werden."[17] Drittens ist die Bedeutung umweltorientierter Unternehmensführung anzusprechen, die die industrielle Verantwortung für Umweltschäden anerkennt und davon ausgeht, daß es „keinen umweltorientierten Betrieb ohne ausgeprägtes Umweltbewußtsein der Mitarbeiter geben"[18] kann.

In diesem Sinn sind in Ergänzung zu integriert zu vermittelnden Kenntnissen folgende Bestandteile für berufliche Umweltbildung vornehmlich von Bedeutung:

— Fähigkeit zur Bewertung der Umweltbelastungen, die durch Herstellungsverfahren und -materialien entstehen können;
— Beurteilung der Nützlichkeit von Produkten;
— Einbeziehung des Faktors Natur in das ökonomische und technische Kalkül;
— Fähigkeit, gängige Thesen kritisch einzuschätzen, z.B. „Umweltschutz verursacht Kosten und gefährdet dadurch Konkurrenzfähigkeit und Arbeitsplätze";
— Gespür für verborgene ökologische Probleme, z. B. bei der Anwendung von Produkten, in der Materialwirtschaft;
— Erweiterung des Beurteilungsvermögens, das vielfach durch einen engen Blick auf die subjektiven Erfahrungen begrenzt ist;
— Ermutigung zur Aufgeschlossenheit gegenüber ökologischen Fragen (auch wenn sie nicht unmittelbar oder zunächst nicht erkennbar mit dem Betrieb zu tun haben);
— Reflexionsmöglichkeit über entmutigende Erfahrungen (Mißachtung von Umweltschutzmaßnahmen durch Kolleginnen/Kollegen oder Vorgesetzte, deren Notwendigkeit man gerade erst erkannt hat);
— Konfliktfähigkeit, z.B. im Hinblick auf den Umgang mit Ausgrenzungstendenzen gegenüber Auszubildenden, die sich zu einem intensiven ökologischen Interesse in Verbindung mit entsprechendem Engagement bekennen.

Die bisherigen Überlegungen lassen sich in einem gestuften Konzept beruflicher Umweltbildung konkretisieren, das in Kooperation zwischen betrieblicher Bildung, Berufsschule und außerschulischer Bildung realisiert werden könnte. Bezogen auf die Struktur beruflicher Bildung sowie die vorhandenen Ausbildungspläne und unter Berücksichtigung methodischer Erfordernisse könnten im ersten Lehrjahr erfahrungsbezogene Fragen in integrierter Form bearbeitet werden. Aspekte des Gesundheits- und Arbeitsschutzes würden dabei einen Schwerpunkt bilden. Sinnvoll erscheint es auch zu sein, in dieser ersten Ausbildungsphase Betroffenheit herzustellen. Im zweiten Lehrjahr wäre dann besonders Wert auf die Sensibilisierung für ökologische Zusammenhänge zu legen. Im Beitrag der Kollegen Hirschler, Schneider, Winter[19] wird dargestellt, auf welche Weise das Verhältnis zur Natur in einer Bildungsveranstaltung thematisiert werden kann. Kern der ökologisch orientierten Ausbildung im dritten Lehrjahr würde in diesem Rahmen die Beschäftigung mit dem Zusammenhang von Ökonomie und Ökologie in Form der Erarbeitung einer Produktlinienanalyse sein. Ein häufig unbeachteter Sachverhalt kann damit problematisiert werden: Die Umweltbelastungen, die während eines gesamten

Produkt-Lebenszyklus entstehen. Die in diesem Ansatz enthaltenen Chancen für den Lernprozess, die von Schneider / Ullrich[20] aufgezeigt werden, lassen sich bei einem inhaltlich und zeitlich umfassenden Arrangement wesentlich besser nutzen und entfalten.

Eine Ausbildung, die solche Inhalte und Ziele enthält, ist ohne die Vermittlung von Kompetenzen wie Selbständigkeit, Problemlösungsorientierung, Urteilsfähigkeit, Planungsvermögen etc. nicht denkbar. Berufliche Umweltbildung kann damit in entscheidender Weise zum Erlernen von Schlüsselqualifikationen beitragen, die mit der weiteren Verbreitung der sogenannten „schlanken Produktion" mehr denn je erforderlich sein werden.

Ethische und politische Gesichtspunkte können in Verbindung mit den jeweiligen Themen und Arbeitseinheiten auch im betrieblichen Teil der Ausbildung sinnvoll vermittelt werden. Dies setzt jedoch eine entsprechende Qualifizierung des Lehr- und Ausbildungspersonals voraus. Dem Einwand, diese Aufgabe sei Bestandteil des Berufsschulunterrichts, sie könne von betrieblicher Seite nicht geleistet werden, ist zu entgegnen, daß bei der Auseinandersetzung mit ökologischen Themen ethische und politische Fragen zwangsläufig aus dem Kontext entstehen. Wenn sie nicht als Lerninhalte anerkannt sind, besteht die Gefahr, daß das Lehr- und Ausbildungspersonal auf differenzierte und komplexe Zusammenhänge nicht vorbereitet ist und subjektive Meinungen zur Antwort gibt.

Ein weiterer möglicher Einwand, die Betriebe dürften neben der fachlichen Qualifizierung keine Verantwortung für die politische und ethische Orientierung haben, ist ebenfalls mit dem letztgenannten Argument zu beantworten. Denn in irgendeiner Form spielen Politik und Ethik in der Ausbildung immer eine Rolle und sei es im heimlichen Lehrplan. Von daher ist eine gezielte und fundierte Beschäftigung mit diesen Inhalten vorzuziehen.

Eine solche Konzeption für berufliche Umweltbildung erfordert ohne Zweifel höhere finanzielle Aufwendungen für Personal, Fortbildung und didaktische Materialien. Zu seiner Verankerung sind eine Reihe von flankierenden politischen Aktivitäten notwendig. Deshalb muß realistischerweise eher von einem Langzeitprogramm als von einer mittelfristigen Perspektive gesprochen werden. Eine kurzfristige Realisierung wäre allerdings wünschenswert, weil die ökologische Lage ganz und gar nicht dem entspricht, was Tyll Necker, der ehemalige Präsident des BDI erklärt hat. Nach seiner Meinung werden die Umweltbelastungen geringer, ist die Entkoppelung von Wirtschaftswachstum und Naturzerstörung durch die Entwicklung im Energiesektor bewiesen und kann von der Bewältigung des Umweltschutzes durch die Technik ausgegangen werden.[21] Bedeutende, seriöse Fachleute und Institutionen vertreten andere Einschätzungen. Daran sei erinnert, wenn die Kosten und Organisationsprobleme einseitig in den Vordergrund gestellt werden. Nicht zuletzt die Expertenkommission ‚Schutz der Erdatmosphäre — eine

Herausforderung an die Bildung', die sich mit der Einbeziehung der Ergebnisse der Enquete-Kommission ‚Schutz der Erdatmosphäre' in den Bildungsbereich beschäftigte, vertritt die Ansicht, „daß ein Festhalten am bisherigen Umweltverständnis und Umgang mit Natur für die Umwelt und damit zugleich für die Menschheit Bedrohungen kaum vorstellbarer Dimensionen enthält.“[22]

Bei dieser Position ist es nur folgerichtig, wenn im Hinblick auf berufliche Bildung eine Neuordnung der Neuordnung ins Spiel gebracht wird, mit der Überlegung, „bestehende Ausbildungsordnungen wären gegebenenfalls in diesem Sinn (Reduzierung klimawirksamer Emissionen wie CO_2, FCKW, Spurengase, der Verfasser) zu überarbeiten, um umweltbezogene Inhalte konsequent einzubeziehen.“[23]

Der Beitrag gesellschaftspolitischer Jugendbildung zur Weiterentwicklung beruflicher Umweltbildung

Das immer noch als neu zu bezeichnende Arbeitsfeld berufliche Umweltbildung wird in den nächsten Jahren vieler Anstrengungen bedürfen, um den gestellten Anforderungen wirklich angemessen gerecht werden zu können. Dies bietet die Chance, weitreichende Konzepte und Vorschläge zu integrieren. Bereits bei der Diskussion über die Einführung der Schlüsselqualifikationen in die Aus- und Weiterbildung wurde verstärktes Interesse bei Trägern und Veranstaltern der Jugend- und Erwachsenenbildung geweckt. Kompetenzen wie Abstraktionsfähigkeit, Denken in Zusammenhängen und Systemen, Urteilsfähigkeit, Problemlösungsfähigkeit etc., entsprechen auch den Zielen politischer Jugendbildung. Die Frage nach dem Zusammenspiel von beruflicher und politischer Bildung war und ist damit neu gestellt. In diesem Zusammenhang wird z.B. von Theo Länge betont, daß es „auch heute kaum vorstellbar (ist), daß die in unternehmerischer Verantwortung durchgeführte betriebliche und überbetriebliche berufliche Bildung sich dafür öffnen wird, daß die Arbeitnehmer gleichsam mit der berufsbezogenen Qualifizierung die gesellschaftlichen Zusammenhänge ihrer Arbeits- und Berufssituation erkennen, (um) auf ihre Arbeits-, Berufs- und Lebenssituation verändernd“[24] einzuwirken. Dieser Einschätzung ist zuzustimmen, dennoch gilt es im Interesse der vorgestellten Konzeption zu überlegen, welche Schritte zu einer Kooperation von Betrieben und politischer Jugendbildung führen können. Nach gründlicher Prüfung von strukturellen und instrumentellen Bedingungen wäre — je nach örtlichen und regionalen Gegebenheiten — an einen Zusammenschluß mit anderen außerbetrieblichen Bildungsträgern zu Trägerinitiativen zu denken, um Erfahrungen auszutauschen und Absichten und Strategien abzustimmen. „An einem solchen, verschiedene Lebens- und Erfahrungsbereiche verbindenden, erfolgreichen und veränderungswirksamen Weiterbildungskonzept würden sich langfristig auch die Betriebe schon deshalb selbst beteiligen wollen, da sie auch ihre Interessen und Prioritäten berücksichtigt sehen wollten"[25]. Politische Jugendbildung hat spezifische Kompetenzen, in eine solche Kooperation konstruktiv-kritische Beiträge einzubringen. Sie vermag neben der Information über methodisch-didaktische Materialien, neue Ergebnisse der Jugendforschung und der pädagogischen Diskussion weiterzugeben. Insbesondere können wertvolle Kenntnisse und reiche Erfahrungen aus dem Bereich der ökologischen Bildung, beispielsweise von den in diesem Band vertretenen Autorinnen und Autoren, zur Verfügung gestellt werden. Im Prozeß der Zusammenarbeit kann — mit wachsendem Vertrauen — von politischer Jugendbildung auch die Funktion übernommen werden, Praxisansätze der Realisierung beruflicher Umweltbildung kritisch widerzuspiegeln. Nicht zuletzt besteht die Aufgabe in einer Zeit, in der Fragen nach dem Überleben und damit nach zukünftigen Lebensbedingungen und -möglichkeiten grundsätzlich gestellt sind, ethische und gesellschaftspolitische Gedanken zur Diskussion zu stellen, die nicht durch ökonomische Zwänge und die fast alles durchdringende Marktlogik eingeengt sind.

Anmerkungen

1 Bundesinstitut für Berufsbildung (BIBB): Umweltschutz in der beruflichen Bildung. Arbeitsunterlagen und Materialien aus dem BIBB. Berlin 1988
2 Nitschke, Christoph: Umweltlernen in der Berufsausbildung und in der beruflichen Weiterbildung. Gutachten im Auftrag der Enquete-Kommission „Zukünftige Bildungspolitik — Bildung 2000". In: Deutscher Bundestag. 11. Wahlperiode. Anlage zu Drucksache 11 / 7820, Schlußbericht der Enquete-Kommission „Zukünftige Bildungspolitik — Bildung 2000". Bonn 1989, S. 89
3 Schmidt, Hermann: Berufliche Bildung und Umweltschutz. In: Berufsbildung in Wissenschaft und Praxis (BWP), Heft 1 / 1989, S. 3
4 Ausbildungsrahmenplan für industrielle Metallberufe, lfd. Nr. 4 f und 4 g. In: Bundesinstitut für Berufsbildung, Umweltschutz in der beruflichen Bildung. Arbeitsunterlagen und Materialien aus dem BIBB, a.a.O.
5 ebd.
6 Ministerium für Kultus und Sport des Landes Baden-Württemberg: Lehrplan für das Fach „Deutsch". Stuttgart 1989
7 Ministerium für Kultus und Sport des Landes Baden-Württemberg: Lehrplan für das Fach „Technologie mit Labor". Stuttgart 1989
8 Waldmann, Klaus: Thesen zur Frage: „Was sollen Auszubildende zum Schutz der Umwelt lernen?" Unveröffentl. Manuskript, (Hamburg 1989)
9 Nitschke, Christoph: Streng betriebsbezogen oder über das Fabriktor hinaus — was und wie sollen Auszubildende zum Schutz der Umwelt lernen? In: Materialien 4 / 91 der Evangelischen Akademie Bad Boll: Das Umwelt-ABC in der Berufsausbildung. Dokumentation einer Tagung vom 2. bis 4. Mai 1990, S. 43
10 a.a.O., S. 44
11 ebd.

12 Hiesinger, Karlheinz: Umweltschutz muß Schwerpunkt der Berufsausbildung werden. IG Metall fordert ökologische Ausbildungsinitiative. Rede zur Fachkonferenz „Ausbildung und Umweltschutz" des Bezirks Stuttgart, am 2. Oktober 1990, S. 6

13 a.a.O., S. 25

14 Waldmann, Klaus: a.a.O.

15 Waldmann, Klaus: Pädagogische Anmerkungen zum Konzept ökologischer Bildung. In diesem Band, S. 93 ff.

16 Nitschke, Christoph: Umweltrelevante Qualifikationen unter besonderer Berücksichtigung von Betrieben der Berliner Metallindustrie, Schriftenreihe des IÖW 24 / 89, Berlin 1989, S. 11

17 Leipert, Christian: Die heimlichen Kosten des Fortschritts. Wie Umweltzerstörung das Wirtschaftswachstum fördert. Frankfurt 1989, S. 56

18 Winter, Georg: Das umweltbewußte Unternehmen. Ein Handbuch der Betriebsökologie mit 22 Check-Listen für die Praxis. München 1987, S. 25

19 Hirschler, Ulrich u.a.: Sensibilisierung für ökologische Zusammenhänge. In diesem Band S. 129

20 Schneider, Günther / Ulrich, Walter: Produktlinienanalyse mit Auszubildenden — ein Experiment zur Erweiterung des ökologischen Horizonts. In diesem Band S. 165

21 Vgl. Necker, Tyll: Ökologische Verantwortung der Unternehmer. In: Frankfurter Rundschau vom 27. Juni 1988.

22 Bundesministerium für Bildung und Wissenschaft (Hrsg.): Schutz der Erdatmosphäre — eine Herausforderung an die Bildung. Bonn 1990, S. 15

23 a.a.O., S. 25

24 Länge, Theo: Berufliche kontra politische Bildung? In: Lenz, Wolfgang (Hrsg.): Politische Bildung und politische Kultur. Herausforderungen — Konzepte — Erfahrungen. Bad Boll 1988, S. 75

25 a.a.O., S. 77

IV. Beispiele aus der Praxis ökologischer Bildung

Ulrich Hirschler / Günther Schneider / Bernhard Winter

Sensibilisierung für ökologische Zusammenhänge

Hier sollen unsere Erfahrungen, konzeptionellen Überlegungen und die daraus abgeleiteten Methoden beschrieben werden, die unserer Meinung nach am Anfang einer Auseinandersetzung mit ökologischen Fragestellungen stehen sollen. Unter Sensibilisierung für ökologische Zusammenhänge verstehen wir zum einen die Sensibilisierung der Sinne mit denen wir unsere Umwelt erfahren, aber auch eine kognitive Sensibilisierung für die Funktion ökologischer Kreisläufe in der Natur. Die Sensibilisierung der Sinne und das Verständnis für ökologische Kreisläufe halten wir für fundamentale Bestandteile einer ökologischen Bildungsarbeit. Damit wird den TeilnehmerInnen in einer Orientierungsphase zu Beginn einer Beschäftigung mit Umweltthemen ermöglicht, gemeinsame sensitive und kognitive Erfahrungen über ihre Umwelt zu machen und eine Grundlage zu bilden, auf die man sich bei der thematischen Auseinandersetzung mit Umweltthemen beziehen kann.

Entwicklung und Bedingungen

Nachdem sich unsere ökologische Bildungsarbeit in Seminar- und Projektform immer wieder auf den Reproduktionsbereich bezogen hatte, wollten wir im Projekt ‚Arbeit und Umwelt' die Produktion zusammen mit den dort tätigen Auszubildenden und jungen Berufstätigen ökologisch „unter die Lupe nehmen". Dieses Vorhaben erschien uns in zweierlei Hinsicht aktuell: Zum einen ist wohl unbestritten, daß der Produktionsbereich wesentlich Umweltbedingungen durch Produkte, Emissionen und den Verbrauch von Ressourcen und Energie beeinflußt. Gleichzeitig bleiben die umweltrelevanten Vorgänge und Werte für die Öffentlichkeit und selbst für die Beschäftigten im Dunkeln bzw. im Bereich von Vermutungen. Dazu kam die Einschätzung, daß in der Produktion Beschäftigte ihre Arbeit ungern „ökologisch anschwärzen lassen wollen", d.h. den sicheren Arbeitsplatz nicht unter Umweltgesichtspunkten unsicher machen lassen wollen.

Unserem Vorhaben kam entgegen, daß Umweltfragen zunächst in der Metallindustrie zunehmend sowohl von Arbeitnehmer- als auch von Arbeitgeberseite thematisiert wurden, was nicht zuletzt in den neuen Ausbildungsordnungen für Metall- und Elektroberufe seinen Niederschlag fand. Dort ist das Thema ‚Umweltschutz' als integrierter Bestandteil der Ausbildung zu den entsprechenden Berufen vorgesehen. Kontakte zur Ortsverwaltung der IG-Metall in Augsburg sowie zu Betriebsräten und Jugendvertretern haben zu mehreren Veranstaltungen mit Auszubildenden zum Thema ‚Umweltprobleme im Betrieb' geführt. Unser Anliegen war hier, nicht Einzelprobleme, etwa Werkstoffe, Arbeitsvorgänge hinsichtlich ihrer ‚Umweltverträglichkeit' zu untersuchen, sondern vielmehr einen Einblick in die Vernetztheit der vorgefundenen Natur zu geben und die Stellung des Menschen als Teil, aber auch als bewußter Gestalter von Natur darzustellen und erlebbar zu machen. Ökologie als „die Lehre von *ganzheitlichen Zusammenhängen* im Austausch zwischen Mensch und Natur"[1] sollte annähernd ganzheitlich unter Einbeziehung von Kognition, Gefühl und Sinne (Kopf, Herz und Hand) erfahren werden.

Aufbauend auf eine, wie wir hoffen, motivierende Orientierungsphase in Sachen Ökologie können konkrete Einzelaspekte u.E. ‚ganzheitlich', weil in ein annähernd vernetztes Modell eingebunden, bearbeitet werden.

Einfühlen in Natur und Umwelt — Sensibilisierung der Sinne

Wir erleben uns heute zunehmend als Gestalter von Natur, weniger als Teil von ihr, was wir ja *auch* sind. An die Stelle von 'hautnahen' Naturerfahrungen treten solche aus zweiter Hand, vermittelt durch die dienstbar gemachte Natur. Ein historischer Rückblick mag diese Entwicklung bruchstückhaft verdeutlichen:

Der Jäger und Sammler lebte in einer ständigen Auseinandersetzung mit einer feindlich erlebten Umwelt. Er war deshalb darauf angewiesen, ein möglichst differenziertes Bild von seiner Umwelt zu erhalten. Differenziert bedeutete für ihn, möglichst viele Reize aus seiner Umgebung über die Sinne aufzunehmen und sie nach seinen bereits gemachten Erfahrungen zu bewerten. Folgte er z.B. einem Wildwechsel, so war ein rein optischer Eindruck nicht ausreichend. Nur durch den Gebrauch all seiner Sinne konnte er eventuellen Gefahren ausweichen. Ähnliches gilt für den Gebrauch von Materialien und für die Beschaffung von Nahrungsmitteln. Der rein optische Eindruck eines Stückes Holz oder einer Pflanze sagte noch lange nichts über eine Eignung als Bogen bzw. als Nahrungsmittel aus. Sämtliche Materialien, die genutzt wurden, mußten einer sehr eingehenden, vielschichtigen sinnlichen Überprüfung unterzogen werden, bevor von ihnen Gebrauch gemacht werden konnte.

Der Mensch in der modernen Industriegesellschaft hat seine Umwelt mehr und mehr entschärft bzw. nach seinen Bedürfnissen gestaltet. In dieser konstruierten Welt genügt es weitgehend, sich an visuellen Eindrücken zu orientieren. So hat sich der Mensch für seine Fortbewegung auf den modernen Wildwechseln ein visuelles Leitsystem geschaffen (z.B. Verkehrszeichen, Ampelanlagen), das den Gebrauch der restlichen Sinne überflüssig macht. Das Fehlen von optischen Hilfsmitteln, z.B. eines Spiegels an einer unübersichtlichen Straßeneinmündung, wird sogar als störend empfunden. Die wenigsten Menschen kämen auf die Idee, sich auf ihr Gehör zu verlassen.

Sinne, die nicht gebraucht werden, verkümmern schnell. Zu starke oder permanente Reize führen schnell zu einer Abstumpfung. Knallrot ist nicht mehr ausreichend, um einen starken Reiz auszulösen. Es muß schon neonrot sein, damit man das optische Signal noch wahrnimmt oder Parfüm oder Deo, damit uns unsere Nächsten noch riechen können. Kaum jemand empfindet den Hintergrundgeräuschpegel einer Großstadt noch als störend. Unser Gehirn filtert einfach aus — wir haben aufgehört, dafür empfindsam zu sein.

Aus dieser Einschätzung begründet sich unser Ansatz im ökologischen Bildungsbereich sinnliche Wahrnehmungen zu ermöglichen. Diese sollen empfindlich und empfindsam machen, sollen die Sinne mit denen wir mit unserer Umwelt in Kontakt treten und über die die Umwelt mit uns in Kontakt tritt, öffnen und erfahrbar machen. Einer kognitiven Herangehensweise an Umweltthemen soll eine emotional stimulierende gegenübergestellt werden. Das Denken, das sich als rasch, beweglich, autonom, von Körperlichkeit unabhängig beschreiben läßt, soll durch sinnliche Wahrnehmung, Fühlen, Empfindung des eigenen Körpers gleichberechtigt ergänzt und verbunden werden. Die TeilnehmerInnen sollen nicht nur über Umwelt reden, sondern sich als Teil der Umwelt empfinden.

Eingebundenheit in Natur und Umwelt — Verständnis für ökologische Kreisläufe

Entsprechend dem weitgehenden Fehlen unmittelbarer Naturerfahrungen ist die Eingebundenheit, die Abhängigkeit des Menschen von der Natur, die ja den Menschen ausmacht, ist das Verständnis für die Selbstregulation ökologischer Kreisläufe spätestens im Industriezeitalter nicht mehr vorhanden. Industrielle Produktion scheint parallel zur, nicht in der Umwelt stattzufinden.

Nach Frederic Vester haben „anders als bei unserer Einweg-Wirtschaft ... die Kreisläufe der lebenden Natur keinen Anfang und kein Ende. Jeder Abfall ist wieder Rohstoff für etwas Neues. Man könnte auch sagen: Ursache und Wirkung verschmelzen, sind austauschbar."[2]

Natur reproduziert sich in vielfältig vernetzten, sich selbst regulierenden *Kreisläufen* mit der Sonne als unerschöpflicher Energiequelle. Insbesondere die industrielle Produktion stellt sich dagegen in Form einer *Linie* dar: Boden-

131

schätze werden ausgebeutet und über zum Teil lange Transportwege zur Weiterverarbeitung gebracht. Das Produkt gelangt über den Handel zum Endverbraucher, der es ‚verbraucht'. Nach der Verwendung wird es in der Regel nicht in einen Kreislauf zurückgeführt, sondern zum Müll gegeben, mit den bekannten Auswirkungen auf Boden, Luft und Wasser. Energie zu dieser Lebenslinie liefern fossile Brennstoffe, deren Verwendung zusätzlich in die bestehenden Kreisläufe eingreift.

Probleme treten dann auf, wenn die Mengen der zirkulierenden Stoffe dramatisch vergrößert werden, so daß sie nicht mehr verarbeitbar sind oder wenn die Stoffe in Kreisläufe geraten, für die es keine 'Verwendung', d.h. keine Abbaumöglichkeiten gibt. Wie z.B. die Algenpest in der Adria gezeigt hat, schaffen es die Selbstreinigungskräfte der Gewässer nicht immer, die eingeleiteten Abwässer zu ‚verarbeiten'. Noch problematischer ist der Einsatz von Stoffen, für die in natürlichen Kreisläufen kein Abbaumechanismus besteht. Kohlenstoff-Chlor-Verbindungen etwa müssen wegen ihrer Gesundheitsgefährlichkeit von den natürlichen Kreisläufen isoliert gehalten werden, was allerdings meist nicht gelingt und uns zudem das Sondermüllproblem beschert.

Methoden und Arbeitsformen

Die im folgenden dargestellten Methoden und Arbeitsformen stellen Bausteine für ein Seminarkonzept dar, die je nach Ausgangssituation, Teilnehmerzusammensetzung, Zeitbudget und Schwerpunktsetzung Verwendung finden können.

Der blaue Planet

Natur soll verstanden werden als durch Evolution entstandene Grundlage allen Lebens, wie wir es heute auf diesem Planeten vorfinden. Einmaligkeit, Zerbrechlichkeit und Verwundbarkeit des Planeten Erde werden dargestellt, um das Öko-System Erde als erhaltenswert schätzen lernen zu können.

Die TeilnehmerInnen werden aufgefordert, sich in die Rolle eines Raumfahrers von einem weitentfernten Planeten zu versetzen, der sich auf dem Weg durch unser Sonnensystem befindet. Er wird auf Planeten treffen, die sich in ihrer Eintönigkeit mehr oder weniger ähneln, bis er einen Himmelskörper ausmacht, der sich sofort durch seine blaue Farbe von allen anderen unterscheidet: Die Erde.

Diese imaginäre Reise wird durch Diaaufnahmen von Saturn, Venus, Mars, Mond und schließlich der Erde erlebbar gemacht. Zur Erde werden Informationen zur Entstehungsgeschichte und ihrer Beschaffenheit gegeben. Es wird vermittelt, daß die Luftschicht, die uns vom eisigen Weltraum trennt und in

die wir bedenkenlos Abgase blasen, eine auf einen Meter Durchmesser ver-
kleinerte Erdkugel nur wenige Millimeter stark umhüllen würde. Damit soll
die Verwundbarkeit unseres begrenzten Lebensraumes anschaulich gemacht
werden.

Erfahrung der Sinne

An verschiedenen Stationen werden mit unterschiedlichen Hilfsmitteln das
Fühlen, das Riechen, das Hören, aber auch das Sehen aktiviert.

Fühlen:
In zwei Kästen in der Größe eines Schuhkartons sind ‚blind‘ (mit verbundenen
Augen) Gegenstände zu ertasten. Die Zusammenstellung der unterschiedlichen Gegenstände kann dabei nach einem thematischen Schwerpunkt erfolgen
(z.B. alles, was es im Wald gibt; verschiedene Werkstoffe).

Riechen:
Hier stehen verschiedene Flüssigkeiten in verschließbaren Fläschchen bereit,
die nach ihrem Geruch bestimmt werden sollen. Wir verwenden dazu ätheri-
sche Öle, aber auch im Kontrast dazu Reinigungsmittel und ähnliche Flüssigkeiten des täglichen Gebrauchs oder aus der Arbeitswelt.

Hören:
Hier werden die TeilnehmerInnen aufgefordert, die Augen zu schließen und
am geöffneten Fenster einige Minuten ausschließlich auf alle Geräusche zu
achten, die wahrnehmbar sind.

Nach dieser Phase sinnlicher Erfahrungen wird jeweils neben dem Austausch über wahrgenommene Gegenstände, Gerüche und Geräusche deutlich,
daß diese ‚isolierten‘ Sinneswahrnehmungen für die TeilnehmerInnen eine
überraschend neue Erfahrung darstellen. Es wird nachvollziehbar, daß wir
unsere Umwelt im wesentlichen optisch wahrnehmen und beurteilen. Daß
diese Einengung der Wahrnehmung u.U. auch in die Irre führen kann, verdeutlicht ein weiterer Versuch:
Jeweils zwei, nach Farbe und Konsistenz anscheinend identische Flüssigkeiten stehen zur optischen Begutachtung in durchsichtigen, abgeschlossenen
Behältern bereit. Erst durch Zuhilfenahme des Geruchs- und evtl. auch des
Geschmackssinns wird klar, daß es sich um Essig/Wein; Wasser/Zuckerwas-
ser oder Fruchtmilch/Bohremulsion handelt.

Natürliche Kreisläufe — Funktionen und Eingriffe

Zunächst verdeutlichen wir hier, daß unser Planet ein ‚geschlossenes System‘ ist — es geht nichts verloren und es kommt (außer vielleicht einmal ein
Meteorit) stofflich nichts hinzu. Die Moleküle der Elemente sind seit Jahrmil-

lionen die gleichen, gehen allerdings Verbindungen mit anderen Elementen ein. Die Abfolge dieser unterschiedlichen Verbindungen lassen sich als Kreisläufe beschreiben.

Dieses ‚geschlossene System Erde' läßt sich modellhaft darstellen: Moos mit etwas Erde ist in einem abgeschlossenen Glasbehälter ohne unser weiteres Zutun mit der Sonne als Energiequelle lebensfähig. In diesem luftdichten Glasbehälter ereignen sich im kleinen die gleichen Kreisläufe wie auf der Erde.

Auf zwei dieser Kreisläufe gehen wir in den Bildungsveranstaltungen dann näher ein, auf den Kreislauf des Stickstoffs und den des Kohlenstoffs. Stickstoff (N) aus der Luft wird von Bodenbakterien in Ammonium (NH_4) und Nitrat (NO_3) umgebaut, Stoffe, die wiederum die Pflanzen für ihr Wachstum verwenden. Über den Stoffwechsel von Lebewesen gelangt der Stickstoff mit den Exkrementen wieder auf und in den Boden. So schließt sich der Kreislauf. Dieser ausgeglichene Kreislauf wird gestört, wenn zusätzlich Stickstoff (z.B. durch Überdüngung mit Gülle oder Kunstdünger) eingebracht wird, der von den Pflanzen nicht mehr verarbeitet werden kann.

Der Stickstoff gelangt dann in Form von Nitrat ins Grundwasser, wo er zur Überdüngung der Oberflächengewässer (Eutrophierung) beiträgt. Mit Nitrat in hoher Konzentration belastetes Trinkwasser kann erhebliche gesundheitliche Folgen nach sich ziehen. Aus diesem Grunde gibt es einen Grenzwert für den zulässigen Nitratgehalt des Trinkwassers. An einzelnen Stationen des Kreislaufs kann nun die Konzentration von Nitrat mit einfachen Teststäbchen gemessen werden. Wir stellen den TeilnehmerInnen Proben von Trinkwasser, Oberflächenwasser, verschiedene Sorten von Mineralwasser und Pflanzen (Gemüse) zur eigenen Messung zur Verfügung.

Das Moos in unserem Modell produziert aus dem in der Luft enthaltenen Kohlendioxid (CO_2) und Wasser (H_2O) mit Hilfe von Sonnenlicht als Energiequelle Kohlehydrate (z.B. Zellulose) und gibt dabei Sauerstoff (O_2) ab. Diesen verwenden Lebewesen für ihren Stoffwechsel und geben ihrerseits Kohlendioxid ab, was wiederum von den Pflanzen aufgenommen wird.

Probleme im Kreislauf des Kohlendioxids treten dann auf, wenn zusätzlich Kohlendioxid in die Troposphäre eingebracht und z.B. gleichzeitig die Waldfläche dezimiert wird. Bäume und Pflanzen sind dann nicht mehr in der Lage, das u.a. durch Verbrennung fossilen Kohlenstoffes (Kohle, Öl, Gas) emittierte Kohlendioxid zu verarbeiten, so daß dessen Anteil in der Zusammensetzung der Luft ansteigt und so neben verschiedenen Spurengasen ganz wesentlich zum Treibhauseffekt beiträgt.

Eine andere Qualität stellen Einwirkungen in Form synthetischer Stoffe dar. Diese ‚künstlichen' Stoffe kommen in der Natur nicht vor, es sind keine Kreisläufe dazu entstanden, die Natur hat keine Möglichkeiten, sie abzubauen, d.h. ihre ‚künstliche' Entstehung gewissermaßen zurückzudrehen und sie in die ursprünglichen Bestandteile wieder zu zerlegen. In den natürlichen Kreisläufen tauchen sie als Fremdkörper auf und haben eine gesundheitsgefährdende oder zerstörende Wirkung für Lebewesen.

Als Beispiel für diesen Vorgang stellen wir in den Bildungsveranstaltungen den Lebenslauf des Perchlorethylen (PER), eines in der Industrie vielfach verwendeten Lösungsmittels vor. PER wird in chemischen Reinigungen und in der Metallindustrie als Fettlöser verwendet. Seine Eigenschaft, selbst Betonwände durchdringen zu können, hat dazu geführt, daß PER sich im Erdreich, im Grundwasser und in fetthaltigen Lebensmitteln angereichert hat und infolgedessen langfristig zu Gesundheitschäden führt. Der übliche Weg der Entsorgung von PER endet in einer Sondermülldeponie oder bei der Verbrennung auf hoher See, wobei aufgrund des Chloranteils Dioxine entstehen können.

Die oben aufgezeigte Darstellung verdeutlicht den TeilnehmerInnen die Eingebundenheit des Menschen in die Natur und läßt sie die Problematik menschlicher Eingriffe in natürliche Kreisläufe erkennen. Es soll deutlich werden, daß der Mensch sich in seiner spezifischen Auseinandersetzung mit seiner Umwelt an diesen Kreisläufen orientieren muß, wenn er die vorgefundene Natur als Lebensgrundlage erhalten will. Es kann dabei, zugespitzt formuliert, nicht darum gehen, sozusagen den Menschen um der Natur willen ‚abzuschaffen'. Vielmehr ist Phantasie gefordert, damit bestimmte Prozesse vermieden oder zumindest reduziert werden oder in einer umweltverträglichen Form ablaufen. Die Selbstreinigungskraft eines mit Abwässern belasteten Flusses etwa kann durch den zusätzlichen ‚Einsatz' von Bakterien (in Klärwerken) unterstützt werden. Umweltgefährdende Chemikalien müssen insbesondere daraufhin überprüft werden, ob sie nicht vermieden werden können oder durch umweltverträgliche Stoffe und Verfahren ersetzt werden können.

Alle technische Machbarkeit wird allerdings nicht darüber hinwegtäuschen können, daß wir auf so manche und mittlerweile selbstverständlich gewordene Gewohnheit aus ökologischen Gründen zukünftig verzichten werden müssen.

Erfahrungen

An den Reaktionen und am Mitteilungsbedürfnis der TeilnehmerInnen hinsichtlich ihrer gemachten Umwelterfahrungen, z.B. an den Stationen, die eine neue Erfahrung der Sinne ermöglichen sollen, wurde uns deutlich, daß diese Methoden nicht nur als Vorbereitung auf das eigentliche Thema eingesetzt werden können, sondern eine eigene Qualität, eine eigene Sinn- und Zweckhaftigkeit besitzen. Die Erfahrungen beim Tasten oder das Wiedererkennen von Gerüchen spielen sich bei jedem unterschiedlich ab, berühren jeden an einer anderen Stelle seiner Verbindung zur Umwelt. Einige TeilnehmerInnen bemerkten an sich, daß die Verbindung einzelner Sinne zur Umwelt fast gar nicht mehr vorhanden ist oder doch praktisch in unserer weitgehend gestalteten Lebensumwelt kaum mehr benutzt werden bzw. benutzt werden müssen. Der Philosoph Klaus Michael Meyer-Abich beschreibt diesen Sachverhalt folgendermaßen: „Weil den Tast- und Bewegungssinnen heute nur noch so wenige Eindrücke zuteil werden, bilden sie sich weder hinreichend aus, noch nehmen wir wahr, was wir ‚begreifen' und ‚erfassen' sollten — nämlich die Natur als diejenige, zu der wir selbst gehören, oder uns als Natur."[3]

Bei unseren Versuchen der Veranschaulichung von ökologischen Kreisläufen und dem Einbezug des Teilnehmers in die Kreisläufe, waren wir gezwungen, uns auf einfache darstellbare Parameter wie Stickstoff, Wasser und Kohlendioxid zu beschränken. Hier war vordergründig der direkte Bezug zum Seminarthema z.B. „Betriebliche Umweltsituation" von den TeilnehmerInnen schwer zu erkennen. Das führte anfangs zu Rückfragen, was dies denn noch mit dem Betrieb zu tun habe. Unsere Intention, die eigene Rolle als Mensch in ökologischen Kreisläufen zu erkennen und die Auswirkungen in den Kreisläufen feinfühlig weiterzuverfolgen, war dann doch für einige TeilnehmerInnen schwer nachzuvollziehen. Gerade für die TeilnehmerInnen, die konkret nach bestimmten Arbeitsstoffen fragten, mit denen sie täglich zu tun haben, z.B. Tippex, Bohremulsionen, Lacke usw., war es nicht einfach, sich auf eine sinnliche Empfindung ihrer Umwelt einzulassen, die eigene Einbindung und Wirkung auf ökologische Kreisläufe zu erkennen und zu thematisieren. Die berechtigten Nachfragen nach der Giftigkeit und Umweltverträglichkeit von Stoffen und Produkten des eigenen Betriebs wollten wir jedoch nicht verhindern, auch wenn uns eine Antwort auf die spezifischen Fragen aufgrund der Fülle der einzelnen Stoffe nicht immer möglich war. Uns ging es um die Einbeziehung und die Einordnung punktuell gemachter Umwelterfahrungen im Betrieb in ökologische Zusammenhänge.

Ein weiterer wichtiger Aspekt bei der Durchführung ökologischer Bildungsveranstaltungen ist die Raumfrage. Einfühlen in die Natur und die Wahrnehmung des eigenen Eingebundenseins in natürliche Kreisläufe lassen sich nicht in einem klimatisierten, künstlich beleuchteten Tagungsraum erreichen. Will man solche Methoden einsetzen, muß man Erfahrungen in der Natur ermöglichen.

Außerdem benötigt eine ‚Schulung der Sinne' und die Vermittlung der Einsicht in ökologische Zusammenhänge hinreichend Zeit. Der zeitliche Rahmen für diese Seminarteile, den wir auf einen halben Seminartag (ca. 3 Stunden) bei Wochenendseminaren festgelegt hatten, muß im nachhinein als zu gering angesehen werden. Die Umwelt mit den Sinnen zu erfahren bzw. die kognitive Sensibilisierung für ökologische Zusammenhänge, in denen ich als Mensch lebe und in die ich eingreife, braucht seine Zeit. Ideal wäre es, mit einer Gruppe von TeilnehmerInnen an einem Thema aus dem Bereich Ökologie über einen überschaubaren Zeitraum zu arbeiten. Dadurch wäre die Möglichkeit gegeben, den Bereich Sensibilisierung für ökologische Zusammenhänge in einer Orientierungsphase ausführlich in die inhaltliche Auseinandersetzung mit dem jeweiligen Thema einzubeziehen.

Trotz der notwendigen zeitlichen Kompromisse, die wir aufgrund der Rahmenbedingungen der Veranstaltungen gezwungen waren einzugehen, zeigen die Rückmeldungen der TeilnehmerInnen, daß die von uns gewählten Formen einer Annäherung an die eigene Umwelt und der Versuch diese zu begreifen, gut bewertet wurde und für die TeilnehmerInnen eine ‚neue' Form war, sich Umweltthemen zu nähern.

Anmerkungen

1   Oelkers, Jürgen: Ist Ökologie lehrbar? In: Criblez, Lucien / Gonon, Philipp (Hrsg.): Ist Ökologie lehrbar?. Bern 1989, S. 65, Hervorh. im Original
2   Vester, Frederic: Wasser = Leben. Ravensburg, 1987, o.S.
3   Meyer-Abich, Klaus Michael: Wege zum Frieden mit der Natur. München 1986, S. 253

Erich Weiß / Hubert Sowa

„Autos in Bamberg — ein ökologisch orientiertes kulturpädagogisches Projekt

Thema dieses ökologisch-kulturpädagogischen Projektes ist die Verkehrssituation bzw. die Situation, die durch den ungehemmten Autoverkehr in der Stadt Bamberg entstanden ist. Ergebnis ist eine Fotoausstellung, die die Jugendlichen aufgrund ihrer Beobachtungen erstellt haben.

Durch einen ästhetischen Prozeß soll Jugendlichen der Zugang zum Thema Ökologie erleichtert werden. Die Teilnehmer erkunden durch Beobachtung ihre Umwelt, halten diese Ergebnisse mit dem Fotoapparat fest und visualisieren mit der abschließenden Ausstellung sowohl die Verhältnisse als auch ihren Standpunkt.

In einem aktiven und schöpferischen Tun wird der Fatalismus, der die ökologische Auseinandersetzung zuweilen begleitet, überwunden. Das eigene Handeln ermöglicht ein konstruktives Verhalten zum Thema. Neben den gängigen Begriffen wie Luft-, Boden-, Wasserverschmutzung, Lärm, etc., wird auch der Aspekt der „Bildverschmutzung" bearbeitet. D.h. die Ökokatastrophe ist hier auch als Verschmutzung des ästhetischen Empfindens begriffen worden. Zum reinen Überleben genügt eine „saubere" Umwelt. Die Verschmutzung, die Häßlichkeit erzeugt, läßt aber bestimmte Fakten noch intensiver deutlich werden. Auch wird das Verhältnis zur Umwelt durch den Wert bestimmt, den man ihrem Aussehen beimißt.

Bamberg — eine zweifellose Kulturstadt

Das Stadtbild Bambergs ist geprägt von kulturhistorisch bedeutsamen Einzel- und Ensembledenkmälern der Baukunst aus mehreren Epochen. Stolz schmückt sich die Stadt mit dem Beinamen „Traumstadt der Deutschen". Da es an alternativen Verkehrskonzepten jedoch fehlt, fließt der Autoverkehr ungehemmt durch die Altstadt. Zur Bewältigung wird eine (jahrelange) mehr oder weniger öffentliche und kontroverse Diskussion über „Tangentenbau",

„Bergverbindungsstraßen", „Park und Ride Systemen" usw. geführt. Wirkungslos, im Sinne einer Reduzierung des Autoverkehrs, entschließen sich die Stadtväter allenfalls zu kosmetischen „Verbesserungen". Der drohenden Kollapssituation sind vor allem „schwache" Verkehrsteilnehmer, wie Radfahrer und Fußgänger ausgeliefert. Vermeintliche Konkurrenz zwischen wirtschaftlichen Interessen und Denkmalschutz/bzw. menschengerechte Stadt verkennt die gegenseitige Bedingung beider Aspekte und führt zur Zerstörung beider Grundlagen.

Als der Psychologe Alexander Mitscherlich 1965 in seinem berühmt gewordenen Buch von der „Unwirtlichkeit unserer Städte" sprach, hatte er damals — obwohl er in einer Großstadt lebte — wohl erst einen schwachen Vorschein des Schreckens vor Augen, der heute selbst in deutschen Kleinstädten herrscht. Im Blick auf die seelische und körperliche Gesundheit der Stadtbewohner war für ihn schon 1965 klar: „Die Lebensformen des Menschen in der industrialisierten Gesellschaft stellen eine der härtesten Belastungsproben dar, die er sich, seit er Umwelt schafft, arrangiert hat"[1]. Die Jugendlichen, die die Bilder dieser Ausstellung fotografiert haben, sind in den 70/80er Jahren aufgewachsen. Für sie ist die „härteste Belastungsprobe" seit frühester Jugend Normalität.

Wer in solcher „Normalität" aufgewachsen ist, für den ist es natürlich schwer wahrzunehmen, was um ihn herum tatsächlich vor sich geht: Gerade die Alltäglichkeit ist ja eigentlich für die Alltagsaugen unsichtbar, weil sie uns immer schon umgibt wie das Wasser den Fisch. Für die alltägliche Normalität haben wir keinen Maßstab, an dem wir sie messen könnten: Sie ist ohne allen Zweifel — zweifellos.

So etwa: Autos in Bamberg. Wo wären in dieser Stadt (wie in jeder anderen deutschen Stadt) denn schon keine Autos? Aber was so allgegenwärtig ist, daran leiden wir zwar vielleicht unbewußt ständig, doch nehmen es nicht mit wachem Verstand war. Schauen wir uns diesbezüglich die gängigen Bildbände über die vielgepriesene „tausendjährige Kulturstadt" an: Sie scheinen allesamt mit Blindheit geschlagen zu sein für das, was in dieser Stadt tatsächlich vor sich geht; sie träumen den schönen alten Traum von einem wohnlichen und beschaulichen städtischen Leben, ohne ein Auge dafür zu haben, daß sich in dieser Stadt (wie vielerorts) die Dinge unbemerkt geändert haben — und das gerade in den letzten zwanzig Jahren. Apropos „Kulturstadt": „Kultur" kommt von lateinisch „colere"= hegen und pflegen, schützen und schonen. Die Frage sei erlaubt: Ist der Massen-Autoverkehr die richtige „Pflege" für eine Stadt wie Bamberg?

Jugendliche fotografieren ihren städtischen Alltag

Die Teilnehmer wurden durch Aushänge am Franz-Ludwig-Gymnasium Bamberg geworben. Aus finanziellen Gründen mußten die Jugendlichen die technischen Mittel (Fotoausrüstung) selbst stellen. Insofern war eine Selektion der Teilnehmer nicht zu verhindern.

Der Zugang zu dem Projekt erschloß sich den Jugendlichen durch ihr vorhandenes Interesse an der Fotografie. Der ökologische Aspekt wurde aber nicht als notwendiges Übel begriffen. Es ist eher festzustellen, daß die Bereitschaft hinzusehen, als Voraussetzung der Fotografie, offener für die Wahrnehmung ökologischer Probleme macht.

Es fällt auf, daß ausschließlich männliche Jugendliche an dem Projekt teilnahmen. Dies verwundert um so mehr, da bei Jungen eine größere Akzeptanz des Autos unterstellt werden kann. Die Abstinenz der Mädchen kann nur durch die Wahl des „technischen" Mittels Fotografie erklärt werden.

Als Grundlage der Projektdurchführung vereinbarten die Teilnehmer die Einhaltung der Rahmenbedingungen, d.h. kontinuierliche Mitarbeit über einen längeren Zeitraum, regelmäßige Treffen und Präsentation der Teilarbeitsergebnisse.

Das Thema „Autos in Bamberg" wurde anhand der tatsächlichen Situation und möglicher alternativer Verkehrskonzepte dargestellt und in einem anschließenden Brainstorming erschlossen. Die entstandenen Stichpunkte wurden gemeinsam diskutiert und Formen der fotografischen Darstellung erläutert.

Themenschwerpunkte waren: Autos in der Altstadt, Ringstraßen, Bau der Maintalautobahn, Staus, Fußgänger, Kultplätze des Autos, Beschädigungen, Plätze, menschenunwürdige Anblicke.

Als Zusammenkünfte standen im allgemeinen Samstage von 8 Uhr bis 17 Uhr zur Verfügung. Ein flexibel gestalteter Terminplan diente der Überschaubarkeit des Projektes.

Einzelne Themenschwerpunkte fotografierten die Teilnehmer in Kleingruppen zu zwei bzw. drei Jugendlichen eigenständig. Grundsätzlich fand am Ende eines Tages immer eine gemeinsame Reflexion über die Arbeit statt. Dabei ist zu bemerken, daß die Jugendlichen die Arbeit außerhalb der Treffen selbstverantwortlich weiterführten. Sowohl der Umstand Wetterverhältnisse, aber auch bestimmte Verkehrssituationen zu bestimmten Zeiten ließen die starre Einhaltung einer Terminplanung nicht zu.

Die Teilergebnisse der fotografischen Arbeit wurden bei den Treffen immer gemeinsam ausgewertet. Dabei legte man sowohl auf die formale Gestaltung wert, als auch auf den sichtbaren Bezug zur Stadt und auf die thematische Aussagekraft der Bilder.

Ein Besuch der Ausstellung „Alptraum Auto" sowie das Studium von bereits bestehenden fotografischen Aufarbeitungen des Themas ‚Stadt' bzw. ‚Verkehr' unterstützte ergänzend die inhaltliche Arbeit.

Gemeinsam mit den Künstlern Werner Kohn und Bernhard Kümmelmann[2] traf die Gruppe die Endauswahl der Bilder. Hier konnten die Jugendlichen ihre eigenen Vorstellungen mit denen von anerkannten Künstlern vergleichen und in Relation setzen. Hierbei wurde vor allem deutlich, daß die richtige Zuordnung von Einzelaspekten in eine Reihenfolge, bzw. in einen Themenkomplex entscheidend sein kann. Daß dadurch einzelne Fotos ihre Bedeutung verlieren, aber auch andere umso intensiver wirken, verblüffte oft.

Die Aufbereitung zur Präsentation wurde ebenfalls zusammen mit dem Künstler Bernhard Kümmelmann geleistet, um einen umfassenden Einblick in die Arbeit der Ausstellungsherstellung zu ermöglichen.

Fotografie als Element ökologischer Bildung

Die Beteiligung an einem Herstellungsprozeß eines öffentlichkeitswirksamen Produktes, die über eine reflektive Beobachtung der Verhältnisse hinausgeht, bringt die Jugendlichen aus der passiven Rolle des Opfers in eine aktive Rolle der Auseinandersetzung und Entgegenstellung.

Will der Fotograf dichte und aussagekräftige Bilder herstellen, muß er erst lernen, genau hinzusehen und seine Wahrnehmung schulen. Dieses visuelle Aufnehmen der Umwelt stellt einen sinnlichen Lernprozeß dar. Ohne das Objekt zu verstehen bzw. die Zusammenhänge von komplexen Systemen zu durchschauen, läßt es sich nicht darstellen.

Fotografie erfüllt von sich aus keine Wahrheits- oder Erkenntnisfunktion. Sie transportiert lediglich Inhalte und wirkt als Hilfsmittel zur Kommunikation. Das Medium dient hier zur Unterstützung des Anspruchs, die Misere des Autoverkehrs darzustellen.

Fotografie wird eingesetzt, um die ungenügende Darstellung des Problems Autoverkehr (speziell in Bamberg) in den lokalen Kommunikationsforen zu überwinden. Die Wirklichkeit, so wie sie sich den Jugendlichen darstellt, wird von ihnen selbst „angeeignet"[3] und als Aussage präsentiert. Dabei ist man sich im Klaren, daß immer nur Bruchstücke der Wirklichkeit dargestellt werden können. Die Fragmente der Ausschnitte müssen sowohl beim Fotografen als auch beim Betrachter durch Denken zusammengesetzt werden. Erst die Übereinstimmung des gedanklichen Prozesses mit der überprüfbaren Realität (des Autoverkehrs) läßt das Ergebnis zu einem Dokument der Wirklichkeit erstehen.

Die Darstellung des Alltäglichen als hervorzuhebendes Objekt einer Fotoausstellung wirkt in doppelter Funktion. Konfrontiert mit dem täglichen Verkehr erkennt der ortskundige Rezipient sofort die Zusammenhänge des Gezeigten und vergleicht eigene Erfahrungen mit den Fotos. Hervorhebung des an sich Banalen, weil Alltäglichen und Vertrauten zum Objekt einer besonderen Darstellungsform stellt eben das Banale in den Mittelpunkt des Interesses. Das Selbstverständliche wird Gegenstand zum Nachdenken, zur Reflexion und zur Problematisierung. Erst dadurch kann es auch für Veränderungen und Entwicklungen interessant werden.[4]

Die Projektkonzeption verbindet mehrere Aspekte der Jugendbildung in idealer Ergänzung zueinander:

Ökologie, hier Verkehr, ist beherrschendes zentrales Thema der inhaltlichen Auseinandersetzung. Die methodischen Formen dienen der Hinführung und erhalten auf längere Sicht das Interesse am Thema. Die Konzentration auf den Einzelaspekt Verkehr innerhalb der globalen Problematik Ökologie ermöglicht ein überschaubares Arbeiten. Außerdem ist gerade dieser Aspekt für die Teilnehmer, aber auch Bewohner der Stadt, augenfällig und visuell gut darzustellen.

Das Medium Fotografie erfüllt mehrere Funktionen gleichzeitig: als künstlerische Ausdrucksform, als Mittel der ‚Verbalisierung' von Gefühlen und gedanklichen Prozessen und als politisches Instrument um eine öffentliche Diskussion anzuregen.

Die Verbindung des oft mit Verzicht assoziierten Themas Ökologie mit einer Form der kreativen eigenen Aktivität ermöglicht positive Handlungsperspektiven, die zu einer Erweiterung der eigenen Persönlichkeit führen und somit, unabhängiger von vorgefertigtem Konsumverhalten, ökologisches Verhalten als erstrebenswert erscheinen läßt.

Bilder der Ausstellung

Die Bilder dieser Ausstellung rufen laut: „Augen auf!" oder: „Wer Augen hat, der sehe!" Sie legen schlicht dar, was sich heute auf der normalen Ebene städtischen Lebens wahrnehmen läßt. Wie so oft zeigt uns die Fotokamera — sofern sie von einem wachen Auge und einem entschlossenen Verstand gelenkt wird — die Wahrheit wesentlich deutlicher, als wir sie in unserer Alltagsbenommenheit zu sehen vermögen. In ihrer ungeschönten Klarheit erschrecken uns die Bilder: Wir sehen sie und wollen sie doch auch eigentlich nicht wahrhaben. Mancher mag meinen: „Das darf doch nicht war sein!". Andere mögen schnell mit der Ausrede zur Hand sein: „Es gibt aber doch auch noch andere Anblicke in dieser Stadt..." Das trifft zwar zu, aber diese „anderen Anblicke" sind (hier wie andernorts) mittlerweile nur noch seltenste Ausnahmen. Wir kommen nicht umhin, zuzugeben: Der öffentliche Raum in dieser unserer Heimatstadt ist heute allem zuvor für die Autos da. Den Nicht-Autoinsassen dagegen bleibt „der Rest" — und das ist mittlerweile kaum mehr etwas — zumindest nichts Schönes und Gesundes. Ein künstlerischer Foto — Band über die Stadt Bamberg[5] kommentiert das sich offenbarende ökologische und ästhetische Desaster abschließend mit den Worten des Propheten Jesaja: „Das Land ist für Generationen verödet ... Der Herr spannt die Meßschnur ‚Öde' darüber, er legt das Senkblei ‚Leere' an." Im Blick auf die Verkehrsverhältnisse scheint dieses Wort noch verstärkt zu gelten — und genau diese Stimmung wird durch unsere Ausstellung im ganzen vermittelt. Insofern sind die Bilder dieser Ausstellung auch ein wenig prophetisch: Sie zeigen nicht nur, WAS IST, sondern zugleich damit, WAS NOCH KOMMT.

Fotografen wie Betrachter sind gleichzeitig Teil und Inhalt der Fotoausstellung. Sie stehen vor dem Spiegelbild[6], in dem sie sich täglich bewegen. Als Bestandteil des Alltags, der jeden betrifft, ist die eigene Situation zu erkennen und einzuordnen. Die Lebenszusammenhänge werden somit sichtbar und lassen sich bewußt erfahren.

Übereinstimmung bestand zwischen den teilnehmenden Jugendlichen und dem Veranstalter, „etwas" gegen die Bedrohung durch das Auto zu unternehmen. Das Medium Fotografie, bzw. das Bild ist nicht wertfrei und daher auch nicht als objektiv[7] zu bezeichnen. Jedes Foto, isoliert oder mit einem Kontext verbunden, wird mit einer bestimmten Absicht hergestellt bzw. passend zur gewünschten Aussage plaziert. Das Abgebildete spiegelt natürlich die Realität wieder, nur der Gesamtkontext und die gestalterischen Mittel stellen Aussagen in der von uns gewünschten Art her. Diese Eigenart in der von uns beabsichtigten Form zu nutzen, wurde weder bei der Herstellung noch bei der Präsentation der Ausstellung geleugnet. Es ging uns hier immer darum, die verheerenden Auswirkungen des ungehemmten Autoverkehrs aufzuzeigen. Positive Aspekte von Auto und Verkehrsverbindungen werden damit nicht außerkraft gesetzt.

Ökologie als Gegenstand ästhetischer Betätigung verhindert die in unserer Gesellschaft weit verbreitete Nutzung künstlerischer Erzeugnisse als eine von der Realität abgekoppelte schöngeistige Befriedigung, die die rauhe Wirklichkeit erträglicher gestaltet, aber auch statisch festschreibt.

Kunst, die auch heute noch oft ihre Einbettung in den Traditionszusammenhang sucht und ihren Ausdruck im Kult findet, soll entmystifiziert werden. Das Kunstwerk entsteht nicht mehr im Dienste eines magischen, religiösen Rituals sondern hat einen realen örtlichen Gegenwartsbezug. Das Bild steht als ein für jeden zugängliches Erkenntnismittel zur Verfügung.[8] Der schöpferische Prozeß entfernt sich hier nicht von den gesellschaftlichen Bedingungen.

Eine Trennung zwischen Kulturkonsum und Alltagsverständnis läßt das Projekt nicht mehr zu. Es wird dem Betrachter nicht erlaubt, losgelöst von den Niederungen des Tagesgeschäftes, die Unterscheidung von Kultur und Zivilisation zu treffen. Unmöglich, in der Ausstellung seine persönliche geistige Batterie aufzuladen um anschließend weiter am Verkehrskollaps mitzuwirken — gleichgültiges Unbeteiligtsein wird verhindert. Das Gesehene zwingt zur Auseinandersetzung mit der Wirklichkeit.

Grundlegend orientiert sich das Projekt an einem Kulturbegriff, der die Unterscheidung einer elementaren Sphäre des bloß ‚Lebensnotwendigen' und einer ‚höheren' Sphäre des guten Lebens nicht mehr mitmacht. Es ist dem Betrachter nicht mehr möglich, sich der Realität zu entziehen, indem er, angeregt durch Kunst, lediglich ein besseres Leben denkt, sondern er wird durch den gesellschaftlichen Bezug der Kunst aufgefordert an der Verwirklichung einer menschlicheren Zukunft zu arbeiten.[9]

Resümee und Hürden vor einer öffentlichen Präsentation

Festzustellen ist auch, daß mit zunehmender Dauer bzw. Beschäftigung mit dem Thema die Bilder besser, d.h. dem Thema angemessener und in Form und Gestaltung intensiver wurden. Daraus und aus den Äußerungen der Jugendlichen läßt sich die eigenständige Reflexionsarbeit der Teilnehmer ablesen.

Ausgehend von der Grunderarbeitung des Themas ergänzten die Teilnehmer im Laufe des Projektes die Themenvielfalt durch eigene Beobachtungen bisher unbeachteter Aspekte und durch ständige Modifizierung bereits erarbeiteter Ergebnisse.

Erste Reaktionen auf die Ausstellung zeigen, daß das Thema und dessen Umsetzung den Nerv der Stadt getroffen hat. Am eigenen Beispiel lernen Jugendliche wirtschaftliche Abhängigkeiten kennen. Die örtliche Stadtsparkasse in Bamberg sicherte uns die grundsätzliche Bereitschaft zu, die Ausstellung in ihrer Schalterhalle zu präsentieren. Bei den Gesprächen zur konkreten Ausgestaltung und der Vorlage der Bilder wurde die Brisanz überdeutlich. Die Sparkasse versucht, wie auch andere Geldinstitute, ihr Image durch ständig wechselnde Kunstausstellungen zu pflegen. Bei der Durchsicht der Fotos fielen dem Oganisator der Sparkasse die Abbildungen von lokalen Autohäusern besonders auf. Zwar konnte er der Grundaussage (Verkehrskollaps) der Arbeit zustimmen, mußte aber feststellen, daß Bilder von Autohäusern beim Betrachter Zusammenhänge herstellen könnten. Und schließlich sind diese Firmen alle Kunden der Sparkasse.

Es zeigt sich hier einmal das Dilemma, wenn Wirtschaftsunternehmen (auch wenn sie im Besitz von Gebietskörperschaften sind) in Ermangelung öffentlicher Kulturstätten Kunstpräsentation betreiben. Die grundgesetzlich garantierte Freiheit der Kunst findet ihre Grenzen nicht in der Treue zur Verfassung, sondern dann, wenn sie den Boden der Unbedarftheit überschreitet. Zum andern wird hier den Jugendlichen die Lernsituation schlechthin geboten. Sie haben mit ihren Fotos Ursachen eines Problems verdeutlicht und spüren den Widerstand des ,,Mächtigen", der die Freiheit der Zensur besitzt. Es ist ja nicht die Ausstellung, die die Lebensbedingungen, die Umwelt bedroht. Den Zusammenhang zwischen wirtschaftlichen Interessen und Bedrohung der Umwelt stellt hier die Stadtsparkasse fest.

Die Stadtsparkasse zog dann ihre Bereitschaft die Ausstellung zu zeigen zurück. Begründet wurde dies mit der Notwendigkeit politischer Rücksichtnahmen der Stadt gegenüber. In der Zwischenzeit sind die Verhandlungen mit dem Oberbürgermeister soweit gediehen, daß dieser eine Ausstellung im Rathaus Bamberg zugesagt hat. Die Ausstellung findet nun in den Fluren des Rathauses statt.

Anmerkungen

1   Mitscherlich, Alexander: „Die Unwirtlichkeit unserer Städte. Anstiftung zum Unfrieden", Frankfurt / Main 1965, S. 144

2   Kohn, Werner und Kümmelmann, Bernhard sind mit kritischen Publikationen zur Stadtfotografie hervorgetreten: z.B. Kohn Werner in: „Wedding", Berlin 1983; „Neukölln", Berlin 1984; „Bamberg", Berlin 1987; „In der Provinz 1968", Berlin 1988; „Bamberg anders", Bamberg 1989. Kümmelmann, Bernhard in: „Bamberg anders", Bamberg 1989; „BAM Berg Ein Gesicht", Bamberg 1990

3   vgl. Günter, Roland: „Fotografie als Waffe. Zur Geschichte und Ästhetik der Sozialfotografie", Reinbek 1982, S. 174

4   a.a.O., S. 181 f.

5   Kümmelmann, Bernhard: „BAM Berg Ein Gesicht", Bamberg 1990, o.S.

6   vgl. Boström, Jörg: „Doppelportrait", in: Fotokritik o.Jg. (1986) Nr. 21 / 22, S. 8 - 13

7   vgl. Freud, Gisèle: „Photographie und Gesellschaft", Reinbek 1983, S. 173

8   vgl. Benjamin, Walter: „Das Kunstwerk im Zeitalter seiner technischen Reproduzierbarkeit", Frankfurt / M. 1977, S. 16 f.

9   vgl. Welsch, Wolfgang: „Perspektiven von Kultur und Kulturpolitik heute", unveröffentlichtes Manuskript, Bamberg 1990, S. 6 f.

Conny Vasel

Klimagefährdung und Wetterkunde als Themen ökologischer Bildung

Bei diesem Beitrag handelt es sich um die Beschreibung eines Projektes, das aufgrund eines recht ausgefallenen Lernortes, ein Segelschiff, ein besonderes Augenmerk verdient. Viele Jahre haben wir ökologische Bildungsarbeit in normalen Tagungshäusern durchgeführt und stießen immer wieder auf das Problem der mangelnden und schwindenden Motivation bei den Teilnehmer-Innen, sich mit ökologischen Fragen auseinandersetzen zu wollen.

Unter anderem kamen wir dann darauf, einen im Sinne des Themas reizvol-leren Lernort zu wählen. Die Entscheidung, ein Segelschiff für die ökologi-sche Seminararbeit zu wählen, hat den erwünschten Effekt, solche Anreize zu schaffen, mit Sicherheit erfüllt. Das Konzept von ökologischer Bildungsar-beit, wie es hier beschrieben wird, bezieht sich im Schwerpunkt auf Auszubil-dende und junge FacharbeiterInnen, die sich im Rahmen eines Bildungsur-laubs zu einem Seminar anmelden.

Das Schiff: Eine ungewohnte und anregende Lernsituation

Die meisten Jugendlichen, die zu uns auf das Schiff kommen, haben bis zu diesem Zeitpunkt weder ein Schiff betreten, noch ein Schiff als Lernort er-lebt. Wenn sie davon erfahren, daß es die Möglichkeit gibt, an einem Seminar zu ökologischen Fragen auf einem alten Segelschiff teilzunehmen, stellt das Schiff einen besonderen Reiz, aber auch Motor dar, sich dafür zu interessie-ren. Die besondere Lebens- und Arbeitsumgebung auf dem Schiff und auf dem Wasser verlangt viel Toleranz und Umsicht, und überhaupt die Bereit-schaft, sich auf andere Gegebenheiten und Neues einzustellen: Auf Enge, ständig viele Leute um sich zu haben, besondere Koch-, Wasch- und WC-Gelegenheiten, keine Duschen, eingeschränkte Einkaufsmöglichkeiten, sich häufig ändernde Arbeits- und Essenszeiten, kleine schmale Schlafmöglichkei-ten. In den ersten Tagen erleben die TeilnehmerInnen häufig Ermattungs- und

Ermüdungserscheinungen, die darauf hindeuten, daß der Körper mit Umstellungsschwierigkeiten kämpft. Die ständigen Bewegungen des Schiffes müssen ausgeglichen werden und der Körper muß sich darauf einstellen, ständig an der frischen Luft zu sein. Da das Schiff während der Seminarzeit nicht nur an einem Ort liegen bleibt, werden die TeilnehmerInnen mit vielen neuen ‚Bildern' von Landschaften und Ortschaften konfrontiert.

Die Bauweise des Schiffes erzeugt für die TeilnehmerInnen eine Situation, in der sie auf engem Raum mehrere Tage miteinander leben müssen. Beim Segeln erfahren sie, wie sehr man auf die Unterstützung des anderen angewiesen ist. Diese ‚räumliche Enge' und das Aufeinanderangewiesensein erzeugen eine Verdichtung der Kommunikation und Interaktion, was bei den TeilnehmerInnen die Aufmerksamkeit erhöht. Ein nicht geringer Teil der Seminarzeit wird mit Segeln und Zubereitung von Essen verbracht. Da dies zwei Aufgaben sind, die immer von mehreren Jugendlichen gemeinsam bewältigt werden müssen, findet fast permanent eine persönliche Auseinandersetzung statt; z.B. über die Aufteilung der Arbeit untereinander oder die Einigung über die Art der Speisenzubereitung.

Bei der Idee, ein Schiff für die Seminararbeit einzusetzen, geht es bei uns in erster Linie darum, die Themen aufzugreifen, die im unmittelbaren Zusammenhang mit dem Schiff und der Fahrstrecke stehen. Durch das Befahren des Niederelberaumes wird eine Verbindung zwischen dem Lernort Schiff und den ökologischen Themen, wie Elbeverschmutzung, Zerstörung der Landschaft durch Industrieansiedlung, Gefährdung der Wattgebiete, Gefahren der Kernkraftwerke ermöglicht. Die TeilnehmerInnen können vom Schiff aus den Lerngegenstand sehen, über den informiert und diskutiert wird. Mit dem Schiff ist es möglich, sich auf spezifische Weise der Natur zu nähern und gleichzeitig ist man ihr hautnah ausgesetzt. Wir können z.B. mit Hochwasser ins Watt fahren, uns dort ‚trocken fallen lassen', vom Schiff aussteigen und das Watt erkunden. Der Natur ausgesetzt sein bedeutet hier, auf die Tidezeiten zu achten und rechtzeitig vor Auflaufen des Wassers wieder am Schiff zurück zu sein. So beeinflussen die Tidezeiten ganz wesentlich die Arbeits-, Segel- und Freizeiten mit. Das Befahren der Elbe bedeutet für die TeilnehmerInnen auch, daß sie mit und auf dem Fluß leben, und durch Sehen, Riechen und Analysieren den Zustand des Elbewassers erfahren können. Durch diese Erfahrungen mit der Bedeutung des Wassers, entwickelt sich bei den Jugendlichen ein engeres Verhältnis zum Fluß. Sie betrachten den Fluß Elbe nicht mehr als einen abstrakten Lerngegenstand, über den ihnen etwas vermittelt werden soll, sondern als ein Stück Natur, das Möglichkeiten und Abhängigkeiten schafft. So bestimmen Ebbe und Flut, Wind und Wetter in ihren mannigfaltigen Erscheinungen entscheidend mit, wann und manchmal auch wo der nächste Hafen oder Liegeplatz erreicht werden kann. Der Einfluß des Wettergeschehens auf den Seminarverlauf in noch relativ unbedeutender Art kann beispielsweise so aussehen, daß durch aufkommenden Sturm ein nächtlicher Liegeplatz vor Anker verlassen werden muß und Schutz in einem Hafen gesucht wird. Kommt aber vielleicht irgendwann Nebel auf, so kann das auch zur Folge haben, daß eine Weiterfahrt für 1-2 Tage nicht möglich ist.

Ökologisches Lernen auf dem Schiff

Der Begriff ökologischen Lernens bezieht sich in diesem Zusammenhang auf den Lernprozeß selbst, auf die Inhalte und teilweise auf die Methoden. Die Gestaltung des Lernprozesses während eines Seminars orientiert sich an zwei grundlegenden, sich teilweise in Spannung zueinander befindlichen Vorstellungen: a) sollen jeweils Gegenstände aus der aktuellen Seminarsituation aufgegriffen werden und b) sollen in der Vorbereitungsphase mit den Jugendlichen die während eines Seminars zu bearbeitenden Themenschwerpunkte verabredet werden. Weiterhin sollen die Lerngegenstände im Alltagsleben der Jugendlichen eine Bedeutung haben, um Verhaltensänderungen während des Seminars direkt diskutieren zu können. Die TeilnehmerInnen sollen mit ihren Erfahrungen und Kenntnissen in den Lernprozeß einbezogen sein. Sie müssen genügend Zeit zum selbstständigen, aktiven Forschen erhalten. Um einen ganzheitlichen Lernprozeß nach unserem Verständnis in Gang zu setzen, müssen über die theoretische Vermittlung ökologischer Zusammenhänge auf kognitiver Ebene noch drei weitere Lernbereiche mit einbezogen werden:

a) den der sinnlichen Wahrnehmung
b) den des Sozialverhaltens und
c) den des praktischen Lernens durch Handeln.

Auf dem Schiff lassen sich alle Bereiche miteinander verknüpfen und bilden durch ihren inneren Zusammenhang eine schlüssige und nicht künstlich angelegte Lernsituation. Dabei erfüllt das Schiff mehrere Funktionen:

Für die Jugendlichen vermittelt sich über das Schiff zunächst das Element von Freiheit- und Abenteuerlust, der Gedanke an eine unbekannte Erlebniswelt mit anderen Lebensbedingungen. Wenn die Jugendlichen feststellen, daß, wenn auch begrenzt, Raum für diese Erfahrung da ist, kann die Offenheit und Aufnahmebereitschaft für andere Lernprozesse steigen. Um sich mit dem Schiff segelnd fortzubewegen, müssen viele Jugendliche mithelfen. Ausgehend davon, daß die Jugendlichen das Interesse haben, von Punkt A nach Punkt B zu segeln, kann für sie die Erfahrung bei der gemeinsamen Betätigung das Schiff vorwärtszubewegen, eine Stärkung des Selbstwertgefühls und die Erkenntnis darüber, was gemeinschaftlich möglich ist, bedeuten.

Auf dem Schiff sind die TeilnehmerInnen den Wettererscheinungen wie Wind, Regen, Sonne, Nebel etc. hautnah ausgesetzt. Die Bedeutung der Wettererscheinungen für den organisatorischen Seminarverlauf und für die einzelnen Jugendlichen legen es nahe, die Wetterkunde als ein Thema, das alle vier Lernbereiche berührt, festzulegen.

Wetterkunde:
Die Verknüpfung lokaler Erfahrungen mit globalen Effekten

Über die Beschäftigung mit dem Thema ‚Wetterkunde‘ möchten wir mit den Jugendlichen zur Auseinandersetzung mit dem Thema ‚Klima‘ kommen und dabei zur Frage der Klimaveränderungen bzw. -gefährdungen (Ozonloch, Treibhauseffekt) arbeiten. Die Entscheidung, das Thema Wetterkunde als Ausgangspunkt zu wählen, begründet sich u.a. in der Abhängigkeit der Schifffahrt vom Wetter. Die Wetterkunde eignet sich deshalb als Einstieg und Verbindungslinie gut, weil die verschiedenen Wetterlagen und Witterungen wesentliche Bestandteile des Klimas ausmachen.

Ausgangspunkt für die theoretischen Erklärungen zu Entstehung von Wetter sind die unmittelbaren Beobachtungen, die die TeilnehmerInnen mit vorheriger Einweisung an Bord eigenständig sammeln können:

— Bestimmen der Windrichtung,
— tägliches Ablesen von Temperatur / Luftdruck und notieren der Werte,
— Messen der Luftfeuchtigkeit und der Windstärke,
— Beobachten von Wolkenbildern und notieren der Veränderungen,
— Beobachten des Wellenganges,
— Wahrnehmen von Wetterleuchten, Abendrot, Kondensstreifen,
— Hören des Seewetterberichtes mit Stationsmeldungen,
— Zeichnen einer Wetterkarte.

Das was Ebbe und Flut (die Gezeiten) beim Wasser sind, sind Wind und Wetter für das Medium Luft. Die Bewegung der Luft und ihr Zustand wird durch fünf Größen bestimmt (Luftdruck, Lufttemperatur, Luftfeuchtigkeit, Windrichtung und Windstärke). Ebenso wie die Fließrichtung des Wassers durch die Gezeiten bestimmt wird, haben diese fünf Größen Einfluß auf das Leben an Bord. Die Änderung dieser fünf Parameter wird Wetter genannt. Im Gegensatz zu Ebbe und Flut, die nur von der Bewegung von Sonne, Mond und Erde abhängen, ist das Wetter von sehr viel mehr Größen ursächlich bedingt und daher sehr viel schwieriger vorhersagbar. Doch auch für das Wetter gibt es bestimmte Regelmäßigkeiten, die durch das globale Klima vorgegeben werden. Wetter ist damit nur der lokale Ausdruck der Gesamtsituation Klima. Daß das Wetter mit bestimmten Regelmäßigkeiten abläuft, ist also nur solange richtig, wie das Klima als konstant angesehen werden kann. Im Gegensatz zur Bewegung von Sonne, Mond und Erde, die im Moment als unverändert angesehen werden können, wird das Klima z.Zt. durch anthropogene Effekte beeinflußt. Hier können vergleichsweise kleine Anlässe (FCKW, Ölbrände, usw.) große Auswirkungen zeigen. Diese möglichen Änderungen des Klimas können in absehbarer Zeit deutlichen Einfluß auf das Wetter nehmen. Ebenso wie der Zustand der Elbe abhängig ist vom gesamtökologischen Zustand der Umgebung, ist das Wetter als umweltbestimmender Faktor abhängig von einem intakten Klima. Das Verständnis und die Beschreibung des Wetters geben somit Zugang zu den Anfälligkeiten des Klimas. Es geht darum, das Wetter als direkt wahrnehmbaren Faktor an Bord zu erfassen, um ein Verständnis vom Klima und seiner übergeordneten Rolle zu bekommen, da das Klima über die Ausdrucksform Wetter Einfluß auf das Leben auf der Erde hat. Das Wetter stellt somit einen nachvollziehbaren und erfahrbaren Weg zum Klima dar.

Das Wetter beobachten — das Klima begreifen

Ausgehend von ersten Beobachtungen der Wettergeschehnisse werden Erfahrungen mit der bewußten Wahrnehmung von Wetter gemacht. Mit Fragen wie:

Woher kommt der Wind?
Wie kalt ist es?
Was für Wolken sind zu sehen?

wird darauf hin gearbeitet, die wetterbeschreibenden Parameter bewußt wahrzunehmen, um sie später theoretisch aufzubereiten. Es wird versucht, das Gesehene aufzugreifen, detailliert zu beschreiben und einzuordnen. Erklärt werden die Begriffe: Luftdruck, Tief und Hoch und Luftfeuchtigkeit, um hierüber zum Vorgang der Wolkenbildung und zur Entstehung von Wind (vom Hoch zum Tief) zu gelangen. Neben den visuellen Beobachtungen gibt es eine Reihe weiterer Hilfsmittel, die Phänomene des Wetters wahrzunehmen. Die Geräte Barometer, Thermometer, Hygrometer, Anemometer werden kurz in ihrer Funktionsweise beschrieben. Das Mittel des Seewetterberichtes wird erläutert. Mit Hilfe von Meßinstrumenten und durch das Erstellen einer Wetterkarte, die später als Instrument der Wettererfassung, Beschreibung und Vorhersage dienen soll, erfolgt ein erster Versuch, das Thema „Wetterkunde" zu bearbeiten .

Diese Wetterbeobachtungen und Erfassungen laufen weiter parallel zu den folgenden theoretischen Themeninhalten. Im weiteren wird beschrieben, daß die Wetterereignisse bei uns (Fahrtgebiet) eine gewisse Regelmäßigkeit haben.

Aus einem Modell, das die Verteilung der Hoch- und Tiefdruckgebiete und ihre Entstehung über die gesamte Erdkugel beschreibt, wird auch deutlich, daß globale Zusammenhänge für viele bei uns lokal ablaufende Ereignisse verantwortlich sind.

Nachdem diese Kausalzusammenhänge klar sind, wird intensiver bezug genommen auf die Wetterregeln im Fahrtgebiet und die speziellen Eigenschaften der Hoch und Tiefdruckgebiete in der Norddeutschen Tiefrinne. Die hier regelmäßig ablaufenden Erscheinungen (Warmfront, Warmsektor, Kaltfront, Rückseite) werden in Verbindung mit den Beobachtungen der letzten Tage erläutert. An dieser Stelle wird erneut deutlich, daß die eben beschriebenen Regelmäßigkeiten in ihrer Abfolge nur durch die Konstanz des Globalklimas möglich sind. Über Fragen wie:

— Wovon ist unser Wetter abhängig?
— Wo spielt sich Wetter ab?

wird der inhaltliche Schritt zum Thema ‚Klima' vollzogen. Hier wird zunächst der Aufbau der Atmosphäre erläutert. Auf den Zusammenhang zwischen globalem Klima und lokalem Wetter wurde bereits vorher hingewiesen. Es folgt eine Information über die Phänomene ‚Ozonloch' und ‚Treibhauseffekt' sowie eine Diskussion über die Ursachen dieser Erscheinungen. Durch die gleichzeitig laufenden Wetterbeobachtungen, das Zeichnen von Wetterkarten und den Versuch der Vorhersage wird immer wieder deutlich, daß das Klima als ruhender Pol notwendig ist, um die Bewegungen (Unruhe) des Wetters in ihrer Regelmäßigkeit zu gewährleisten. Dieser Dualismus wird auch noch daran deutlich, daß das Wetter mit seinen Naturkräften zunächst gewaltig und unmanipulierbar erscheint, daß das Klima aber als übergeordnete Instanz schon auf kleine Effekte (FCKW, CO_2) sensibel reagiert und dies machtvoll an das Wetter weitergeben kann.

Erfahrungen und Problemanzeigen

Die Besonderheit der Lernsituation, wie oben beschrieben, kann am Anfang Verwirrung und Unsicherheit schaffen, weil das Leben und Arbeiten auf dem Schiff nicht nur von einem geplanten Seminarverlauf bestimmt wird, sondern auch durch die Abhängigkeit des Schiffes von Natureinflüssen. Für die Teamer ist es sehr wichtig, immer wieder kleinste Handlungsschritte zu erläutern und nachvollziehbar zu machen. Es muß erkennbar sein, daß aufgrund einer zeitlichen Verschiebung nicht die geplante Arbeitseinheit verloren geht, sondern das Thema zu einer anderen Zeit stattfindet oder an anderer Stelle mitverarbeitet wird.

Durch die Notwendigkeit, sich an Tidezeiten, Windstärken und -richtungen anzupassen, darf nicht der Eindruck vermittelt werden, daß unsere geplanten Lernphasen auch einer Naturwüchsigkeit unterliegen würden, d.h. es muß darauf geachtet werden, klare Absprachen zu treffen und die verabredeten Zeiten einzuhalten. Es scheint eine Art Seiltanz zu sein, die Ausnahmesituation auf dem Schiff pädagogisch besonders nutzbar zu machen. Es besteht die Chance, daß die TeilnehmerInnen aus der Besonderheit der Situation eine stärkere Offenheit und Lernbereitschaft entwickeln, weil sie erfahren, daß wir auch den nichtorganisierten Lernprozessen Wert beimessen und sie sich in ihrer Situation ernst genommen fühlen.

Durch die Komplexität der Bedingungen auf dem Schiff und durch die Fülle der Eindrücke, die auf die TeilnehmerInnen einwirken sowie das Wechseln verschiedener Lernebenen, besteht die Gefahr der Überfrachtung und damit die Gefahr, nicht genügend Zeit und Möglichkeiten der Aufarbeitung und Strukturierung zu haben. Am Beispiel eines Sonnenunterganges ließe sich auf der kognitiven Ebene, bezogen auf die Wetterkunde, auf die Bedeutung für evtl. Wetterveränderungen hinweisen, gleichzeitig kann der Sonnenuntergang auch ‚nur' als Naturerfahrung stehen gelassen werden, bzw. darauf hingewiesen werden.

Die Entscheidung zum Thema Wetterkunde / Klima auf dem Schiff zu arbeiten, bedeutet die persönlichen Bezugsmöglichkeiten im Blick zu haben. Wetter findet nicht nur auf dem Schiff und nicht nur auf der Wetterkarte statt. Das ist eine Erkenntnis, die die TeilnehmerInnen mitnehmen. Bei der Art der Vermittlung kommt es uns darauf an, Jugendlichen eine wissenschaftskritische Sichtweise aufzuzeigen. Sie erfahren, daß kein Chemiestudium notwendig ist, um eine Gefährdung des Klimas festzustellen. Der Ansatz vom lokalen zum globalen Effekt zu kommen, wie wir ihn hier beschrieben haben, hat nach unseren Erfahrungen bewirkt, daß die TeilnehmerInnen engagierter über Quellen der Klimagefährdung (CO_2-Emissionen — Methan — FCKW-Verbrauch — Chlorbeitrag) und deren mögliche Eindämmung bzw. Vermeidung nachdenken und diskutieren wollen.

Da über längerfristige Wirkungen und Veränderungen bei den TeilnehmerInnen fast keine Daten vorliegen, lassen sich Schlüsse über den Lerneffekt nur aus dem Verhalten an Bord und den Äußerungen in der Abschlußdiskussion ziehen. Die Kombination, einerseits Ökologie über Fakten vermittelt zu bekommen und andererseits Erlebnisse mit Ökologie zu sammeln, die an vielen Stellen ungeplant und unorganisiert sind, bewirkt einen hohen Erinnerungswert. Ob sich dann über oder aus den Erinnerungen Bewußtseinsänderungen ergeben, muß offen bleiben; die Chance jedenfalls besteht.

Werner Reuter / Eva Schneider

Bedrohte Ökosysteme — als Schwerpunkte ökologischer Bildung

Ökosysteme sind Lebensräume von Pflanzen, Tieren und Menschen. Die Tatsache, daß der Mensch ganz wesentlich eingeflochten ist in Kreisläufe der Natur, macht neugierig, unabhängig davon, ob Ökosysteme bedroht sind oder nicht. Neugierde ist ein wichtiges pädagogisches Element. Gelingt es sie zu wecken, bedarf es zusätzlich auch organisatorischen Talents, gelungene Situationen anzubieten, um vor allem Kinder und Jugendliche zu einer tiefergehenden Auseinandersetzung zu motivieren.

Ein weiterer Anreiz, sich mit Ökosystemen zu beschäftigen, besteht darin, daß sie vernetzt sind. Menschliche Denkweisen neigen oft zur Linearität. Banale Einteilungen in ,,gut und böse", ,,wichtig und unwichtig", ,,Unkraut und Nutzpflanze", gibt es in vernetzten Systemen nicht. Eine Auseinandersetzung mit vernetzten Systemen kann also, wenn das Unternehmen gelingt, Lebenseinstellungen, Sicht- und Denkweisen erweitern und zu natürlicheren, der Schöpfung gegenüber verantwortungsvolleren und letztlich vielleicht zu überlebensfähigeren Entscheidungen führen.

Die Auseinandersetzung speziell mit bedrohten Ökosystemen bedarf inzwischen kaum mehr der Rechtfertigung, da durch die globalen anthropogenen Einflüsse so gut wie alle natürlichen Ökosysteme in Gefahr geraten sind. Zahlreiche wissenschaftliche, inzwischen kaum mehr bestrittenen Erkenntnisse darüber haben einerseits zu politischen, andererseits zu moralisch-ethischen und auch zu religiös begründeten Forderungen nach ökologisch verträglichen Lösungen geführt, und im zunehmenden Maße wächst auch der volks- und marktwirtschaftliche Druck (Müllberge, Entsorgungsprobleme).

Bedrohte Ökosysteme machen betroffen und sind daher ideale und inhaltsträchtige Lernobjekte, prädestiniert dazu, mit Jugendlichen entdeckt und erforscht zu werden. Ihr Potential an zukunftsweisenden Überlebensstrategien kann sie zum Kapital für die Zukunft werden lassen.

Voraussetzung für das Gelingen eines Ökologie-Projektes dieser Art ist eine für Jugendliche akzeptable Synthese aus fachlich fundiertem theoretischen

Wissen und erleb- und begreifbaren sinnlichen Wahrnehmungen. Emotionales Engagement kann nur für einen mit eigenen Sinnen erlebten Lebensraum wachsen. Erst persönliche Erlebnisse, eigene Bilder und nachvollziehbare Situationen lassen fremde zu vertrauten Welten werden. Aber ohne fachlich fundiertes Wissen besteht die Gefahr, daß gutgemeintes Engagement für die bedrohten Ökosysteme verpufft und zu frustrierenden, sogar zu traumatischen Erlebnissen führt. Eine Kombination aus emotionaler und rationaler Bildung ist also unerläßlich.

Die rationale Komponente ist durch Informationen und Diskussionen mit kompetenten Fachleuten zu bewältigen. Die emotionale Erfahrung mit einem Ökosystem dagegen kann nur „vor Ort" geschehen, zum Beispiel durch Studienfahrten. Exkursionen mitten hinein ins Ökosystem zu seinen schönen und auch zu den problematischen Punkten, Kennenlernen von Pflanzen und Tieren, Beobachten ihrer Eigenschaften, Entdecken und Aufspüren von ungeahnten Geheimnissen, Gespräche mit Menschen, die dort leben und Raum für Zufälle und Unvorhergesehenes, beginnen einen Eindruck zu vermitteln, was „vernetzte Systeme" sind.

Je nachdem, ob bereits ein gewisses Interesse für ökologische Themen besteht oder nicht, kann die theoretische Auseinandersetzung vor oder nach einer Studienfahrt erfolgen. Bei Kindern und noch unvorbereiteten Jugendlichen ist es ratsamer, erst den gefühlsmäßigen Kontakt zum Thema herzustellen. Schon motivierte und „vorbelastete" Gruppen profitieren wesentlich, wenn die fachliche Auseinandersetzung schon vor einer Studienfahrt möglich ist. Wie in einem Puzzlespiel ergänzen sich die Erlebnissteine dann schneller zu einem Gesamtbild, und Fragen können gezielter und detaillierter gestellt und hautnah an Ort und Stelle untersucht werden. Nachfolgend sollen verschiedene Projektbeispiele angesprochen und eines, das Projekt „Lebensraum Alpen", vertiefend behandelt werden.

Projekt „Wattenmeer"

Das Wattenmeer der Nordsee ist auf der Welt einmalig. Es bietet eine Fülle an Möglichkeiten und Themen sich mit ihm zu beschäftigen: Wattökologie, Pflanzen und Tiere, Wind und Wetter, Ebbe und Flut, Schiffahrt, Deichbau, Vogelzug, extreme Lebensweisen und Lebensräume der Menschen, und letztlich auch ihre massiven, oft auch zerstörerischen Eingriffe.

Projekt „Neusiedler See"

Der Neusiedler See birgt viele Kuriositäten und Extreme in sich: er ist das Bindeglied zwischen den Alpen und der pannonischen Tiefebene, der nördlichste Treffpunkt der Kulturen der Alten Welt Westeuropas mit der des Ostens und des Orients einschließlich ihrer Tier- und Pflanzenwelten. Der Neusiedler See, einschließlich seiner stark salzhaltigen Laken, sind Himmelsseen, d.h. sie werden ausschließlich durch das Regenwasser gespeist und durch die jährlich 2000 Stunden intensive Sonneneinstrahlung verdunstet. All diese Tatsachen könnten diese Landschaft zu einem Paradies machen. Für viele Tier- und Pflanzenarten ist es dies auch heute noch, wenn auch nur noch in kleinen Refugien. Aber wieder hat der Mensch zu heftig seinen Nutzen aus den natürlichen Schätzen gezogen und dem Paradies nahezu den Garaus gemacht.

Projekt „Heide und Moor"

Heide und Moor sind zwei Lebensräume, die weit aus dem Interessensfeld der Menschen gerückt sind. Assoziationen wie „trügerisch" und „unwirtlich" werden schnell mit ihnen verbunden. Darum gehen wir Menschen sehr rigoros mit ihnen um. Von den unendlich großen Heide- und Moorflächen Niedersachsens sind kaum mehr erwähnenswerte Stücke übriggeblieben. Mit ihnen gehen eigenwillige und hochspezialisierte Tier- und Pflanzenarten verloren. Ist das Empfinden von Verlust nur Sentimentalität, oder bedeutet ihr Rückzug für die Menschen und das Gleichgewicht der Biosphäre Mitteleuropas letztlich auch Bedrohliches?

„Lebensraum Alpen" — exemplarische Darstellung eines Umweltschutzprojektes am Beispiel „Patenschaft Antoniberg"

Die Alpen, mit ihrer faszinierenden, an extreme Bedingungen angepaßten Tier- und Pflanzenwelt, erfüllen außerordentlich wichtige Funktionen, die weit hinein in das Flachland ihre Auswirkungen haben. Sie reinigen großräumig die Luft und das Wasser, regeln die Grundwasserreserven, tragen zur Stabilisierung des Klimas bei und schützen die Ortschaften der Alpenregion vor Lawinen und Steinschlag. Diese Aufgaben können sie aber nur leisten, wenn sie bedeckt sind von intakten und funktionstüchtigen Bergwäldern und Almen. In manchen Regionen der Alpen hat das Bergwaldsterben schon dramatische Formen angenommen und die Konsequenzen bleiben nicht aus.

Das Umweltschutzprojekt „Lebensraum Alpen" gliederte sich in drei Abschnitte: die theoretische Vorbereitung durch Wochenendseminare, eine Studienfahrt und das Pilotprojekt Antoniberg.

Die theoretische Vorbereitung

Die Referate während der Vorbereitungs-Wochenendseminare machten deutlich, welchen, nach innen stabilen, von außen aber relativ empfindlichen biologischen Grund- und Regelmechanismen der Bergwald unterworfen ist, wie belastungsfähig das Ökosystem Alpen ist, wie es zu den dramatischen Veränderungen in den Alpen kommt und wo gehandelt werden muß[1].

Die Studienfahrt

Ausgangspunkt der siebentägigen Studienfahrt war die Ortschaft Ramsau im Berchtesgadener Land. Von dort aus sind es nur noch wenige Kilometer zum Eingang des Nationalparks Königsee. Führungen und Gespräche mit der Nationalparkverwaltung, mit Landwirten, Sennern, Jägern und Förstern, Interviews mit Touristen, forstbiologische Exkursionen durch die verschiedenen Zonen des Bergwaldes zeigten die intensive Vernetzung vor allem der unterschiedlichen Ansprüche der Menschen an dieses Ökosystem, die es letztlich so schwierig machen, für den Bergwald segensreiche Veränderungen herbeizuführen. Aber auch ungewöhnliche Tier- und Vogelbeobachtungen (Steinadler, Wanderfalken, Steinböcke,), Entdeckungen eigenwilliger Pflanzen (insektenfressendes Alpenfettkraut), Aufspüren von Jahrhunderte alter Salinenwege und Besuch des Salzbergwerks in Reichenhall waren unvergeßliche Erlebnisse, die zur Alpenwelt gehören.

Das „Bergwald-Projekt" hinterließ bei den Teilnehmern einen tiefen Eindruck. Auch die persönlichen Kontakte und die geographische Nähe, und somit die ständige persönliche Betroffenheit, führte dazu, daß sich die Gruppe entschloß, für ein gefährdetes Stück Bergwald oberhalb der Deutschen Alpenstraße bei Bad Reichenhall die Patenschaft zu übernehmen. Daraus entstand das „Projekt Antoniberg":

Es ist Zeit für uns, Bäumchen zu pflanzen...

Im Frühjahr 1988 übernahm eine Gruppe von ca. 30 Jugendlichen mit unserer Mitarbeit die Patenschaft für ein 30 x 100 m großes Stück eines stark gefährdeten Bergwald-Hangstückes direkt über der Deutschen Alpenstraße zwischen Inzell und Bad Reichenhall. Durch die inzwischen sehr engen und fruchtbaren Kontakte zur Forstverwaltung Reichenhall war auch die fachliche Beratung und Unterstützung gesichert.

Schon im Sommer 1988 lernten die Teilnehmer das Kartieren, um die Vegetation auf „unseren" Hang genau festzuhalten. Damit war die erste Phase der

Aktion, das Kartieren eröffnet. Im Herbst ging es dann in die nächste Phase: Pflanzen und Schützen. Die ersten 800 Pflanzen, einjährige Kiefern und Lärchen wurden in einem mühsamen Arbeitseinsatz hochgetragen, eingepflanzt und die Knospe der Pflanzen mit Hanffäden umwickelt als Schutz vor Verbißschäden durch das Wild. Die Pflanzen und das „Know-how" lieferte uns wieder die Forstverwaltung Reichenhall.

Der milde Winter machte aus der ersten Pflanzaktion einen vollen Erfolg. Ohne nennenswerten Gleitschnee-Schaden oder Wildverbiß trieben die Bäumchen neue Triebe und hoffnungsvoll grüne Nadeln. So wurden im Frühling der nächsten zwei Jahre zuversichtlich erneut über 3000 Bäumchen, darunter Waldahorn, Ebereschen, Buchen, Mehlbeeren und Kiefern den Hang hinaufgeschleppt und eingepflanzt. Im Herbst wurden die noch verbliebenen Lücken bepflanzt und alle Bäumchen wieder mit Hanf vor den gefräßigen Wildmäulern geschützt.

Gleichzeitig zu allen Unternehmungen begleitete die dritte Phase das Unternehmen: Beobachten und Dokumentieren. Es wurden viele Fotos von den Wachstumsfortschritten der Zöglinge, von der Vegetation insgesamt, vom Zustand des Hanges und der benachbarten Bäume gemacht. Zu jedem Arbeitseinsatz wurde ein Arbeitsprotokoll oder eine Zusammenfassung über den Bestand und Zustand der Bäumchen erstellt.

Der Weg ist unser Ziel

Die ersten Bäumchen sind jetzt drei Jahre alt. Trotz relativ milder Winter und kaum nennenswerten Verbißschäden durch das Wild sind sie bisher nur 70 cm hoch gewachsen. Dies sei aber kein Grund, frustriert zu sein, versicherte der Forstamtsleiter. Für Bäume im Bergwald sind dies maximale Leistungen. Fünfundzwanzig Jahre wird es dauern, bis die Zöglinge Größe und Kraft erreicht haben, um Gleitschnee, Lawinen und Erosionen erfolgreich aufhalten zu können. Im Bergwald herrschen andere — eigene Gesetze. Bis dahin müssen die vom Wasserwirtschaftsamt gebauten Verbauungen den Lawinenschutz übernehmen. Unsere Aufgabe wird sein, die Bäumchen weiterhin vor Wildverbiß durch Umwickeln mit Hanf oder Schafwolle im Herbst zu schützen und ihr Gedeihen zu beobachten. Wir müssen lernen, Geduld zu haben — Bergwaldbäume wachsen langsam. Einige der Jugendlichen sind inzwischen zu perfekten Baumkennern geworden, denen es im Frühjahr mühelos gelingt, zwischen den laublosen Buchen, Ahörnern, Lärchen, Birken, Mehlbeeren und Ebereschen zu unterscheiden. Zufällig und oft mit großem Spaß lernten die Beteiligten eine Menge über die Biologie und die Artenvielfalt, z.B. wieviel unterschiedliche Spinnen-, Schmetterlings-, Heuschrecken und Eidechsenarten am Hang zu finden sind. Aber auch Gefühle wie Stolz über „unsere Bäumchen", Geduld und Bescheidenheit entwickelten sich durch das Engagement im Bergwald. Die Jugendlichen haben gelernt, daß sie mit ihrem Einsatz den Bergwald nicht retten können, aber sie haben mehr gelernt und erfahren, als sie es sich je hätten träumen lassen.

Nach fünf Jahren wird das Projekt Antoniberg soweit gediehen sein, daß eine Dokumentation erstellt werden kann, in der die Erfahrungen, Beobachtungen und Erkenntnisse beschrieben werden. Damit sollen andere ermutigt werden, sich auf den Weg in den Lebensraum Bergwald zu machen- es lohnt sich für alle Beteiligten.

Für uns gewonnene Erfahrungen

Diese Projekte, besonders das beschriebene Bergwaldprojekt, haben gezeigt, daß durch zweigleisigen Aufbau (theoretisches Fundament durch Wissen und erlebbares und greifbares Erleben vor Ort) genügend Motivation und Neugierde bei Jugendlichen geweckt werden kann, sich mit einem Ökosystem auseinanderzusetzen. Je nach Attraktivität des Ökosystems gelingt es mehr oder weniger.

In allen Lebensräumen waren intensive sinnliche Wahrnehmungen gut möglich, jedoch immer auf eine für sie ganz eigene Weise. Pauschalanweisungen, die für alle Lebensräume gültig sind, gibt es deshalb nicht.

Eine neue Erfahrung war eine unvorhergesehenen Art des Lernens und Verstehens. Spezialistentümelei hatte in der relativ kurzen Zeit keine Chance sich zu entwickeln. Die Präsentation verschiedener Sichtweisen kurz nacheinander, oft an einem Tag, führten zu einem offenen, übergreifenden, divergenten Denken und Verstehen. Nicht in die Tiefe gehendes, sich in Einzelheiten vergrabendes Detailwissen, das sich nur selten der Gefahr der Scheuklappensicht erwehren kann, sondern loslösende und sich Übersicht schaffende Ansätze und Sichtweisen konnten entstehen. Im Laufe der verschiedenen Projekte wurde diese Art, Ökosysteme zu sehen und zu verstehen, immer deutlicher und Wissen und Erfahrung auch auf neue Situationen übertragen (z.B. die Betrachtung der Tier- und Pflanzenwelt allein genügt nicht, auch die Bedürfnisse und die Geschichte der Menschen muß berücksichtigt werden). Dazu kam ein „Lernen nebenbei". Während der Exkursionen, die von vielen verschiedenen Fachleuten begleitet wurden, erfuhren die Teilnehmer viel Spannendes, z.B. riechen zwischen den Fingern zerriebene Tannennadeln nach Tanne, die Nadeln der leicht zu verwechselnden Douglasie riechen nach Zitrone.

Am Ende des jeweiligen Projektes verfaßten die Jugendlichen eine Dokumentation. Sie versuchten dabei den Lebensraum weit gefächert zu beschreiben. Die erste Dokumentation (Das Wattenmeer am Beispiel der Schleswig-Holsteinischen Nordseeküste) wurde zu Beginn noch als Art „Hausaufgabe" betrachtet. Nachdem diese Veröffentlichung aber fertiggestellt und als gelungen betrachtet werden konnte, motivierte das die Teilnehmer des nächsten Projektes von selbst, wieder eine Dokumentation zu verfassen. Der Stolz über das fertige Produkt und der Wunsch, das Wissen an andere weiter zu geben und sie zu ermutigen, sich auch auf fremde und neue Lebensbereiche einzulassen, waren Antriebsfedern, sich diese Arbeit zu machen.

Die Jugendlichen haben inzwischen selbstständig neue Ideen und Themen für neue Projekte kreiert: „Carmargue und Crau", „Haben die Auwälder unserer großen Flüsse noch Chancen?", „Kloake Mittelmeer" und „Wie steht es mit den Naturlandschaften im Osten?". Die Motivation, sich mit neuen Lebensräumen zu beschäftigen, ist also gelungen und hat Eigenleben erhalten. Es ist auch Verantwortungsgefühl für sie entstanden (siehe Pilotprojekt Antoniberg).

Die gewonnenen Erfahrungen um die Bedrohung der Ökosysteme haben nun die Jugendlichen nicht dazu geführt, daß sie fordernde politische Manifeste formuliert haben. Ihnen ist durchaus bewußt, daß politische Entscheidungen dringend notwendig sind, um diese Lebensräume zu schützen. Sie wissen jedoch auch, daß wirkungsvolle und weitreichende Lösungsansätze nicht allein durch Beschlüsse politischer Gremien erzielt werden können. Vor allem durch die Mitarbeit am Projekt Antoniberg haben sie gelernt, daß fundiertes Wissen und persönliches Erleben Grundsteine sind, die zu eigenverantwortlichem und bewußterem Umgang mit der Natur und der Umwelt führen.

Anmerkung

1 Als Referenten waren u.a. beteiligt: K. Partsch, Inhaber des Bruno-H.-Schubert-Preises für Umweltschutz; Dr. H. Klein, Bund Naturschutz; Dr. G. Meister, Forstamtsdirektor Reichenhall und Preisträger des Bayrischen Naturschutzpreises.

Günther Schneider / Walter Ullrich

Produktlinienanalyse mit Auszubildenden — ein Experiment zur Erweiterung des ökologischen Horizonts

Die Auseinandersetzung mit gefährlichen Arbeitsstoffen, mit Problemen der Abfallbeseitigung und des Recyclings sowie mit Informationen über die Gefährdung der sogenannten Umweltmedien Wasser, Boden und Luft ist in weiten Bereichen gewerblich-technischer Ausbildung charakteristisch für berufliche Umweltbildung. Ausgegangen wird dabei zumeist von den konkreten Gegebenheiten in Ausbildung und Betrieb und von den jeweiligen beruflichen Aufgaben. Ansätze dieser Art haben vor allem deshalb ihre Berechtigung, weil der Handlungsbezug und eine entsprechende Orientierung plausibel vermittelt werden können. Berufliche Umweltbildung, die solchermaßen um die Bearbeitung und Verwendung von Stoffen und Materialien kreist, beschäftigt sich üblicherweise nicht mit den Vorleistungen der Güterproduktion in Form von Rohstoffgewinnung und Transport und läßt die Frage außer Betracht, was nach der betrieblichen ‚Entsorgung' außerhalb der Fabriktore mit Giftmüll und dergleichen geschieht.

Die Erkenntnis, daß ökologische Belastungen nicht nur durch den Herstellungsprozeß entstehen, sondern auch durch den Gebrauch von Produkten bedingt sind, legt eine kritische Beurteilung eben dieser Produkte nahe. Die Aspekte der Untersuchung eines Gebrauchsguts im Rahmen der politischen Bildung sowie der Weg, der uns dazu geführt hat, lassen sich anhand der Konzipierung eines Kursprogramms für Auszubildende des ersten Lehrjahrs für den Beruf des Kommunikationselektronikers, Fachrichtung Nachrichtentechnik, darstellen.

Eine Telefonumtauschaktion als Anlaß zur Produktlinienanalyse

Zunächst gingen die Überlegungen dahin, den Jugendlichen einen Überblick über alle um- und mitweltrelevanten Bereiche der Ausbildungsabteilung zu vermitteln sowie das Produkt Telefon, das bei der Ausbildung in diesem Bereich zwar nicht im Zentrum des Lernens, so doch gewissermaßen über allem schwebt, einer eingehenderen Betrachtung zu unterziehen. Die Beschäftigung mit dem Telefon als Produkt erschien uns geeignet, die Aufmerksamkeit auf die zentralen Ausbildungsgegenstände zu lenken, denn aus Gesprächen mit Auszubildenden war uns bekannt, daß das Durchforsten der Ausbildung auf ihre ökologische Relevanz vieles zu Tage fördert, vom Plastik-Joghurt-Becher in der Kantine bis zur Gesundheitsgefährdung durch Löten. Doch die elektronischen Geräte wurden übersehen. Daß wir zunächst das Telefon für eine eingehende Analyse vorsahen und nicht das sogenannte Neunzehnzollgehäuse, das von den Auszubildenden im Verlauf ihrer 3 1/2jährigen Ausbildung hergestellt und mit selbstgefertigten elektronischen Bauteilen bestückt wird, hat mit der großangelegten Telefon-Umtauschaktion zu tun, die im Zeitraum der Erstellung der Kurskonzeption in vollem Gang war. Damals wurde von kaum jemand bedacht, offensichtlich auch nicht von den für die Umtauschaktion Verantwortlichen, daß diese Aktion zu einem Müllberg, bestehend aus Elektronikschrott und diversen Kunststoffen führen wird — zu einem Müllberg aus Telefonen, die vor dem Umtausch voll funktionstüchtig waren. Diese ökologisch unsinnige Verschwendung von Ressourcen war der konkrete Anlaß, die ökologischen Folgen eines Produkts von der Entstehung bis zur ‚Entsorgung‘ zum Thema von zwei Kursen mit Auszubildenden zu machen, um so aufgrund einer ökologischen Bilanz Bewertungskriterien für die Beurteilung der Telefon-Umtauschaktion zu erarbeiten.

Dieser Ansatz wurde von den zuständigen Ausbildern grundsätzlich akzeptiert. Im Hinblick auf die Auswahl des Produkts Telefon äußerten sie jedoch Bedenken. Es wurde befürchtet, eine kritische Auseinandersetzung mit der Telefon-Umtauschaktion könne zu einer Verunsicherung der Auszubildenden führen, die die Identifikation mit dem Unternehmen beeinträchtigen würde. Dieser Einwand wurde von uns berücksichtigt, weil wir davon ausgingen, die angestrebten Lernziele auch auf anderem Wege erreichen zu können. Entscheidend schien uns zu sein, daß das zu analysierende Produkt in einem direkten Bezug zur beruflichen Tätigkeit der Auszubildenden steht. Davon versprachen wir uns einen erhöhten Ernstcharakter des Lerngegenstands, eine dementsprechende Aufgeschlossenheit und Lernmotivation bei den Auszubildenden, sowie eine leichtere Überbrückung der Kluft zwischen Wissen und Handeln. Da die Arbeit am Computer Bestandteil der Ausbildung ist und der private Umgang mit diesen Geräten bei Auszubildenden dieser Fachrichtung angenommen werden kann, haben wir uns entschieden, einen Personal-Computer auf seine ökologische Relevanz hin zu analysieren.

Bei den Überlegungen, wie eine Produktlinienanalyse mit Auszubildenden inhaltlich und methodisch erstellt werden könnte, kamen wir zu dem Ergebnis, die komplexe Materie nicht selbständig anzugehen, sondern uns auf den Sachverstand der Projektgruppe ‚Ökologische Wirtschaft‘ zu stützen.[1]

Ziele und Instrumente einer Produktlinienanalyse

Ausgangspunkt für die Entwicklung der Produktlinienanalyse war die Feststellung, daß gebräuchliche Meßgrößen klassischer Ökonomie unzureichend sind. So tragen beispielsweise die Kosten von Autounfällen und verletzungsbedingten Krankenhausaufenthalten zur Erhöhung des Brutto-Sozialprodukts bei, was bei statistischer Betrachtung als Zunahme des Wohlstands interpretiert werden kann. Daraus zog die Projektgruppe ‚Ökologische Wirtschaft' den Schluß, daß eine differenzierte Systematisierung und Darstellung ökonomischer Prozesse erforderlich ist, um ökologische (und soziale) Auswirkungen wirtschaftlicher Tätigkeit transparent machen zu können. In diesem Zusammenhang entstand das Konzept, die ökologisch-ökonomische Relevanz der Güterherstellung und -verteilung vom einzelnen Produkt her aufzuschlüsseln. Theoretischer Hintergrund waren unter anderem sieben Stichpunkte als Kritik an traditioneller Wirtschaftswissenschaft. Diese Punkte sind die Annahme unendlicher menschlicher Bedürfnisse, der Faktor Natur als Beitrag der Wertschöpfung, die ausschließliche Berücksichtigung ‚monetarisierter Größen' bei Entscheidungsprozessen, die Ausblendung sozialer Kosten, die isolierte Betrachtung verschiedener ökonomischer Bereiche, die vorwiegende Untersuchung der Produktionssphäre und die Abschottung der Ökonomie gegenüber anderen Wissenschaftszweigen.[2]

Als Ziel einer Produktlinienanalyse nennt die Projektgruppe ‚Ökologische Wirtschaft', es sei, ausgehend von einem Bedürfnis, zu untersuchen, welche Alternativen dazu beitragen könnten, dieses Bedürfnis zu befriedigen. Gedacht wird dabei auch daran, das Bedürfnis selbst zu thematisieren. Ferner sollte aufgezeigt werden, welche Konsequenzen sich aus diesen Alternativen für einzelne und die Gesellschaft ergeben, um eine umfassende Beurteilung ökologischer und sozialer Aspekte zu ermöglichen. Es wird davon ausgegangen, daß dadurch der „Blick von der reduzierten Optik der Wirtschaftswissenschaften weg auf das Beziehungsgeflecht zwischen Gesellschaft, Natur und Wirtschaft hingelenkt werden..."[3] kann. Auf diese Weise werde das Instrument der Produktlinienanalyse zu einer Art Untersuchungsanleitung für solche komplexen Beziehungen.

Im einzelnen liegen der Produktlinienanalyse folgende Leitideen zugrunde:

„a) Bedürfnisorientierung:
Zu Beginn der Untersuchung wird ein Produkt oder eine Dienstleistung auf das zugrundeliegende Bedürfnis hinterfragt und das Umfeld mitbetrachtet.

b) Vertikalbetrachtung:
Ein Produkt wird über seinen ganzen Lebenszyklus hin untersucht, also von der Rohstofferschließung und Verarbeitung über den Transport, die Produktion, den Handel und Vertrieb, den Konsum bis hin zur Beseitigung. Dies bezeichnen wir als eine Produktlinie.

c) Horizontalbetrachtung:
Die einzelnen Lebenszyklusphasen einer Produktlinie werden hinsichtlich ihrer Auswirkungen auf die Dimensionen Natur, Gesellschaft und Wirtschaft untersucht. Für jede Produktlinienuntersuchung wird für jede Dimension ein Kriterienraster entwickelt, mit dessen Hilfe die Effekte der Produktlinienvariante festgemacht werden können.

d) Variantenvergleich:
Da die Produktlinienanalyse ein Instrument auf dem Weg zu einer sozial und ökologisch orientierten Wirtschaft sein soll, kann der Vergleich zwischen verschiedenen Varianten und Produkten, Dienstleistungen, Produktionsverfahren ein Hinweis für die ökologisch und sozial am ehesten verträgliche Form sein. Dabei kann eine der Alternativen auch aus der Null-Variante bestehen, in der ein Produkt erst gar nicht produziert bzw. verkauft wird."[4]

Um diese Leitideen umzusetzen, wurde eine sogenannte Produktlinienmatrix erstellt. Mit Hilfe einer solchen Matrix werden auf der Vertikalen die einzelnen Stationen des Lebenszyklus eines Produkts genannt und in Beziehung gesetzt zu den Dimensionen Natur, Gesellschaft und Wirtschaft, die in der Horizontalen enthalten sind.[5]

Einfache Produktlinienmatrix

Horizontale / Vertikale	Dimension Natur / Kriterien	Dimension Gesellschaft / Kriterien	Dimension Wirtschaft / Kriterien
1. Rohstoffgewinnung und -verarbeitung			
2. Transport			
3. Produktion			
4. Transport			
5. Handel/Vertrieb			
6. Konsum			
7. Transport			
8. Beseitigung			

Die Arbeit mit der Produktlinienmatrix kann dazu führen, Wechselwirkungen zwischen natürlicher Umwelt und menschlichem Wirtschaften zu verdeutlichen. Die dabei verfolgte Absicht, die Komplexität dieser Wechselwirkungen herauszuarbeiten, soll dazu führen, die natürlichen Grenzen des Wirtschaftens in unsere Entscheidungen einzubeziehen. Das hohe Maß an Komplexität läßt sich möglicherweise noch besser erkennen, wenn man von einer ,allgemeinen Produktlinienmatrix' ausgeht, in der die Dimensionen Natur, Gesellschaft und Wirtschaft weiter untergliedert sind: bei der Dimension

Natur in die Hauptgruppen ‚Rohstoffe', ‚Umwelt-Medien', ‚Mitwelt'; bei der Dimension Gesellschaft in die Hauptgruppen ‚Arbeitsqualität', ‚Individuelle Freiheiten' und ‚Gesellschaftliche Aspekte' und bei der Dimension Wirtschaft in die Hauptgruppen 'Allokationsaspekte' und ‚Verteilungswirkungen'. Diese Hauptgruppen sind jeweils wieder in bis zu acht Einzelaspekte untergliedert.

Die Bedeutung der Entwicklung und Anwendung dieses Systems zur Beantwortung der Frage, „wie wird was wofür und mit welchen Folgen produziert und konsumiert", läßt sich nach Thomas Baumgartner mit folgender, für das Verständnis von Auszubildenden transformierten Formulierung erklären: demnach werden die meisten Produkte benutzt, ohne viel über sie zu wissen. Dahinter steht die Einstellung „was ich nicht weiß, macht mich nicht heiß". So werde gekauft und gekauft und nach Gebrauch der Müllberg vergrößert. Um verantwortungsvoller mit Konsumbedürfnissen und Produkten umgehen zu können, sei es erforderlich, mehr über Produkte zu wissen, denn es gelte „was ich heute nicht weiß, kann mir oder mich morgen heiß machen.'" So sei zu fragen, wie die Hypothese von den grenzenlosen Bedürfnissen ethisch verantwortet werden könne. Zur Beantwortung sei die Produktbewertung hilfreich, berücksichtigt werden müsse, wann kritische Größen erreicht seien und welche Möglichkeiten der alternativen Befriedigung es gebe. Die Produktlinienanalyse ziele auf die Ebenen Unternehmen / Produzent, Haushalt / Konsument und Staat / Regulator.

In Ergänzung des veröffentlichten Konzepts der Produktlinienanalyse nennt Baumgartner Orientierungsmerkmale für die Beurteilung von Produktion und Gebrauch. Produzenten sollten:

1. den Ressourcen-Verbrauch einschränken (Beachtung des Gesetzes der Entropie),
2. Emissionen so weit wie möglich reduzieren,
3. ungefährliche Katalysatoren einsetzen,
4. bei Zusatzstoffen auf die Toxizität achten und
5. die Arbeitsbedingungen mit berücksichtigen.

Für Konsumenten könne gelten:

1. den Energieverbrauch zu beachten und zu reduzieren,
2. auf die Langlebigkeit, Reparatur- und Anpassungsfähigkeit von Produkten zu achten und
3. an Wiederverwertbarkeit und sichere Beseitigung zu denken.

Die Anwendung des Konzepts Produktlinienanalyse sieht die konkrete Durchführung der Analyse eines Produkt-Zyklus vor sowie die Diskussion und Verbreitung der Ergebnisse. Angesprochen sind Arbeitnehmergruppen, Bürger- und Anwohnerinitiativen, politische MandatsträgerInnen, Konsumenten / Konsumentinnen, Verbraucherzentralen und Unternehmen. Eine Einbeziehung in die Bildungsarbeit war zunächst nicht vorgesehen.

Das Konzept in der pädagogischen Praxis

Die Arbeitsform Produktlinienanalyse setzten wir bei zwei Kursen mit Kommunikationselektroniker-Auszubildenden im Frühjahr 1990 ein. Zusammen mit den Auszubildenden wurden die Materialkomponenten Kunststoffgehäuse, Tastatur, Bildschirm und Platinen eines PC bestimmt. Da die Produktlinienanalyse zeitlich aufwendig ist, schlug unser Referent vor, eine dieser Komponenten herauszugreifen und zu verfolgen. Wir einigten uns auf den Herstellungsprozeß von Platinen. Gemeinsam wurde versucht, die einzelnen Bestandteile zu bestimmen, aus denen sie hergestellt werden. Glas, Sand, diverse Zusätze, Epoxydharze und Kupfer wurden als Hauptrohmaterialien genannt. Die Materialien Kupfer und Glas wurden herausgegriffen. Anhand dieser Materialien konnte eine vieldimensionale Struktur dargestellt werden, die die Rohstoffgewinnung, den Transportaufwand, die ökologischen Folgen der Verarbeitung und des Gebrauchs, die Wiederverwertbarkeit und die Entsorgung einschloß.

Für die Teilnehmer war es faszinierend zu erkennen, welche Verbindungen sich über einen gewöhnlichen Kupferdraht, mit dem sie tagtäglich zu tun haben zu ökologischen Geschehnissen und Umweltschädigungen herstellen lassen. Es wurde deutlich, wie wenig die ökologischen Konsequenzen von Produkten bedacht und berücksichtigt werden. „Wenn man den Herstellungsprozeß auf diese Art und Weise analysiert, muß man sagen, daß sich ein Computer nicht lohnt", war die zweifelnde Schlußfolgerung eines Teilnehmers, die überleitete zur Frage nach Kriterien, die es einem erleichtern, sich für oder gegen den Kauf eines Computers zu entscheiden.

Von Seiten des Referenten wurde darauf hingewiesen, es gehe nicht um Ablehnung von Technik, sondern um die Berücksichtigung ökologischer und sozialer Belange bei der Produktion wie auch bei Kaufentscheidungen von uns als Konsumenten. Jeder müsse für sich entscheiden, ob er z.B. einen PC wirklich benötige. Wird die Anschaffung eines PC erwogen, seien unbedingt zwei Gesichtspunkte zu bedenken: die Langlebigkeit des Produkts und die Vermeidung von Müll und Emissionen. Die Produktlinienanalyse biete ferner die Chance, die ökologischen und sozialen Kosten eines Produkts in den Preis einzubeziehen.

Bei einem zweiten Kurs mit Auszubildenden lag eine umfangreiche und detaillierte Stoffliste der Bestandteile eines PC vor. Diese Materialsammlung wurde von den Auszubildenden in den Wochen vor dem Kurs zusammen mit den Ausbildern erstellt. Firmen wurden angeschrieben und befragt, Nachschlagewerke und Fachbücher benützt. Aufgrund der Stofflisten konnte ein Schwerpunkt auf die Produktlinie des Kunststoffgehäuses gelegt werden. Dabei wurden Folgen der Petrochemie und Fragen der Wiederverwertung und ‚Entsorgung' von Kunststoffen mit unterschiedlichen Beimengungen und Materialverbindungen in den Mittelpunkt gestellt.

Reflexionen über Produktlinienanalyse als Ansatz ökologischer Bildung

Die von uns angewendete Arbeitsform sehen wir als Annäherung an die Analyse des Produkts Personalcomputer. Die Produktlinienanalyse als wirtschaftswissenschaftliches Instrument erfordert eine wesentlich aufwendigere Recherche, Materialsammlung, Aspektbeurteilung und Literaturbearbeitung, als dies in einem Kurs mit Auszubildenden sowohl zeitlich als auch inhaltlich zu leisten ist. Wir haben also nur das Gerippe, das heißt die Produktlinienmatrix, einige allgemeine Kenntnisse über die Materialien und Stoffe, die zur Herstellung eines Computers benötigt werden, sowie Informationen über Rohstoffquellen, Rohstoffverfahren aber auch über Probleme der Beseitigung ausgedienter elektronischer Geräte zur Verfügung gehabt.

Der zeitliche Rahmen, den wir in unseren Kursen auf einen halben Tag festlegten, stellte sich als eindeutig zu kurz heraus, weil dadurch nur sehr wenige Komponenten des Produkts, die eigentlich zu berücksichtigen wären, analysiert werden konnten. Der beschriebene Ansatz könnte durchaus Schwerpunkt eines mehrtägigen Kurses sein, da die Teilnehmer immer wieder auf andere, oft überraschende und bisher nicht bedachte ökologische Beziehungen und Umweltauswirkungen bei der Verfolgung des Werdegangs eines Produkts stoßen. Zentrale ökologische Fragen nach den Formen und Folgen unseres Umgangs mit Ressourcen, die ökologischen und gesellschaftspolitischen Folgen für die dritte Welt beim Umgang mit Energie, die Berücksichtigung der Wiederverwertbarkeit bei der Konstruktion und Herstellung von Produkten, die Belastung unserer Umwelt mit Emissionen und Müll und vieles mehr, werden quasi zwangsläufig aufgeworfen und durch die Produktlinie miteinander verwoben. In der Bildungsarbeit muß jedoch gerade hier vorsichtig agiert werden, um die TeilnehmerInnen nicht mit der Komplexität und der Einbeziehung verschiedenster Parameter in die ökologische Beurteilung eines Produkts zu erschlagen. Der Diskussion der fast zwangsläufig auftauchenden Frage, „darf man ein Produkt wie zum Beispiel den Personalcomputer überhaupt kaufen oder sollte man darauf verzichten", muß genügend Platz geboten werden. Des weiteren ist es von großer Bedeutung, ökologisch sinnvolle Entscheidungskriterien mit Jugendlichen zu entwickeln.

Die Ziele ökologischer Bildung sind oft sehr weit gesteckt — die tatsächlichen Ergebnisse bewegen sich dagegen nicht selten in bescheidenen Dimensionen. Um einer ungeschminkten Beurteilung unserer Kurse nahezukommen, sehen wir davon ab, eigene Kriterien zu berücksichtigen und greifen auf Gesichtspunkte aus der Literatur über berufliche Umweltbildung zurück. Christoph Nitschke hat mit Bezug auf die Öko-Pädagogik sechs didaktische Prinzipien des Umweltlernens erarbeitet: Geschichtlichkeit, Offenheit von Zukunft, Ganzheitlichkeit, Betroffenheit, Handlungsorientierung sowie Konfliktthematisierung / -bewältigung.[6] Von ihrem Charakter her erscheinen sie uns geeignet, als Maßstab zur kritischen Auswertung ökologischer Bildung zu dienen. Im einzelnen können folgende Ergebnisse genannt werden.

Geschichtlichkeit:
Diesem Kriterium konnten die Kurse nur in geringem Maße entsprechen. Lediglich die Thematisierung des Produktlebenszyklus kann hier eingeordnet werden. Steht ausreichende Zeit im Rahmen eines Kurses zur Verfügung und wurde entsprechende inhaltliche Vorbereitung geleistet, bietet die Produktlinienanalyse sicher eine Reihe von geschichtlichen Zugängen. Zu denken ist bei der Analyse eines Personalcomputers an die Erfüllung beruflicher Aufgaben in der Vergangenheit, als Personalcomputer noch nicht bekannt waren.

Offenheit von Zukunft:
Dieses Kriterium wurde ebenfalls so gut wie nicht angesprochen. Die Skizzierung einer anderen Produktlinie oder die Problematisierung der gegenwärtig wirtschaftlich-technischen Entwicklung standen zwar im Raum, konnten aber nicht ausdrücklich aufgegriffen werden.

Ganzheitlichkeit:
Dieses vielsagende Kriterium wurde am ehesten erfüllt. So zeigte sich berufsübergreifendes Denken im Sinn eines weit über Berufsfachliches und Ausbildungsbezogenes hinaus geöffneten Blicks. Gleichzeitig gingen Folgen eigener Handlungen für die Belastung der Umwelt in die Überlegungen ein (welcher Vorteil hat die Nutzung eines PC?). Nicht zuletzt sei auf einen Hauch an Erkenntnis globaler Zusammenhänge und Wechselwirkungen verwiesen (Rohstoffgewinnung, Emissionen).

Betroffenheit:
Eine tiefe Betroffenheit war bei der Mehrheit der Teilnehmer nicht festzustellen. Einzelne ließen jedoch erkennen, daß ihre Sensibilität angesprochen worden ist und die Bereitschaft zu Verhaltensänderung bzw. aktivem Handeln gefördert werden konnte. Bemerkenswert ist in diesem Zusammenhang, daß einige Teilnehmer äußerten, sich ungern als „Ökos" identifizieren zu lassen, weil sie sich vor Ausgrenzung und Diskriminierung fürchten.

Handlungsorientierung:
In dieser Beziehung hat die angewendete Arbeitsform nur einen kleinen Beitrag geleistet.[7] Ob die Darstellung der Grundzüge einer Produktlinienanalyse sowie die grobe Erarbeitung der Produktlinienmatrix verstanden und akzeptiert worden sind, konnte auch aufgrund der Zeitknappheit nicht ausreichend kritisch gewürdigt werden.

Konfliktthematisierung und -bewältigung:
Nur andeutungsweise ist es gelungen, diesem Kriterium gerecht zu werden. Eigenes widersprüchliches Verhalten wurde von manchen Auszubildenden er-

172

kannt. Nicht zur Sprache kam die im Bewußtsein vorhandene Trennung der Rollen von Produzenten und Konsumenten samt deren Folgen für Gesellschaft und natürliche Lebensgrundlagen.

Die Bilanzierung all dessen mag keinen üppigen Eindruck machen. Dennoch läßt sich nach den ersten Schritten, die Produktlinienanalyse in der Arbeit mit Auszubildenden einzusetzen, das Fazit ziehen, daß diese Methode neue Perspektiven eröffnen kann und sich anhand eines Produkts des täglichen Lebens und Arbeitens Erkenntnisse gewinnen lassen über den Zusammenhang von Ökologie und Ökonomie, Umweltzerstörung und Lebensstandard, natürlichen Kreisläufen und rücksichtsloser Ressourcenausbeutung sowie von regionalen und globalen Umweltgefährdungen.

Anmerkungen

1 Als Referent wirkte Thomas Baumgartner, Mitglied der Projektgruppe ‚Ökologische Wirtschaft' mit. Die Veröffentlichung: Produktlinienanalyse = Bedürfnisse, Produkte und ihre Folgen. Köln 1987, ist von ihr herausgegeben worden.
2 Vergl. hierzu: Projektgruppe ökologische Wirtschaft (Hrsg.): Produktlinienanalyse — Bedürfnisse, Produkte und ihre Folgen. Köln 1987, S. 15 - 17
3 a.a.O., S. 18
4 ebd.
5 a.a.O., S. 19
6 Nitschke, Christoph: Streng betriebsbezogen oder über das Fabriktor hinaus — was und wie sollen Auszubildende zum Schutz der Umwelt lernen. In: Materialien 4 / 91 der Evangelischen Akademie Bad Boll: Das Umwelt-ABC in der Berufsausbildung. Dokumentation einer Tagung vom 2. bis 4. Mai 1990, S. 45
7 Vergl. die Orientierungsmerkmale von Baumgartner auf Seite 169

Verzeichnis der Autorinnen und Autoren:

Ulrich Hirschler, Dipl. Sozialpädagoge (FH), Jugendbildungsreferent, Industriejugend- und Berufsschülerarbeit in der Evang.-Luth. Kirche in Bayern, Augsburg.

Michael Lohmeyer, Dipl. Soziologe, Jugendbildungsreferent, Evangelische Akademie Loccum/Kirchlicher Dienst in der Arbeitswelt, Büro Stade.

Werner Reuter, Dipl. Sozialpädagoge (FH), Jugendbildungsreferent, Evang. Industriejugend- und Berufsschülerarbeit, München.

Dr. Eva Schneider, Tierärztin, Freie Mitarbeiterin der Evang. Industriejugend- und Berufsschülerarbeit, München.

Günther Schneider, Dipl. Sozialpädagoge (FH), Jugendbildungsreferent, Industriejugend- und Berufsschülerarbeit in der Evang.- Luth. Kirche in Bayern, Augsburg.

Dr. Hubert Sowa, Gymnasiallehrer für Kunst am Franz-Ludwig-Gymnasium, Bamberg.

Walter Ullrich, Dipl. Sozialpädagoge (FH), Jugendbildungsreferent, Evangelische Akademie Bad Boll, Büro Reutlingen.

Conny Vasel, Dipl. Sozialpädagogin (FH), Jugendbildungsreferentin, Evangelische Akademie Loccum/Kirchlicher Dienst in der Arbeitswelt, Büro Wolfsburg.

Klaus Waldmann, Dipl. Pädagoge, Wissenschaftlicher Mitarbeiter der Evangelischen Trägergruppe für gesellschaftspolitische Jugendbildung, Bad Boll/Hamburg.

Erich Weiß, Dipl. Sozialpädagoge (FH), Jugendbildungsreferent, Evang. Industriejugend- und Berufsschülerarbeit, Bamberg.

Bernhard Winter, Informationselektroniker, Freier Mitarbeiter der Industriejugend- und Berufsschülerarbeit in der Evang.- Luth. Kirche in Bayern, Augsburg.